21世纪高职高专
规划教材 / 公共课系列

开启
心灵之旅

大学生心理健康教育读本

主编◎成光琳 曹畅

Open Spiritual Journey

（第2版）

中国人民大学出版社
· 北京 ·

第2版前言

Preface

《开启心灵之旅——大学生心理健康教育读本》自 2017 年 1 月出版以来，已经过去了两年多。在这两年多的时间里，国家对大学生心理健康教育的重视程度提高到了一个新的高度，教育部陆续出台了一系列文件，以保证心理健康教育工作在高等学校的顺利开展。2017 年 12 月，中共教育部党组印发《高校思想政治工作质量提升工程实施纲要》，提出要充分发挥心理育人功能，切实构建“心理育人质量提升体系”，将心理育人作为十大育人体系之一。2018 年 7 月，中共教育部党组印发《高等学校学生心理健康教育指导纲要》，要求“开发建设‘大学生心理健康’等在线课程，丰富教育教学形式”。这些文件对大学生心理健康教育教材的建设，无论是内容上还是呈现方式上，都提出了新的要求。为了适应时代的发展，编写符合学生认知特征的教材，我们在第 1 版的基础上，对本教材进行了优化、改进和创新，主要体现在以下几个方面：

第一，运用新平台，建设新课程。与教材配套，在中国大学 MOOC（慕课）网上建设了“大学生心理健康教育”（成光琳主讲）在线开放课程，该课程被认定为国家精品在线开放课程。课程平台提供了课程标准、教学课件、微课、拓展阅读、习题测试、活动示范等教学和学习资料，既有助于读者的学习，也能助力教师的教学，力求在读者、教师和编者之间提供一种相互交流和学习的平台。

第二，运用新技术，增加新栏目。增加了微课视频、拓展阅读、复习巩固等栏目，这些栏目均以二维码的形式呈现，学生可以即扫随学、即扫随测。二维码中丰富多彩的教学内容可以激发学生的学习兴趣，复习巩固栏目可以让学生通过测一测来巩固自己所学的知识。

第三，根据新问题，引入新案例。根据 00 后大学生的心理认知特点、行为特征、发展特性和成长规律，密切结合 00 后大学生在学习、生活、交往、成长中遇到的心理困扰，全书新编了许多生动活泼、引人入胜的案例，增强了教材的可读性和趣味性。

本教材由成光琳、曹畅担任主编，王淑芳、李玲玲参与编写。具体编写分工如下（按模块顺序）：王淑芳（模块一、模块二、模块四），成光琳（模块三、模块五、模块七），曹畅（模块六、模块八、模块十），李玲玲（模块九、模块十一、模块十二）。

感谢中国人民大学出版社的编辑们为本教材第 2 版的修订给予的大力支持和帮助。尽管我们一直在努力完善，但依然会存在疏漏之处，恳请专家、学者和广大读者提出宝贵意见，在此我们深表感谢！

编　者

2019年4月

第1版前言

Preface

随着人们生活水平的提高，心理健康问题越来越受到人们的重视。据世界卫生组织统计，世界十大疾病中，心理疾病排名第五，并且呈逐年上升趋势。在我国大学生群体中，心理问题也日益增多，应该特别引起关注。

2002 年清华大学发生了学生刘海洋的浓硫酸“伤熊事件”，2004 年云南大学发生了“马加爵案”，2013 年复旦大学发生了“黄洋案”，还有近些年各高校频繁发生的学生跳楼自杀事件等，这些发生在大学校园里的惨案，使得媒体、社会、专家以及教育主管部门开始全面关注大学生心理健康教育。而近年来的研究表明，大学生心理疾病的发病率日益升高，表现的形式也各有不同，有些大学生表现出心理不适与心理障碍，有些大学生表现出焦虑、抑郁、强迫、恐惧、神经衰弱等方面的症状，这些都对大学生的健康成长产生了不良的影响。在大学阶段，有的学生表现为自我拒绝或自我否定，并因此失去一切行动的意愿与信心；有的因考试失败、失恋萌发轻生的想法，甚至做出一些自残行为；有的因理想与现实的差距太大表现为玩世不恭甚至万念俱灰；有的因人际关系的问题而自我封闭。对大学生进行心理健康教育可以促进大学生自身的发展，也有利于提升高等教育教学质量，并培养出身心健康、人格健全、全面发展的人才，还有利于提升全民素质。

本书结合大学生的心理特点，以大学生在学习、生活、交往、成长中遇到的心理困扰为切入点，全面分析了大学生存在的典型心理问题。本书内容全面，共有 12 个模块，每一个模块均以名人名言开篇，以真实的情境导入主题，并加入了案例分享（选取了经典教材中的经典故事，让学生在轻松的阅读过程中有所感悟和收获，实现自我启迪），进行了知识拓展（选取了心理学经典教材中的一些经典案例和知识点，扩展学生的知识面），提供了相关心理测试等，具有较强的可读性和趣味性，力求做到理论联系实际，达到学以致用的效果。既有利于教师教学，又有利于学生更好地了解自己，不断地完善自我。

本书的编者长期工作在教育教学的第一线，具有丰富的工作经验，和大学生接触密切，许多案例直接来自所接触的大学生。

本书由成光琳教授任主编，韩培庆、曹畅任副主编。各模块的编写分工如下：王淑芳（模块一、模块二）、成光琳（模块三、模块五）、韩培庆（模块四、模块七）、曹畅（模块六、模块十）、杜月菊（模块八、模块十一）、李玲玲（模块九、模块十二），全书由成光琳和曹畅统稿。

本书在编写过程中参考了大量的相关文献，在此谨向所有参考文献的作者表示感谢！由于编者水平有限，本书还存在不足之处，恳请各位专家和广大读者提出宝贵意见。

编　者

2016 年 6 月

目　录

Contents

模块一　走进心理健康，开启心灵之旅

内容提示

本模块主要讲解心理健康的含义和心理健康的基本知识。通过学习，大学生能够理解心理健康教育的重要意义，了解心理健康的影响因素，掌握心理咨询的一些基本知识，梳理正确的心理健康观念，维护自身的心理健康。

学习目标

1. 了解心理健康的含义
2. 了解心理健康的标准
3. 理解心理健康教育的重要意义
4. 提升适应能力，维护自身的心理健康

单元一
了解心理健康

金玉良言

尊重生命、尊重他人，也尊重自己的生命，既是生命进程中的伴随物，也是心理健康的一个条件。

——弗洛姆

大学生涯对每一位大学生来说，都是一段无法割舍的人生体验。在这里，不管愿意与否，他们都要开始独立地面对真实的生活，都要自主地解决自己的人生难题。但是，当他们以极大的热情去直面生活、实现自己的理想时，会发现生活之舟是那么的复杂，有时甚至是那么的难以驾驭。在痛苦的反思之后，有人开始调整目标、重塑生活，以积极的心态去迎接新的生活。因此，在大学阶段，具备良好的心理健康意识，关系着每一位学子的成长。

情境导入

2013 年 4 月 16 日下午，复旦大学上海医学院 2010 级硕士研究生黄洋经抢救无效，于当天下午 3 点 23 分在上海去世。经过调查，警方表示在该生宿舍饮水机内剩余的水中检测出某些含剧毒的化学成分，并认定其室友林森浩有作案嫌疑。

林森浩与黄洋均为复旦大学上海医学院 2010 级硕士研究生，分属不同的医学专业，住在同一寝室。黄洋与林森浩关系一直不好，两人经常因为生活琐事产生矛盾。2013 年 3 月 31 日中午，林森浩将其做实验后剩余并存放在实验室内的剧毒化合物带至寝室，注入饮水机槽。4 月 1 日早上，与林森浩同寝室的黄洋起床后接水喝，饮用后便出现干呕现象，最后因身体不适入院。4 月 16 日下午，黄洋经抢救无效死亡。

复旦大学投毒案引发了社会的热议，一个名牌大学的大学生，怎么可能会因为琐事对室友不满，逐渐怀恨在心，并投毒将其害死呢？

思考：

1. 林森浩的杀人动机是什么？
2. 你认为林森浩的心理问题是怎么形成的？
3. “复旦大学投毒案”给你的启示是什么？

理论讲坛

随着人们生活水平的提高，心理健康问题越来越受到人们的重视。在奥运会的运动场上，选手在获得奖牌时诉说自己取得成功的原因时，也会提到是良好的心态帮了自己的忙，可见了解心理健康是非常重要的。

微课：什么是健康？

世界卫生组织（WHO）1946 年曾把“健康”定义为：“健康乃是一种在身体上、心理上和社会上的完满状态，而不只是没有疾病和虚弱的状态。”

1989 年，世界卫生组织又提出了 21 世纪的健康新概念：“健康不仅是没有疾病，而且包括躯体健康、心理健康、社会适应能力良好和道德健康。”这一新概念强调以生理健康为物质基础，同时发展心理健康与良好的社会适应能力，而道德健康则是整体健康的统帅。

从世界卫生组织对“健康”的定义中可以看出，与我们传统的理解有明显区别的是，它包含三个基本要素：躯体健康，心理健康，具有社会适应能力。

具有社会适应能力是国际上公认的心理健康的首要标准，全面健康包括躯体健康和心理健康两大部分，两者密切相关、缺一不可、无法分割。这是“健康”概念的精髓。

身体健康是心理健康的基础和载体，心理健康又是身体健康的条件和保证。一个健康的人既要有健康的身体，又要有健康的心理，好比“人”字的一撇一捺，二者缺一不可。

习近平总书记提出：“要把人民健康放在优先发展的战略地位。”没有全民健康，就没有全面小康，习近平总书记把全民健康上升到了国家战略的高度，让我们认识到全民健康对于一个民族生存和发展的重要意义。

新时代的大学生，肩负着实现中华民族伟大复兴的神圣使命，健康的体魄和健康的心理比以往任何时候都显得更为重要。

那么什么是心理健康？心理健康的内涵和标准又是什么？

一、心理健康的内涵

关于什么是心理健康，国内外专家、学者做过详尽的论述。从广义上讲，心理健康是指一种持续且积极发展的心理状态，在这种状态下，主体能够做出良好的适应，并且充分发挥其身心潜能。从狭义上讲，心理健康个体能够适应发展中的环境，具有完善的个性特征，且其认知、情绪反应、意志行为处于积极状态，并能保持正常的调控能力。在生活实践中，能够正确认识自我、自觉控制自己，正确对待外界影响，从而使心理保持平衡状态。

二、大学生心理健康的标准

心理健康是相对于心理不健康来说的。健康心理学根据心理测验统计结果、症状分析、个人内心体验等方面来评价人的心理健康水平，用健康与不健康来表达人的心理健康状态。事实上，在健康与不健康之间有一个很大的空间，心理健康与心理不健康之间没有明显的分界线。

对于心理健康的界定，不同的学者有不同的定义，但是有一点是相同的，就是都强调个体内部协调与外部适应相统一。关于心理健康的标准也没有一个统一的概念，心理学家认为，心理健康的标准具有复杂性，既有文化差异，也有个体差异。不同国家（地区）的人对心理健康的标准有不同的了解，根据我国大学生的实际情况，我们从目前众多的专家学者的阐述中，梳理出大学生心理健康的标准，具体有以下几方面。

（一）能正确认识自我和接纳自我

认识自我是人类从古到今一个永恒的话题，古人云：“人贵有自知之明。”老子也指出：“知人者智，自知者明。胜人者有力，自胜者强。”苏格拉底也曾经指出：“认识你自己，照顾你的心灵。”可见认识自我的重要性。

一个心理健康的人能体验到自己的存在价值，既能了解自己，又能接受自己，具有自知之明，能对自己的能力、性格、情绪和优缺点进行恰当、客观的评价，不会对自己提出过于苛刻的期望与要求，能把自己的生活目标和理想定得切合实际，因而对自己总是满意的；同时，努力发展自身的潜能，即使对自己无法补救的缺陷，也能安然处之。一个心理不健康的人则缺乏自知之明，并且总是对自己不满意，因所定的目标和理想不切实际，主观和客观的距离相差太远而总是自怨自艾、自责、自卑，总是要求自己十全十美，而自己却又总是无法做到完美无缺，于是，就总是和自己过不去，结果使自己的心理状态永远无法平衡，也无法摆脱自己可能面临的心理危机。

（二）能保持和谐的人际关系

心理健康的人乐于与人交往，不仅能接受自我，也能接受他人，能认可别人存在的重要性和作用。他能为他人所理解，为他人和集体所接受，能与他人相互沟通和交往，人际关系协调和谐，能与所生活的集体融为一体，乐群性强，既能在与挚友团聚之时共享欢乐，也能在独处沉思之时无孤独之感。在与人相处时，积极的态度（如同情、友善、信任、尊敬等）总是多于消极的态度（如猜疑、嫉妒、畏惧、敌视等），因而在社会生活中具有较强的适应能力和较充足的安全感。一个心理不健康的人，总是有别于集体，与周围的环境和人格格不入。

（三）具有良好的适应能力

心理健康的人能够面对现实、接受现实，并能够主动地去适应现实，进一步改造现实，而不是逃避现实，对周围事物和环境能做出客观的认识和评价，并能与现实环境保持良好的接触。既有高于现实的理想，又不会沉湎于不切实际的幻想与奢望，对自己的能力有充分的信心，对生活、学习、工作中的各种困难和挑战都能妥善处理。心理不健康的人往往以幻想代替现实，不敢面对现实，没有足够的勇气去接受现实的挑战，总是抱怨自己生不逢时或责备社会环境对自己不公而怨天尤人，因而无法适应现实环境。

（四）具有良好的情绪状态

情绪是一个极其复杂的心理过程。情绪既是人的心理活动中动力机制的重要组成部分，也是个性形成的重要方面，它是人对客观世界的体验及相应的行为反应。心理健康的人能够敏锐觉知自己的情绪，愉快、乐观、开朗、满意等积极情绪状态总是占据优势，虽然也会有悲、忧、愁、怒等消极的情绪体验，但一般不会长久。心理健康的人能够平和接纳自己的情绪，既能够接纳自己的积极和正向的情绪，也能够接纳自己消极和负向的情绪；能够有效管理情绪，做情绪的主人；能够适当地表达和控制自己的情绪，喜不狂、忧不绝、胜不骄、败不馁。谦虚不卑，自尊自重，在社会交往中既不妄自尊大，也不畏缩恐惧，对于无法得到的东西不过于贪求，争取在社会规范允许的范围内满足自己的各种要求，对于自己得到的一切感到满意，心情总是保持开朗和乐观。

（五）具有完整和谐的健康人格

人格即人比较稳定的心理特征的总和。人格结构包括气质、能力、性格、理想、信念、动机、兴趣和人生观等。心理健康的人，其气质、能力、性格、理想、信念、动机、兴趣和人生观等各方面能够平衡发展，人的整体精神面貌能够完整、协调、和谐地表现出来。思考问题的方式是适中和合理的，待人接物能够采取恰当灵活的态度，对外界刺激不会有偏颇的情绪和行为反应，能够与步调合拍，并能够与集体融为一体。

（六）心理行为符合年龄特征

人生命发展的不同的年龄阶段，都有相对应的不同的心理行为表现，从而形成不同年龄阶段独特的心理行为模式。心理健康的人应具有与同年龄段大多数人相符的心理行为特征。

一般说来，心理健康的人都能够善待自己，善待他人，适应环境，情绪正常，人格和谐。心理健康的人并非没有痛苦和烦恼，而是他们能够适时地从痛苦和烦恼中解脱出来，积极地寻求改变不利现状的新途径。他们既能深切领悟人生冲突的严峻性和不可回避性，也能深刻体察人性的善恶。他们是那些能够自由且适度地表达、展现自己个性的人，并且和环境和谐相处。他们善于不断地学习，利用各种资源，不断地充实自己。他们也会享受美好人生，同时明白知足常乐的道理。他们不会去钻牛角尖，而是善于从不同的角度看待问题。

总之，心理健康的人：对自己，有良好的自我意识；对别人，友好、宽容，有良好的人际关系；对环境，有良好的适应能力。

三、理解心理健康

心理健康的评估标准，是一个值得长期探索的问题。每个民族的文化背景不同，随着社会的不断发展，人们对心理健康的评判标准也会发生变化。因此，我们不能简单而机械地对号入座，而要正确理解心理健康的标准。

微课：
理解心理健康

（一）心理健康的状态具有相对性

心理不健康是指一种持续不良的状态。偶尔出现一些不健康的心理和行为并不等于心理不健康，更不等于患有心理疾病。人的心理健康与人所处的时代、环境、年龄、文化背景等因素有关，不能仅仅以一种行为或一个偶然事件来判断他人或自己的心理健康状况。

（二）心理健康的状态具有连续性

心理健康与心理不健康不是泾渭分明的对立面，而是一种连续或交叉的状态。从良好的心理健康状态到严重的心理疾病之间有一个渐进的连续过程。在许多情况下，异常心理与正常心理以及变态心理和常态心理之间没有绝对的界限，只有程度的差别。

（三）心理健康的状态具有动态性

心理健康的状态不是固定不变的，而是一个动态的发展过程。一个人在某些压力和刺激下，可以由心理健康变为不健康，也可以凭借自身的精神康复能力以及专业的心理帮助，由不健康恢复为健康。心理健康水平会随着个人成长、心理活动强度、心理活动耐受力、意识水平、暗示性、康复能力和自控力的增强而不断发展变化。心理健康的标准是一种理想的状态，它不仅为人们提供衡量心理健状况的标准，而且为人们指明了保持并提升心理健康水平的努力方向。每个人都可以在自己现有心理健康的基础上不断努力，追求心理健康的更高层次，发挥自己的潜能。

如果不注意心理保健，经常出现不良的心理状态，那么心理健康的水平就会随之下降，甚至有可能患上心理疾病。反之，如果心中有了困扰或者出现心理失衡，及时自我调节或者自主寻求帮助，就会逐步消除烦恼，恢复健康心理。

知识拓展

心轻上天堂

埃及国家博物馆有一件奇怪的展品：一只用精美白玉雕刻的匣子，大小和常用的抽屉差不多，匣内被十字形玉栅栏隔成四个小格子，洁净通透。玉匣是在法老的木乃伊旁发现的，当时匣内空无一物。从所放位置看，匣子必定十分重要，可它是盛放什么东西用的？为什么要放在那里？寓意何在？谁都猜不出。这个谜，在很长一段时间内，让考古学家们百思不得其解。后来，在埃及中部卢克索的帝王谷，在卡尔维斯女王的墓室中，发现了一幅壁画，据此才破解了玉匣的秘密。

壁画上有一位威严的男子，正在操纵一架巨大的天平。天平的一端是砝码，另一端是一颗完整的心。这颗心是从一旁的玉匣子中取出的。埃及古老的文化传说中，有一位至高无上的美丽女性，名叫快乐女神。快乐女神的丈夫，是明察秋毫的法官。每个人死后，心脏都要被快乐女神的丈夫拿去称量。如果一个人是欢快的，心的分量就很轻。女神的丈夫就引导那有着羽毛般轻盈的心飞往天堂。如果那颗心很重，被诸多罪恶和烦恼填满，快乐女神的丈夫就判它下地狱，永远不得见天日。

原来，白玉匣子是用来盛放人的心灵的。心轻者可以上天堂。

资料来源：http：//www.360doc.com/content/09/1209/19/543433_10733232.shtml.

经典故事

别为打翻的牛奶哭泣

在纽约市的一所中学任教的保罗博士曾给他的学生上过一堂难忘的课。这个班级的多数学生常常为过去的成绩感到不安。他们总是在交完考试卷后充满忧虑，担心自己不能及格，以致影响了下一阶段的学习。一天，保罗博士在实验室讲课，他先把一瓶牛奶放在桌子上，沉默不语。学生们不明白这瓶牛奶和所学课程有什么关系，只是静静地坐着，望着保罗博士。保罗博士忽然站了起来，把那瓶牛奶打翻在水槽之中，同时大声喊了一句："别为打翻的牛奶哭泣！"然后，他叫所有的学生围拢到水槽前仔细看那破碎的瓶子和淌着的牛奶。保罗博士一字一句地说："你们仔细看一看，我希望你们永远记住这个道理。牛奶已经打翻了，不论你怎样后悔和抱怨，都没有办法取回一滴。你们要是事先想一想，加以预防，那瓶牛奶还可以保住，可是现在晚了，我们现在所能做到的，就是把它忘记，然后注意下一件事。"保罗博士的表演，使学生学到了课本上从未有过的知识。许多年后，这些学生仍对这一堂课留有极为深刻的印象。

这句话的确极为平凡，但其中却聚集了许多智慧。我们可以设法改变三分钟前所发生事情产生的后果，但不可能改变三分钟前发生的事情。唯一能使过去变得有价值的办法是，以平静的态度分析当时所犯的错误，从错误中吸取刻骨铭心的教训，然后把错误忘掉。做到这一点，需要勇气和开动脑筋。

心理测试

UPI 心理健康测试

UPI 心理健康测试

UPI（University Personality Inventory）心理健康测试是为了早期发现并早期治疗有心理问题的学生而编制的大学生精神卫生、人格健康调查表（请扫描二维码）。该表于 1966 年由日本大学的心理咨询专家与精神科医生集体编制而成，是我国高校应用最早也最为广泛的心理普查量表之一，主要以大学新生为对象，在其入学时作为心理健康调查而使用。有利于早期发现有心理问题的学生，并向其提供及时的帮助和必要的治疗，同时起到心理卫生的宣传作用，有助于学生了解心理问题的表现，增强心理保健的意识。

复习巩固

测试题

单元二
大学生常见的心理问题

金玉良言

凡是对人类生活提高最有贡献的人，应当是最受爱戴的人，这在原则上是对的。但是如果要求别人承认自己比同伴或者同学更高更强，或者更有才智，那就容易在心理上产生唯我独尊的态度，这无论对个人还是对社会，都是有害的。

——爱因斯坦

对于大学生来说，刚刚结束高中繁重的生活，带着一些欣喜，带着对美好未来的憧憬踏入了大学校园。刚入学的时候不少同学还沉浸在对未来美好向往的兴奋之中，理想主义色彩比较浓郁；也有不少同学生活在高考失利的阴影和对自己高中生活的埋怨中；还有不少同学生活在我行我素和得过且过中。这些大学生在经历了一段时间的大学生活之后，原来的幻想逐渐破灭和消失，他们常用这样的话来形容自己的生活："理想很丰满，现实很骨感。"现实的环境使缺少心理准备的新学子们感到失落、惘然、空虚和无聊，有的甚至产生了心理的矛盾冲突。

情境导入

小曼步入大学以来有件事情一直令她特别苦恼，那就是她所在宿舍的氛围相当沉闷。记得高中时，她和室友回到宿舍后经常说说笑笑、打打闹闹，气氛很融洽。可现在宿舍的情形却是室友们各忙各的事，很少有人说话，也没有笑声。每当小曼从教室回到宿舍，本想放松一下，可是宿舍里却是所有人都沉默的情形，她就觉得特别难受和压抑。于是，小曼就忍不住猜测其他人不说话的原因，想来想去总是唯恐自己做错了什么事情，从而惹得室友们对自己感到不满。之后，多数时间她回宿舍都是小心翼翼的，生怕做错了什么。特别是最近一个月，小曼情绪低落，经常感到烦躁，不想回宿舍，总觉得自己哪儿做得不好，担心室友们在背后议论自己，讨厌自己。为此，她晚上睡不着，白天也没有精神，自己也不知道为什么会这样，很是苦恼。

思考：

小曼面临什么样的心理困扰？原因是什么？

理论讲坛

一、心理问题概述

心理问题是指所有各种心理及行为异常的情形。心理的“正常”和“异常”之间并没有明确的和绝对的界限，一般认为，人的心理及行为是一个由“正常”逐渐向“异常”、由量变到质变，并且相互依存和转化的连续谱。因此，生活在现实社会中的每一个人都在一定程度上存在心理问题，即人的心理问题是普遍存在的，只是程度轻重不同而已。

一个人在遭受精神打击时，他心理活动的强度、心理活动的耐受力和自我康复能力的不同，会造成不同程度的心理问题。一个人的心理是正常的还是异常的是相对而言的，而不是绝对的。要判断一个人是不是心理健康，必须考虑这个人所处的年代、文化背景、年龄、情景等各方面的因素。因此，无论是从外显的行为还是内因的情感体验来说，心理障碍者或心理问题者和正常人没有质的区别，有时候正常人也会表现出一些与心理问题者类似的情感体验，只不过在程度上比较轻微，也不像心理问题者或心理障碍者那么频繁，心理健康者与心理障碍者只是程度上的差别，而没有质的区别。

在现实的工作中，我们可以通过情绪反应强度、情绪体验持续时间、行为受理智控制程度、泛化程度这四个指标来理解心理健康的连续性，比较常用的是用这四个指标区别一般心理问题和严重心理问题。具体如下：

(1) 情绪反应强度：一般心理问题，是现实生活、工作压力等因素所产生的内心冲突，引起的不良情绪反应，有现实意义且带有明显的道德色彩。严重心理问题，是较强烈的、对个体威胁较大的现实刺激所导致的心理障碍，求助者体验着痛苦情绪。

(2) 情绪体验持续时间：一般心理问题，求助者的情绪体验时间不间断地持续 1 个月或者间断地持续 2 个月。严重心理问题，求助者的情绪体验超过 2 个月但未超过半年，通常不能自行化解。

(3) 行为受理智控制程度：一般心理问题，不良情绪反应在理智控制下，不失常态，个体可以基本维持正常生活、社会交往，虽效率下降，但没有对社会功能造成影响。严重心理问题，个体遭受的刺激越大，反应越强烈，多数情况下，个体会短暂失去理智控制，难以解脱，对生活、工作和社会交往有一定程度的影响。

(4) 泛化程度：一般心理问题，情绪反应的内容对象没有泛化。严重心理问题，情绪反应的内容对象被泛化。

案例分享

小王的心理问题

来访者：小王，某院校大三学生。

来访者主诉：近一个星期，心情不好，上课注意力不集中，吃饭没有胃口，晚上容易失眠。在图书馆自习的时候，思想容易开小差。能够坚持随堂上课，但学习效率下降。原来很喜欢和朋友聊天，但是最近有些烦，不想和同学们说话，理智上能控制自己，维持和舍友的正常关系。

后来了解到，小王的好朋友和舍友都有了毕业后的明确方向，有的同学积极准备专升本考试，有的同学准备就业，有的同学已经开始到公司实习了……每个同学都在为自己的前途忙碌着，而小王还不清楚自己要做什么，这个情况让他很焦虑。

通过一般心理问题与严重心理问题的比较，我们可以看出，小王存在的只是一般心理问题。

小王是因面临毕业而产生了内心冲突，进而引起了不良情绪反应，他的情绪体验时间不长，一个星期左右，而且自己知道明确的原因。他的自制力很好，也很清楚是怎么回事。他的不良情绪反应在理智控制下，不失常态，能够维持正常的同学关系，能够基本维持正常生活、社会交往，没有对社会功能造成影响，并且他的情绪反应的内容没有泛化，属于一般心理问题。这种情况，即使不求助心理咨询师，找一个信得过的老师或朋友聊一聊，也是可以解决的。

二、大学生常见的心理困扰

微课：心理问题知多少

有关调查资料表明，大学生存在心理问题或心理困扰的很多，他们的潜在问题在中学甚至小学期间就已经存在了，只是中小学生的心理矛盾和冲突被升学这个“中心”任务掩盖了。由于缺乏全面健康的教育引导和培养锻炼，许多心理问题并没有得到应有的解决，到了大学，这些问题才逐渐暴露出来，这给大学生心理健康教育带来了前所未有的挑战。正因为如此，加强大学生的心理健康教育是必要且重要的。

事实上，大学生中患有心理障碍或精神病的学生极少，多数学生遇到的都是一般心理困扰。然而，即使是一般心理问题，也会在很大程度上影响学生的发展。大学生常见的心理困扰有生活困扰、情绪困扰、学业困扰、人际关系困扰、情感困扰和就业困扰六大类。

（一）生活困扰

新生进入大学后，在自我认知、同学交往、自然环境等方面都面临着全面的调整和适应。由于目前大学生的自理能力、适应能力、调整能力和抗挫折能力普遍较弱，因此，在大学生中，生活适应问题广泛存在。

案例分享

小林的困扰

小林来自某乡镇，在上大学之前从未住过宿舍，以前在家什么都是由父母做，现在进了大学校园后，什么都需要自己做了。衣服、被子都需要自己去整理，大家都来自不同的地方，生活习惯不一样，生活在这样的集体宿舍里，处理好和舍友之间的关系，对他来说也算一个不小的问题。上大学之前这些事情全部是父母包办的，小林一下子不知道该怎么办了，整日生活在患得患失之中。

生活困扰主要表现为“不适应大学生活”“自我管理能力不强”“不知道怎么办才好”，以及明明知道应该怎么做却控制不了自己等方面。这些方面涉及对大学环境的适应，属于不适应大学生活带来的困扰，如果解决不了，则大学生连完成基本的学习任务都无法保障。

（二）情绪困扰

自负、焦虑、抑郁、恐惧、自卑、愤怒、嫉妒、冷漠等都是大学生常见的情绪问题。

一般来说，大多数大学生都有过不同程度的情绪低落状态以及压抑、郁闷、悲观或者自责等消极情绪，但是一般体验的时间比较短暂，时过境迁就会消失。但是，也有少数性格内向、孤僻、疑心重、自尊心强、承受能力弱、长久的努力得不到报偿的学生容易长期处于情绪低落状态。

随着社会的发展与进步，人们对心理障碍如抑郁症的接纳程度已经有了很大的提升。抑郁没有什么可怕的，是心理疾病中的普通感冒，几乎每个人一生中或多或少都会感受过这种情绪。当这种情况达到了比较厉害的程度时，就会影响正常生活、学习和工作，此时就可能需要心理医生的帮助了。

（三）学业困扰

大学生的主要任务是学习，学习上的困难与挫折对大学生的影响是最为显著的。大学老师提倡学生自主学习，课外时间要自己安排。以教师为主导的教学模式变成了以学生为主导的自学模式。课堂讲授知识后，学生不仅要消化理解课堂上学习的内容，而且要大量阅读相关方面的书籍和文献资料。对于一些刚入校的大学生来说，往往存在学业困扰。

案例分享

小张的困扰

对于刚上大学的小张来说，进入大学之后最大的不适应就是学习上的不适应，老师讲完课就走了，下次见到老师就是一周之后的事情了，上课没听懂的和自己看书也看不懂的问题，都无法向老师请教。老师讲课速度快，小张觉得自己跟不上老师的教学节奏。在初中和高中时，老师总是督促着大家学习，手把手地交自己，不会的问题老师在晚自习的时候都给予辅导。还经常会有这个测验那个考试，让人想偷懒都难。但是进了大学，老师上完课布置点作业就走了，很少有机会交流，更谈不上关心自己的学习。面对这么“宽松自由”的学习环境，小张有些不知所措。

大学生存在学习困扰的最主要原因就是学习目标不明确，或者根本就没有想过制定学习目标。没有目标，即使有攥紧的拳头，也不知打向哪里。因此，大学生的学习要有目标性，这种目标性能够帮助自己集中注意力以实现目标，更能调动自身的主动性和积极性。大学生的学习困扰，包括学习方法、学习态度、学习兴趣、考试焦虑等。

（四）人际关系困扰

进入大学后，远离原来熟悉的生活与学习环境，面对新的人际群体，部分大学生对大学里的师生关系、同学关系、异性间的关系等处理起来显得力不从心。再加上每个人待人接物的态度不同、个性特征不同，以及青春期固有的羞怯、敏感和冲动，大学生在人际交往过程中不可避免地遇到各种困难，从而产生困惑、焦虑等心理问题，这些问题甚至会严重影响他们的健康成长。有的新生感叹说：“在大学里，没有一个可以谈得来的朋友，心里感到很孤独。”

案例分享

小李的困扰

小李性格内向，自考进大学之后，面对许多比自己优秀的同学，她一直提醒自己要更加努力，不能落后，因此，她平时很早起床，除了上课就是到图书馆自习，一般到很晚才回宿舍。周末，宿舍其他人都三三两两相约出去游玩，她一个人在宿舍里背英语。一年下来，她的学习成绩在班级中名列前茅。但是，她却感到很孤单，一直以来都是一个人行动，比如一个人吃饭、一个人上自习、一个人逛街。和宿舍同学的关系表面上很好，但是她觉得“没有一个贴心的朋友”，她说：“我也曾经努力尝试过，但是也许因为我太内向了，不爱说话，班里的同学和宿舍同学都不和我交心。”现在，宿舍同学出去玩都很少会叫她。小李也参加过几个社团，但社团基本上没有什么活动，所以就退了。“有时候想找同学聊聊天，可是打开通讯录，又不知道打给谁好，怕打扰他们现在的生活，毕竟他们都有了自己的新圈子，可是为什么我迟迟都找不到好朋友呢？没有相知的朋友，这样的大学还有什么意义？”最近，她生病了，也没有人关心她，这让她感到更加脆弱了。

我们从小李的经历可以看出，对于大学生来说，学习知识固然重要，而和谐人际关系的建立也是大学生成长与社会化过程中重要的组成部分。宿舍人际关系一直是困扰大学生的重要问题，北京师范大学心理咨询研究中心聂振伟教授指出，当前很多大学新生因不能处理好宿舍人际关系而导致郁闷感、孤独感，甚至发生宿舍焦虑症。对于大学生来说，良好的人际关系，是保持良好心理状态的必备条件。“踏着铃声进出课堂，宿舍里面不声不响，互联网上诉说衷肠。”这句顺口溜实际上反映了相当一部分大学生的人际关系困扰。

（五）情感困扰

谈恋爱虽然在大学并非一门必修课，大学生仍然从各个方面开始自己的情感之旅。正确处理爱情与学业的关系是大学生的一门必修课。大学生的情感问题主要是情感的迷茫和没有正确的恋爱观。面对爱情，很多学生更多想到的是“不在乎天长地久，只在乎曾经拥有”，将爱情与婚姻分离是大学生较为普遍的恋爱现象。

大学生处于青年中后期，性发育成熟是重要特征，恋爱与性问题是不可回避的。大学生谈恋爱还存在性生理现象处理不当的问题。青春期性生理的成熟，必然带来相应的心理变化，渴望得到异性的认同和好感，产生性幻想、性冲动等。性教育的严重缺失，使得很多学生不能正确认识自我的性反应，产生了堕落感、耻辱感与性挫败感。也有的学生放纵自身性生理的冲动，与恋爱对象发生性行为，在校外租房子同居，这在大学校园里并不罕见。

总的来说，大学生接受的青春期教育不够，对性发育和性成熟缺乏心理准备，对异性的神秘感、恐惧感和渴望交织在一起，由此产生了各种心理问题，严重的还会导致心理障碍，如失恋、单相思等。

（六）就业困扰

许多学生考上大学之后，仍然按照以往的模式努力学习，这点当然值得肯定，但是他们没有意识到大学阶段是向职场过渡的阶段，用人单位不仅需要员工具有一定的专业知识，而且需要他们认同企业文化，有团队精神，善于表达和沟通，有解决问题和抗压的能力等。仅仅学习好书本知识，并不能使大学生在工作中做出良好的表现。有一些学生在进入大学后就开始放松自己，认为毕业找工作是遥遥无期的事情，他们将更多的时间和精力放在网游、交友、文体娱乐等方面，毕业时才后悔自己没有做好规划，荒废了宝贵的大学时光。

案例分享

小张的困扰

小张是一名大四学生，走进校园，他发现自己与以往的感觉不同了，比如看见晚上教学楼里学生们自习的身影，就会莫名感到着急，听到隔壁宿舍的小李已经报考了英语六级考试，就变得更加焦虑，今天宿舍老孙宣布他开始准备考研了，小张的心又紧了一下，怎么大家的目标都这么明确呢？

进入大四后，小张发现同学们好像突然对自己的未来变得关心起来。宿舍晚上卧谈时，大家都开始聊专升本、英语四六级和找工作的事情。前几天小张遇到了一个学长，学长兴奋地告诉他，自己已经得到了心仪已久的企业的职位，还让小张不要每天只知道低头学习，要多参加社会实践，找机会去单位实习，这样才能在面试中有不俗的表现。小张从来没有认真思考过毕业以后做什么的问题，从小到大他受的教育就是只要好好读书，以后就会有好前途，但是具体做什么样的好工作才能有好前途，他并不了解，心里也没有答案，但是20岁的他又开始思考，这些年除了学习，还有什么是自己感兴趣的呢？怎样才能找到一份既赚钱又能使自己快乐的工作？学长说，面试官很看重人际交往能力、社会实践经验、解决问题能力、团队沟通能力，这些能力应该从入学之初就开始锻炼。现在开始还晚不晚呢？

小张的情况，在大学里很典型，毕业季来临，大学生就会产生就业困扰，对自己的前途感到迷茫、信心匮乏以及自我认知偏差大，使毕业生无法正确找到自己在社会中的坐标位置。优势不明空自卑，毕业之后不知道该何去何从。在羡慕有的人拥有“钱多、事少、离家近”的职位的同时，也看到有的人为了三餐风吹、日晒、雨淋，不少毕业生心潮澎湃、难以平静。

知识拓展

心理冲突

我们有时不得不在两种相互矛盾或无法兼顾的需要之间选择其一。比如：是去上学还是去工作？是结婚还是不结婚？是继续努力还是决定放弃？当不同的需要、要求、动机、愿望或外部要求使人难以定夺时，就会出现心理冲突。心理冲突的性质可以分为以下四种，其中的每一种冲突都有其特点和效果。

第一种冲突称为“双趋式”冲突。有一个古老的寓言：有一头骡子，站在一桶水和一桶燕麦之间，不知自己该先吃还是先喝，犹豫不决，直至最后死于饥渴。这就是双趋式冲突的最简单形式。当然，现实中不可能发生骡子的故事，但人面临“鱼和熊掌不可兼得”的情况，就会产生双趋式冲突。个体面临两种选择，而这两种选择都能给个体带来好处，并且个体也想得到这两种选择的好处，但又必须从中做出选择。有些大学毕业生既想读研继续深造，又想早点找个好工作以增加收入，这时就面临双趋式冲突。

第二种冲突称为“双避式”冲突。与上一种情况相反，个体面临两种选择，每一种选择都会给个体带来不利的后果，但又必须接受其中之一。例如：在考试前如果没有复习好，要么考不及格，要么作弊，但很容易被发现；大学生意外怀孕，既不想要孩子，又不想去做人工流产；学校食堂的饭食非常难吃，但不吃就得饿着。在人面对“要么跳火坑，要么跳火海”的情景时，明知这两种选择都会带来不利后果，但又必须从中选择一种，这就是双避式冲突。

第三种冲突称为“趋避式”冲突，即某一目标既能为个体带来好处，又伴随不良的影响。个体只想取其好处，而不想承受它所带来的后果。例如：有个别学生在咨询中提到对谈恋爱的困惑：既想有知心的异性伙伴，又不愿为此耽误学习，真是难以取舍。这虽是一个极端的例子，但也说明了趋避式冲突的影响。

最后一种冲突称为“双趋-双避式”冲突。这是最常见的冲突形式，是指个体面临两种选择，每一种选择都能为个体带来某些好处，但同时又都伴有不利的影响。在生活中，我们经常会遇到这样的情景：不论哪个选择都不全是积极的，也不全是消极的，其中每一个选项中都包含积极因素与消极因素。一个常见的例子是报名上大学，报考档次较高的大学，其专业可能不理想，而选择好的专业又不得不报档次较低的学校，两种选择各有利弊，使人犹豫不决。有些大学生在选择职业时也会面临这方面的问题：去国有企业比较有保障，旱涝保收，但收入偏低；入合资企业，在收入较高的同时，也必须受更多的约束，还可能朝不保夕。

当个体产生心理冲突时，很多情况下都能很快解决，但当个体的选择对自己的影响非常大且自己又缺乏主见时，要做出选择就比较困难，甚至会因此产生各种各样的生理和心理反应。

如何更有效地解决心理冲突问题？在你面临冲突时，或必须做出一个艰难的决定时，还要切记以下几点：

(1) 不要仓促做出重要决定，要花时间收集信息、权衡利弊。匆忙的决定常使人后悔。即使三思后做出的决定仍旧带来了损失，只要你知道自己已经尽了一切可能来避免错误，你所承受的压力就会小一些。

(2) 在可能的情况下，执行某种决定之前要先做一下尝试。比如：如果你决定把家搬到另一个城镇，不妨先到那里试住几天；如果你想选修一门课程，不妨先旁听几节课再做决定；如果你想学习潜水，不妨先租用设备练习一段时间，之后再决定是否自己购买设备。

(3) 寻求可行的折中方案。但在此之前，最重要的是要尽可能获得所有的信息。如果你只有一两个选择，并且都不是你所愿意接受的，你应向老师、心理咨询专家或有关社会服务机构求助。可能还有一些更好的选择，你自己没有看到，但别人却知道。

(4) 如果你还是找不到理想的解决方案，那么一旦做出决定，就不要再后悔。在心理冲突中总是犹豫不决，只会让你付出更高的代价。有时，你只能不得已而求其次，但做出选择后就应坚持下去，在没有发现明显的错误以前不要再改变。

资料来源：（美）丹尼斯·库恩．郑钢，等译．心理学导论：思想与行为的认识之路（第13版）[M]．北京：中国轻工业出版社，2014。

经典故事

小王的强迫症

小王是校花，不仅人长得漂亮，而且家庭条件非常好，还没有毕业家人就已经给她找好了工作，让她没有后顾之忧。人人羡慕小王，但她却高兴不起来，因为她一直被一件事困扰着。她觉得自己得了一种“怪病”，老是觉得自己染上了病菌，可能会得癌症。她每天会多次、长时间地洗手、洗衣，别人称她为“洗手狂”，为此她非常痛苦。她在卫生清洁上对自己的要求很严。每天都要洗澡，衣服和头都是一天一洗，她不能容忍自己的桌子和床有一点不干净的地方。等到晚上要上床休息了，她的这双脚洗完之后是绝对不能再落地的。怎么办呢？她一般是坐在床上洗，洗完后拭干，然后赶紧钻入被窝睡觉。如果半夜里她要上厕所，脚穿拖鞋落地后，那么这一双脚就必须重新洗过。有时候她明知道没有必要，但就是控制不住自己。

小王这种所谓的“怪病”在心理学上被称为“强迫症”。许多人都有过类似的经历：心里总是想着某些事情；脑子里不断回响着某个不愿听到的旋律或声音；不把某个物品规整到秩序井然就心神不宁；离开家门后总要反复多次回去检查门是否已经锁好；等等。

什么是强迫症？强迫症由两个要素组成：一个要素是强迫性的思维，指挥之不去的念头；另一个要素是强迫性的行为，指反复发生的特定行为。但是，即便你有挥之不去的念头、有反复发生的特定行为，也只能说明你具有强迫心理或强迫症的倾向，还不能确定你患上了强迫症。若是强迫症，还应满足两个条件：一是伴随挥之不去的念头，产生焦虑不安的情绪；二是强迫行为导致生活混乱，甚至难以为继。

资料来源：赵一，梁苏娟．世界上最经典的心理学故事全集［M］．北京：石油工业出版社，2009。

心理测试

症状自评量表 SCL-90

症状自评量表 SCL-90

症状自评量表 SCL-90 是世界上最著名的心理健康测试量表之一，是当前使用最为广泛的精神障碍和心理疾病门诊检查量表，将协助你从十个方面来了解自己的心理健康状况。

复习巩固

测试题

单元三
大学生心理健康的影响因素

金玉良言

在艰苦中成长成功之人，往往由于心理的阴影，会导致变态的偏差。这种偏差，便是对社会、对人们始终怀有一种仇视的敌意，不相信任何一个人，更不同情任何一个人。爱钱如命的悭吝，还是心理变态上的次要现象。相反地，有气度、有见识的人，他虽然从艰苦困难中成长，反而更具有同情心和慷慨好义的胸襟怀抱。因为他懂得人生，知道世情的甘苦。

——南怀瑾

近年来，大学生心理健康问题有越来越突出的趋势，突出表现在抑郁、焦虑、强迫、自信缺乏和人际关系敏感等方面。心理健康的影响因素有很多，除了个体因素和诱发因素外，大学生群体所处的特殊发展阶段和面临的独特发展任务也是其心理健康的重要影响因素。

情境导入

小李是一个性格很活泼的孩子。自从上学就开始表现出聪明的头脑，中学曾跳级读书。可自从高中时和同班同学一起去过几次网吧后，就迷上了电脑游戏，从此以后就开始废寝忘食地玩游戏。他的学习成绩也随之出现大幅度滑坡，高考失利，进了一所职业院校。进了大学之后，他仍不忘玩游戏，自己屡次希望戒除游戏瘾均未成功，现在迷茫于学业与前途，对自己比较失望，渴望快速重新得到周围人的认可，表现得比较急躁，想努力成功却担心为时已晚，有自暴自弃的倾向。为此，他进行心理咨询，想通过听从咨询师的建议，让自己走出迷茫的境地。

思考：

1. 你是否与小李一样废寝忘食地玩游戏和玩手机？
2. 你是否也有过与小李一样屡次希望自己戒除某一件事情均未成功的经历？

理论讲坛

心理健康的影响因素有很多，分析大学生心理健康的影响因素，有助于我们进一步采取有效的措施来改善大学生的心理健康状况。总的来看，大学生的心理健康影响因素可分为个体因素和诱发因素两个方面。

一、个体因素

影响大学生心理健康的个体因素主要包括生物遗传因素和心理活动因素。

（一）生物遗传因素

研究表明，遗传对心理健康而言是不可缺少的影响因素。素质的发展是遗传和环境两种因素交互作用的结果。遗传是人发展的自然或生理的前提条件，遗传素质有一个发展过程，它表现在人的身体的各种器官的构造及其机能的发展变化上。遗传素质的成熟程度，为一定年龄阶段的身心特点的出现提供了可能性与限制性，因此可以看出，遗传素质为心理健康的形成和发展提供了前提条件和发展的可能性。

拓展阅读：行为遗传学方法

国内外采用双生子研究、家谱分析以及寄养子女调查等方法的研究均表明，遗传因素在心理健康中占有十分重要的地位。由此可见，遗传因素在一定程度上对个体的心理健康有一定的影响。但是我们也可以根据研究得出，遗传只是为心理发病提供一种可能，关键在于后天环境的作用。

（二）心理活动因素

大学生的心理健康还受到心理活动因素的制约，主要包括认知、情绪等因素。

1. 认知因素

自我认知是个人心理健康发展的重要基础和必要条件。许多大学生在中学时是学习尖子，老师表扬、家长夸奖、同学羡慕，常常体验到成功的喜悦，自我感觉良好，但到了大学，优越感就消失了，这种情况称为自我认知失调。周围高手如林，加上学习方法不恰当，学习上一有波动就自信心下降，甚至产生自卑感、失落感。

客观认识和评价自己是良好个性心理品质的重要表现。一个人对自己的评价越客观，社会适应能力就越强。只有客观评价自己，不苛求自己，不因自己的缺点而沮丧，既不狂妄自大，也不妄自菲薄，坦然地面对自己身上的缺点和不足，做到扬长避短、乐观自信、宽容豁达，才能促进个性发展与完善。因此，要客观评价自己、尊重自己，同时客观评价别人、尊重别人，容人之短、容人之过，取长补短、共同进步。

2. 情绪因素

积极的情绪有利于个体处理和解决问题，长期处于消极情绪中，会导致心理障碍，甚至影响心理健康。情绪直接反映人们生存的状况，是人们心理活动的晴雨表。人在生气时的生理反应非常剧烈，同时会分泌许多有毒性的物质。当消极情绪存在，生理变化不能复原时，情绪压力就会损害健康。过度或过激的消极情绪都不利于任务的达成，容易导致心理障碍或心理疾病。

案例分享

小林的困惑

小林高中时学习成绩优异，在高考的过程中因感冒而发挥失常，没有考上自己梦寐以求的大学，来到一所职业院校。到校之后她重新振作，在班中竞选学习委员，希望在学校发挥自己的优势好好学习，争取在第一学期末获得奖学金，但是她未能如愿。她的情绪从此一落千丈，变得郁郁寡欢，无心学习，也无法处理好与同学的人际关系，还整夜失眠。最后不得不去医院精神科咨询，诊断结果是她患了抑郁症。

就像案例中的小林一样，抑郁也是大学生常见的一种心理疾病，是大学生因感到没有办法应对外界压力而产生的一种自卑、痛苦的消极情绪。有抑郁情绪的大学生常常伴有失眠、身体不适等症状，对大学期间学校或班级举办的各种各样的活动都不感兴趣。大学生产生抑郁情绪的原因有多种：性格内向、缺少与同学之间的交往、过于敏感等，学习成绩不如意、学习压力过大，在班级和宿舍受到同学的排挤、长期不受欢迎、得不到同学的理解，大一新生对环境和生活的不适应。

二、诱发因素

影响大学生心理健康的诱发因素主要包括家庭因素、学校因素和社会因素。

（一）家庭因素

社会是由家庭这个最基本的单元所组成的。家庭成员是儿童最初接触的人，既对儿童的人格形成有很大的影响，也对儿童的心理健康和个性发展具有很大的影响作用，甚至持续到他们上大学的时候。不同的家庭教育与影响会产生不同的教育效果。现代的大学生没有足够的耐挫力，在遇到挫折的时候，更容易悲观，更容易放弃；虽然接受新事物的能力很强，但在动手能力方面却很弱；虽然有社会和时代的观念，但是价值观和世界观却不是很成熟；虽然懂得自我维权，但是自我责任感不强。这些都跟他们从小生活的环境有关，跟家庭教育有关，他们被称为“温室里的花朵”，受不了刺激，容易产生极端的个人行为。这对于大学生健全的人格养成是很有害的。

拓展阅读：
四种不同的
家庭教养方式

（二）学校因素

在个体发展中，学校教育是相当重要的。学校的重要性首先表现在它在较长时间内对学生进行系统教育，而这种系统教育对学生社会行为的塑造是其他机构无法替代的。学校的重要性还在于它有着独特的、完整的机构，是社会的雏形，对学生了解社会、发展自我和人格、培养合

拓展阅读：
学校因素对大学生
心理健康的影响

乎角色的社会行为模式起着重要的作用。

（三）社会因素

人都是在一定的社会环境影响下成长和发展的。一定的社会文化背景、社区环境、社会风气和学习生活环境等因素都会对个体的心理健康产生影响。

总之，上述各种因素相互影响、相互制约，共同对一个人的身心健康综合发生作用。因此，在观察、分析、诊断心理失调、心理障碍或心理疾病时，需要充分考虑各种因素的作用，逐一考察、排除，全面而正确地做出判断，采取有效措施进行调适和治疗。

知识拓展

智力遗传说

双胞胎现象一直是心理学家注意的焦点之一，因为它有助于我们了解遗传对不同人之间能力的差异有多大的影响。最早重视这个问题的是现代心理测量之父——英国人弗朗西斯·高尔顿（Francis Galton），他收集了94个双胞胎的案例，分析那些分开教养的双胞胎之间性格与能力的变化，调查结果证实了他的一贯主张，即人的才能来自遗传。

1986年，高尔顿出版了《遗传的天才》一书。在这本书中，有一个对各个领域杰出人物的社会调查，涉及法官、政治领袖、文学家、科学家、艺术家和神学家等各种职业。高尔顿研究了他们的家庭背景和生活资料，结果发现这些人多数出自有名望的家族，其中31%的人有杰出的父亲，41%的人有杰出的兄弟，48%的人有杰出的儿子，血缘关系越近，同为名人的可能性也越大。

因为坚信自己的理论，高尔顿的后半生都致力于推动优生学运动，认为通过几代人审慎的婚姻就可能培育出具有很高天资的人种，推动人类文明的进步。为此他曾向政府提议，通过测试从英国挑选出10对最有才能的男女，每人提供5 000英镑（在19世纪，这绝对是一笔巨款）的婚姻赠礼，促使他们彼此婚配，以期改良大不列颠人的物种结构。

1956年的诺贝尔物理学奖得主威廉·肖克利（William Shockley）便提出用征税来鼓励智者生育、愚者节育，从当代新加坡政府奖励高学历者多胎化的人口政策中，多少也可以看到高尔顿理论的影子。

资料来源：http：//www.360doc.com/content/11/0830/15/1769601_144505919.shtml.

经典故事

再选你的父母

“再选你的父母”——很多人一看到这个名称，先是吓了一跳，马上就有些愤愤然了。这叫什么话？我的父母是天下最好的父母，让我再选一对新父母，这不是滑稽加大逆不道吗？这个游戏要是让我们的父母看到了，还不得指着鼻子骂我们，恨不能把我们扫地出门？要是父母之中有人驾鹤西归了，这题目就更让人匪夷所思，简直违背天理了。

我国乃仁孝之邦，身体发肤受之父母，感恩戴德还来不及呢，哪里容得了再选父母？如果你看到这儿就不再接着看了，我只有叹息。这的确是一个“可怕”的想法。请原谅，我没有一点冒犯你的意思，也不是为了震撼视听、哗众取宠，实在是因为这个禁区不得不谈，它和我们的心理健康息息相关。

你要说啦，我父母都很好，凭什么让我再选一对父母？这就是我们在做游戏之前首先要解开的思想疙瘩。疙瘩不化解，游戏就成了缘木求鱼。

父母可不可以批评？大家理论上一定承认父母是可以批评的，即使是伟人，也有这样那样的错误和缺点，父母不是完人，当然也可以批评。可实际上，有多少人心平气和地批评过父母，并收到了良好的回馈，最终取得了让人满意的效果呢？我猜这个比例一定不高。有人也许回忆起和父母吵架，分庭抗礼，甚至离家出走的经历，那不是批评，而是叛逆。你可曾像一个平辈那样拉开距离，客观地审视过自己父母的优劣长短、得失沉浮？大多数人的回答很可能是否定的。也许有人会说，那都是历史了，我们有什么理由在很多年后，甚至在父母都离世之后，还要议论他们的功过是非呢？

心理学家会很严肃地说，因为那些历史并没有消失，它们就存在于我们心灵最隐秘的地方，时时在引导我们的行为准则，在操纵我们的喜怒哀乐。

当我们还是孩子的时候，无力分辨哪些是真正的教导，哪些只是父母自身的宣泄。我们如同最恭顺的小伙计，把父母的言语、表情、习惯、嗜好等，流水账一般录在脑海的空白处。他们是我们的长辈，他们供给我们衣食住行，从某种程度上说，我们是凭借着他们的爱和给予，才得以延续自己幼小的生命。那时候，他们就是我们的天和地，我们根本就没有力量对他们进行分析、抗辩、反思。

你的父母塑造了你，你在不知不觉中套用他们展示给你的模板，在未经清理和重塑之前，你在很大程度上是他们的复制品。你可能很不赞同这些话，不妨思忖一下你周围的人和事，就会发现它并非毫无道理。这个游戏虽然叫作“再选你的父母”，但实际上，和我们自身的关系要比和父母的关系密切得多。从某种意义上讲，是为再选一个你做些准备。

心理测试

心理老化自我测试量表

心理老化自我测试量表

美国哈佛大学著名精神病学家弗列曼教授认为：“人们患病的原因，心理因素占了很大比重。”

世界卫生组织认为心理健康比躯体健康的意义更重要。现将测定心理老化的15个问题罗列在二维码中，你也不妨来测测。

复习巩固

测试题

模块二　认识自我，悦纳自我

内容提示

本模块主要讲解大学生自我意识及其发展特点，大学生自我意识的完善和大学生自我意识的偏差与调整。通过一系列理论的学习和案例分析，大学生应客观全面地认识自我，认识到自身在自我意识发展中出现的偏差和原因，并能适当地进行调适，从而自觉地培养和完善自我意识。

学习目标

1. 了解自我意识及其发展特点
2. 认识到自身在自我意识发展中出现的偏差和原因
3. 完善和提高自我意识

单元一
自我意识的理论基础

金玉良言

认识你自己，照顾你的心灵。

——苏格拉底

"我是谁"是一个难解的人生课题。古人云：人，贵有自知之明。古希腊德尔菲神庙里镌刻着"认识你自己"。大学阶段是自我意识迅速发展的特殊时期和关键时期，在这个时期，要学会正确地认识自己，因为只有认识自己和了解自己，才能知道自己需要什么，只有清楚自己的优势和劣势是什么，才能分辨什么是自己能够做到的和什么是自己不能做到的，从而发挥自己的聪明才智，实现自己的人生价值。培育健全的自我意识既是增进心理健康的重要方面和前提基础，也是大学生塑造健全人格、实现全面发展的重要条件。

情境导入

有个叫张三的解差，押送一名生性狡猾的和尚服役，途中解差为避免出现闪失，就每天早晨把所有重要的东西全部清点一遍。他先摸摸包袱，自言自语地说："包袱在。"又摸摸押解和尚的官府文书，告诉自己说："文书在。"然后，他摸摸和尚的光头和系在和尚身上的绳子，又说道："和尚在。"最后，他摸摸自己的脑袋说："我也在。"

张三与和尚在路上走了好几天了，每天早晨都这样清点一遍，不缺什么才放心上路，没有一天漏掉过。和尚把张三的一举一动都看在眼里。一天，和尚灵机一动，想出了一个逃跑的好办法。

一天晚上，他俩照例在一家客栈住了下来。吃晚饭的时候，和尚一个劲儿地给张三劝酒："长官，多喝几杯，没有关系的。顶多再有一两天，我们就该到了。您回去以后，因为押送我有功，一定会被上级提拔，这不是值得庆贺的事吗？不值得多喝几杯吗？"张三听得心花怒放，喝了一杯又一杯，慢慢地，手脚不听使唤了，最后终于大醉，躺在床上鼾声如雷。

和尚赶快去找了一把剃刀来，三两下把张三的头发剃得干干净净，又解下自己身上的绳子系在张三身上，然后就连夜逃跑了。

第二天早晨，张三酒醒了，他迷迷糊糊地睁开眼睛，就开始例行公事地清点。他先摸摸包袱说："包袱在"。又摸摸文书说："文书在。""和尚……咦，和尚呢？"张三大惊失色。忽然，他瞅见面前的一面镜子，看见了自己的光头，再摸摸身上系的绳子，就高兴了："嗯，和尚在。"不过，他马上又迷惑不解了："和尚在，那么我跑哪儿去了？"

自我，是一个"陌生的朋友"，既十分熟悉，又常常令人困惑。它是你"自己手中的东西"，然而我们往往对其熟视无睹，似乎它永远在天边，本案例中张三的行为就是对自我缺乏认知的表现。

资料来源：赵一，梁苏娟．世界上最经典的心理学故事全集［M］．北京：石油工业出版社，2009。

思考：

你有没有过和张三类似的体验？你了解你自己吗？

理论讲坛

一、自我概念

早在2000多年前，苏格拉底（Socrates）就先知般地发出了"认识你自己"的感叹。"认识你自己"也是镌刻在德尔菲神庙上的一句箴言，苏格拉底提出了"认识你自己，照顾你的心灵"。从那时起，人们就开始了对自我的探索。但是真正较为科学而系统的研究自我的历史不过百余年。

微课：

我是谁？

（一）弗洛伊德的自我概念

精神分析学派的创始人西格蒙德·弗洛伊德（Sigmund Freud）认为人格结构由本我、自我和超我所组成。

1. 本我

本我就是本能的我，完全处于潜意识之中。本我是一个混沌的世界，它容纳一团杂乱无章、很不稳定、本能性被压抑的欲望，隐匿着各种为现代人类社会伦理道德和法律规范所不容的、未开发的本能冲动。本我遵循"快乐原则"，它完全不懂什么是价值、什么是善恶和什么是道德，只知道为了满足自己的需要不惜付出一切代价。

2. 自我

自我是面对现实的我，它是通过后天的学习和环境的接触发展起来的，是意识结构的部分。自我是本我和外界环境的调节者，它奉行现实原则，既要满足本我的需要，又要制止违反社会规范、道德准则和法律的行为。

3. 超我

超我是道德化了的我，它也是从自我中分化和发展起来的，它是人在儿童时代对父母道德行为的认同，是对社会典范的效仿，是接受文化传统、价值观念、社会理想的影响而逐渐形成的。它由道德理想和良心构成，是人格结构中专管道德的司法部门，是一切道德限制的代表，是人类生活较高尚行动的动力，它遵循理想原则，通过自我典范（即良心和自我理想）确定道德行为的标准，通过良心惩罚违反道德标准的行为，使人产生内疚感。

弗洛伊德认为，本我、自我和超我三者之间相互作用、相互联系。本我不顾现实，只要求满足欲望，寻求快乐；超我按照道德准则对人的欲望和行为多加限制；而自我则活动于本我和超我之间，既以现实条件实行本我的欲望，又要服从超我的强制规则，它不仅必须寻找满足本我需要的事物，而且所寻找的事物不能违反超我的价值观。

拓展阅读：弗洛伊德的心理性欲阶段

弗洛伊德把自我喻为三个暴君统治下的臣民，它要尽力满足专横的本我的欲求，要应付严酷的现实环境，还要遵从神圣的超我的规范，自我在三个暴君之间周旋、调停，力图使三者的要求都得到满足，以便达到一种相对平衡的状态。可见，自我是人格结构中维护统一的关键因素。如果自我力量不够强大，则难以协调各种力量，使之保持平衡。因此，在人格的三方面中，自我扮演着难当的角色：一方面要设法满足本我对快乐的追求；另一方面必须使行为符合超我的要求。因此，自我的力量必须强大到能够协调它们之间的冲突和矛盾，否则，人格结构就处于失衡状态，会导致不健全人格的形成。

（二）威廉·詹姆斯的主我和宾我

威廉·詹姆斯（William James）是最先认识到自我二元性的心理学家之一，他对“自我”在其1890年出版的巨著《心理学原理》中有详细的论述。他认为，可以用主我和宾我来区分自我的这两个方面。我站在镜子前，“我看到了我自己”，这里的第一个“我”是“主我”，第二个“我”是“宾我”。

后来詹姆斯又将宾我细分为物质自我、社会自我和精神自我。主我，简言之就是主动地体验世界的自我，是我们对于正在思考或正在知觉的意识，而不是身体或心理过程，也就是上面的“我”；宾我，则属于我们注意对象的那部分自我，是人们对于他们是谁以及他们是什么样的人的想法，也就是上面的“自己”。

（三）库利的镜中自我

镜中自我是美国社会学家、社会心理学家查尔斯·库利（Charles Cooley）在《人类本性和社会秩序》一书中提出的概念。他认为，人的自我意识是在与他人的互动过程中通过想象他人对自己的评价而获得的。在与他人的交往中，人们首先想象自己在他人眼中的形象如何，其次想象他人对自己的形象如何评价，最后根据他人对自己的评价形成自我感。犹如人们在镜子中看到自己的形象，人们从他人对自己的判断和评价这面“镜子”中生成自我意识。

人的行为在很大程度上取决于对自我的认识，而这种认识主要是通过与他人的社会互动形成的。他人对自己的评价、态度等是反映自我的一面“镜子”，个人透过这面“镜子”认识和把握自己。因此，人的自我是在与他人的联系中形成的，这种联系包括三个方面：关于他人如何“认识”自己的想象；关于他人如何“评价”自己的想象；自己对他人的这些“认识”或“评价”的情感。其中，前两项只有在与别人的接触中、透过别人的态度才能够获得。

把别人当成自己的镜子，通过别人的评价了解自己，在镜中自我回答“我是他眼中的我吗”这一问题时，得到别人的反馈后要进行正确的分析。当被他人积极评价时不要忘乎所以，当被别人消极评价时不要一蹶不振，而要通过自己的思考和分析，对自我做出一个正确的判断。他人的评价只是我们认识自己的一种借鉴。

二、自我意识的有关理论

（一）自我意识的含义

自我意识是一个人在社会化过程中逐步形成和发展起来的，对自我以及自己与周围关系的多方面、多层次的认知、体验和评价，是个体关于自我全部的思想、情感和态度的总和。自我意识的内涵包括个体对自身生理状态、自身心理状态以及自己与周围关系的认识和评价。

1. 个体对自身生理状态的认识和评价

个体对自身生理状态的认识和评价是指对自己身高、体重、容貌、身材、性别等的认识以及生理病痛、温饱饥饿、劳累疲乏的感受等。如果一个人对自己的生理自我不能接纳，嫌自己个子矮、不漂亮、身材差，就会讨厌自己，表现为自卑、缺乏自信。

2. 个体对自身心理状态的认识和评价

个体对自身心理状态的认识和评价是指对自己知识、能力、情绪、兴趣、爱好、性格、气质等的认识和体验。如果一个人对自己的心理自我评价低，嫌自己能力差、智商不高、情绪起伏大、自制力差，就会否定自己。

3. 个体对自己与周围关系的认识和评价

个体对自己与周围关系的认识和评价是指对自己在群体中的地位、作用以及自己和他人相互关系的认识、评价和体验。如果一个人认为周围的人不喜欢自己、不接纳自己，没有知心朋友，就会感到很孤独、很寂寞。

（二）自我意识的结构

由于自我意识既是心理活动的主体，又是心理活动的客体，是涉及认知、情感、意志过程的多层次、多维度的心理现象，因此，自我意识是由自我认知、自我体验和自我调节三个子系统构成的。因此，自我意识也称自我调节系统。

1. 自我认知

自我认识是自我意识的认知成分。它是自我意识的首要成分，也是自我调节控制的心理基础，包括自我感觉、自我概念、自我观察、自我分析和自我评价。自我分析是在自我观察的基础上对自身状况的反思。自我评价是对自己能力、品德、行为等方面社会价值的评估，最能代表一个人自我认识的水平。自我评价是自我认识的核心部分，它直接制约着自我体验和自我调节。

2. 自我体验

自我体验是自我意识在情感方面的表现。自尊心、自信心是自我体验的具体内容。自尊心是指个体在社会比较过程中所获得的有关自我价值的积极的评价与体验。自信心是对自己的能力是否适合所承担的任务而产生的自我体验。自信心与自尊心都是和自我评价紧密联系在一起的。

自我体验往往与自我认知、自我评价有关，也和自己对社会的规范、价值标准的认识有关，良好的自我体验有助于自我调节的发展。

3. 自我调节

自我调节是自我意识的意志成分。自我调节主要表现为个人对自己的行为、活动和态度的调控。它包括自我检查、自我监督、自我控制等。自我检查是主体在头脑中将自己的活动结果与活动目的加以比较、对照的过程。自我监督是一个人以其良心或内在的行为准则对自己的言行实行监督的过程。自我控制是主体对自身心理与行为的主动掌握。

三、自我意识在人的发展中的作用

（一）导向作用

目标是人才发展的导航机制。拥有健康自我意识的人能够正确认识自我、规划自我，为自己制定适合的目标。有了目标，才有发展方向，才能调动自身潜能、激发强大动力，从而实现个人价值的最大化。

（二）自控作用

自我控制是自我意识发挥能动作用的一个重要方面。缺乏自我控制意识的人，将是情绪化的人、缺乏毅力的人、一事无成的人。能够控制自我的人，往往对环境适应良好，并能规范自己的情绪和行为，容易实现自己的目标并获取成功。

（三）内省和归因作用

有健康自我意识的人，能够对自己和他人有正确的分析和判断，对自我有敏锐的觉察和反省，不断完善自我，在个体成长中进行自我监督和自我教育。同时，不会将他人的问题归于自己，既能与他人保持良好的关系，又能保持自我的独立性。一个有稳固基础的自我形象是迈向成功的先决条件。

个体具备良好心理素质的最重要标志是对自我的接受和认可，即有成熟的自我意识和健康的自我形象。大学生的自我认识、自我评价、自我控制，直接影响其社会适应、身心健康和成长发展。

知识拓展

自我意识的诞生——阿姆斯特丹的点红实验

一、实验目的

研究婴儿的自我意识水平。

二、实验过程

阿姆斯特丹曾借用动物学家盖勒帕在黑猩猩研究中使用的点红测验（以测定黑猩猩是

否觉知“自我”这个客体)，从而使有关婴儿自我觉知的研究取得了突破性进展。实验的被试者是88名3～24个月大的婴儿。实验开始，在婴儿毫无察觉的情况下，主试者在其鼻子上涂一个无刺激红点，然后观察婴儿照镜子时的反应。研究者假设，如果婴儿在镜子里能立即发现自己鼻子上的红点，并用手去摸它或试图抹掉，表明婴儿已能区分自己的形象和加在自己形象上的东西，这种行为可作为自我认识出现的标志。

三、实验结论

阿姆斯特丹对研究结果进行总结后得出，婴儿对自我形象的认识要经历三个发展阶段。第一个是游戏伙伴阶段：6～12个月。此阶段的婴儿对镜中自我的映像很感兴趣，但认不出自己。第二个是退缩阶段：13～20个月。此时婴儿特别注意镜子里的映像与镜子外的东西的对应关系，对镜中映像的动作伴随自己的动作更是显得好奇，但似乎不愿与“他”交往。第三个是自我意识出现阶段：21～24个月。这是婴儿在有无自我意识问题上的质的飞跃阶段，这时婴儿能明确意识到自己鼻子上的红点并立刻用手去摸。

上面的实验从科学的角度展现了婴幼儿自我意识发展的阶段性，德国作家约翰·保罗曾说：“一个人真正伟大之处，就在于他能够认识自己。”当孩子有认识自我的要求时，教育者应不失时机地培养他们的自我意识。由于自我意识影响人格的形成，健康、积极的自我意识是促进健康人格形成的重要因素，因此教育者要引导孩子形成积极的自我意识。在婴幼儿时期，积极的自我意识主要包括以下内容：觉得自己是有价值的人，受到别人的重视和好评；觉得自己是有能力的人，可以“操纵”周围世界；觉得自己是独特的人，受到别人的尊重与爱护。

经典故事

电影《爱德华医生》

《爱德华医生》是1945年上映的美国好莱坞早期黑白悬疑影片，由希区柯克执导，英格丽·褒曼和格利高里·派克主演。该片是电影史上第一批以精神分析学为主题的影片之一，获得了第十八届奥斯卡最佳戏剧片奖和最佳原创音乐奖。

在《爱德华医生》中，我们看到更多的是20世纪40年代的精神科医生怎样运用弗洛伊德精神分析法的理论和方法来治疗患者。在心理学上，“情结”的定义为：人们总想去解决的而又总是不能解决的问题。在人们的行为生活中，根据不同情况进行划分，就出现了很多情结，如恋母情结、恋父情结、自卑情结、犯罪情结等。该影片反映的就是犯罪情结，故事的发生都与约翰童年的经验有着密切的关系，这也是弗洛伊德早期的经验理论，他认为人的行为深受童年经历的影响。正如约翰小时候撞死哥哥的事件，当再次遇到相似的生活情景，即爱德华医生滑雪的事件，他就会把两件事情重叠起来，把以前想去解决但是不能解决的问题重新召唤回来，导致精神发生混乱。因此，约翰才会认为自己是杀害了爱德华医生的真凶，正如他认为是自己杀害了哥哥一样，白色和线条成了约翰所惧怕的东西，也成为打开他犯罪情结的依据。在产生这样的认识之后，约翰用了防御机制中的压抑法作为保护自己的心理工具。根据弗洛伊德的解释，所谓压抑法就是借助压抑，把一些强烈的冲动（与现实生活不协调的欲望或冲动）压到无意识领域之中。

约翰正是把这些自己所经历的过去压到了无意识领域，不愿意想起自己儿时的痛苦回忆以及自己的愧疚、自己的错误。一方面，他很不愿意去承认自己曾经犯过这样的错误；另一方面，他又极力地想要弥补自己的过错，想为此付出点什么来减轻自己的负罪感。由此，当爱德华医生遇害的时候，他就冒名顶替接任了这个职务，想把这个当作赎罪的方式，但是他没有杀人这一事实又使自己产生抵触，于是约翰就陷入了内心挣扎，这是无意识的过程。弗洛伊德理论中，无意识是按照快乐原则去追求满足，是心理深层的基础和人类活动的内驱力，它决定着人的全部有意义的活动，具有非理智、冲动性、无道德性、反社会性、非逻辑性、非时间性、不可知性等特点。

心理测试

自我同一性小测验

自我同一性小测验

自我同一性测试问卷，用于评估埃里克·埃里克森（Erik H. Erikson）发展理论中所描述的第五阶段，即获得同一感而克服同一性混乱。问卷可以让你了解你在同龄人中所处的位置，以及提供一些面对危机的解决办法。

复习巩固

测试题

单元二
大学生自我意识的变化及其特点

金玉良言

一个真认识自己的人，就没法不谦虚。谦虚使人的心缩小，像一个小石卵，虽然小，而极结实，结实才能诚实。

——老舍

大学生处于自我意识形成的关键时期，自我认识的意识明显增强，对于探索自我、明确自己到底是一个什么样的人有一种非常强烈的心理需求。同时，随着生理、心理的逐步成熟、人际关系的扩大、认识能力的发展，大学生可以以更加客观的眼光和更清晰的标准来不断观察自己，更加细致地关注自己的内心世界，进行更为复杂的自我沉思、自我反省等心理活动。大部分大学生在描述自己的时候能够保持理性和客观。但是，也有不少大学生持混乱的自我观念和片面的自我评价，严重影响了自我认识的和谐，形成了扭曲或者错误的自我意识。因此，了解和认识大学生自我意识信息来源和自我意识的发展规律和特点就显得至关重要。

情境导入

“亲爱的母亲，我抱歉来到了这个世界，不能带给你骄傲，只能带给你烦恼。但是，我却无力改善我自己，我真不知道怎么办才好！但是，母亲，我从混沌无知中来，在我未曾要求生命之前，我就这样糊里糊涂地存在了，今天这个‘不够好’的‘我’，是由先天、后天的许多因素，加上童年的点点滴滴堆积而成的。我无法将这个‘我’拆散，重新拼凑，变成一个完美的‘我’。因此，我充满挫败感，充满对你的歉意，让这个‘不够好’的我，从此消失吧！”

这封信里多次提到了“我”，几个不同的“我”。“不够好的我”在无法变成母亲喜爱的“完美的我”之时，吞下了整瓶安眠药。

这是一个十六岁少女的“绝笔”。她的名字叫琼瑶。

思考：

1. 你认为琼瑶自杀的原因是什么？
2. 琼瑶在看待“真实的我”“理想的我”和“别人眼中的我”时，存在什么问题？
3. 和别人相比，你认为自己的优势在什么地方？

理论讲坛

一、大学生自我意识形成的信息来源

自我意识是人所特有的心理标志，是经过后天学习获得的，是个体在社会环境中，在与他人的互动中逐渐形成的。一般而言，大学生对自己的认知可以通过四个方面逐渐形成。

（一）他人的反馈

我们一般会从别人那里得到他们对于我们品质、能力、性格等的清晰反馈，从而增强我们对自己的了解。当我们被告诫要主动、要勤奋一些时，我们便会从反馈中得知：自己有些害羞，不够主动，学习不够勤奋。特别是当许多人的看法一致时，我们就会相信这种看法是正确的，从而确定自己是这样的人。在大学教育中，要防止大学生出现“习得性无助”现象，多给予他们夸奖和激励。尤其是当大学生来到一个陌生环境开始新的学习生活时，环境适应中的自我意识显示出巨大的张力，很多在中学时代有着骄人成绩的学生出于种种原因而认同了自己的平凡并不尝试改变时，就极易出现“习得性无助”状态。

（二）反射性评价

在生活中，那些与我们生活无关紧要的人有时并不会给予我们清晰而明确的反馈，但我们可以从他们的态度与反应中来了解自己。学者库利提出“镜中自我”，认为我们感知自己就像别人感知我们一样，镜子中的我或别人眼中的我就是我们感知的对象，我们常常依据别人如何对待我们来了解自己，这一过程称为反射性评价。

案例分享

反射性评价

一个大学生在心理咨询中提道：“我感到非常孤独，宿舍的同学不喜欢我，常常是我在宿舍外面听到里面在热烈地谈论一个问题，而当我进入宿舍时，谈话就中断了，大家的表情也显示出冷淡与不在乎，我不知道自己做错了什么，得不到大家的认同。这使我非常痛苦。在来自不同家庭背景的同学中，我的家境略好些，可这不是我的过错，我一直主动地想与同学好好相处，也做了一系列努力，但都得不到大家的认同。在中学以前，我一直是非常受人欢迎的，我现在变得沉默了，因为不知道该如何做。”这就是反射性评价，它对自我的形成起着重要作用。大学生可以从与同学、老师交往时感知到的“自我”中得到一些反射性评价。

（三）依据自己的行为判断

达里尔·贝姆（Daryl Bem）的自我知觉理论认为：在内部线索微弱或模糊的情况下，人们常常依据外在行为来推断自己的特征（如性格、态度、品质、爱好等）。例如：当参加公益活动时，人们认为自己是一个高尚的人；但在大多数情况下，人们常常依据内部线索（如想法、情绪）来了解自己，而且比外显行为更准确，因为行为易受外在压力的影响，更易伪装。

自我知觉是社会知觉的一种形式。它是指个体对自己的认识，以自我为认识的对象，也指个体通过对自己行为的观察而形成的对自己心理状态的认识。自我知觉理论认为，人们通过自己的行为和行为发生的情境了解自己的态度、情感和内部状态。也就是说，我们对自己内部状态的了解，也像他人了解我们一样，都是通过我们的外显行为。

（四）社会比较

利昂·费斯廷格（Leon Festinger）提出的著名的社会比较理论认为：人们非常想准确地认识自我、评估自我。为此，在缺乏明确标准时，人们常常和自己相似的人做比较。

大学生正处于人生重要的发展时期，其人生目标、职业理想、生活态度等都在形成之中，社会比较为大学生提供了认识自我、了解自我和发展自我的重要标尺。社会比较也是每个个体认识自我不可或缺的方面。没有社会比较，就没有自我的进一步优化。当然，自我比较并不总是向着积极的方向，自我比较又分为上行比较、下行比较与相似比较。个体的目的与动机不同，采用的社会比较策略也不相同。例如：自我保护与自我美化的动机促使学生下行比较，与那些不如自己走运、成功和幸福的人相比；而自我成功动机强的人更倾向于上行比较，他们会选择与那些比自己更加成功的人比较，促使自己更加成功。

二、大学生自我意识发展的规律

（一）自我意识的分化

青年期自我意识的发展是从明显的自我分化开始的。原来完整笼统的“我”被打破了，出现了两个我：主观我和客观我。伴随着主观我和客观我的分化，理想我和现实我也开始分化。自我意识分化是自我意识开始走向成熟的标志。

（二）自我意识的矛盾

自我意识的分化，带来了主观我与客观我的矛盾斗争，呈现出理想我和现实我的矛盾并且加剧，表现出明显的内心冲突，甚至有很大的内心痛苦和激烈的不安感。

拓展阅读：埃里克森与自我心理学的发展

大学生自我意识的矛盾主要表现在以下几个方面：

1. 主观我与客观我的矛盾

由于大学生活范围比较窄，自我认识有局限性，大学生的主观我与客观我的矛盾相对突出。作为同龄人中能够接受高等教育的人，他们对自我有较高的积极微课：
我要成为一个什么样的人？

评价，但由于他们远离社会且缺乏社会经验，故对社会的了解不够透彻。大学生回归本位，身上的光环随之消失，这使他们产生失落感。

2. 理想我与现实我的矛盾

大学生富于理想，成就动机强，心中承载着无数的梦想，渴望一步登天。他们有抱负、有追求、有理想，特别是当市场经济将人们的成就意识凸显时，很多大学生心中有着比尔·盖茨式成功的梦想，他们为自己设定了一个美丽的理想我，也对大学生活进行了理想化的设定。然而，他们较少接触社会，还不能很好地把理想和现实有机地结合起来。

3. 独立意向与依附心理的冲突

生理与心理的成熟使大学生渴望独立，以独立的个体面对生活、学习与工作中遇到的问题，然而长期的校园生活使他们应有的社会阅历与经验相对匮乏，当应激事件出现时，往往会盼望亲人、老师、同学替自己分忧。此外，大学生心理上的独立与经济上的不独立也形成了明显的反差。他们在迫切希望摆脱约束、追求自立的同时，却又不能真正离开家长、老师的支持和帮助。

4. 交往需要和自我闭锁的冲突

青少年时期更加渴望友情与爱情的滋养，更加渴望同辈群体的认同与归属感。一方面，在这个时期，每个人都渴望爱与友谊，渴望交往与分享，渴望自我价值得到实现，渴望探讨人生的真谛、寻找人生的知己，渴望成为群体中受尊敬与欢迎的人；另一方面，大学生的自我表露又受心灵闭锁的影响，总是不经意地将自己的心灵深藏起来，有意无意地与同学保持着一定的距离，存在戒备心理，不能完全敞开心扉与他人交流与沟通思想。这也是大学生常常感到的“交往不如中学时代那么自如真诚”的原因所在。

5. 自负与自卑的冲突

与其他群体相比，大学生体现出较高的自尊与自信，他们渴望成功，不甘落后，对成功的渴望与预期高，特别是当小小的成就来到身边时，很容易表现出骄傲自大、唯我独尊、以自我为中心，好像世界尽在掌控之中。当遭遇失败与挫折时，有时哪怕只是小小的失利如考试失败、恋爱失败等，他们便开始怀疑自己的能力，进而自我否定、自我怀疑甚至自暴自弃，陷入强烈的自卑之中。

拓展阅读：
自卑的表现与调适

6. 理智与情感的冲突

大学生情绪的一个显著特点是容易两极分化，或高或低，波动性大，易冲动，不易控制。但随着身心的发展，认知水平的提高，大学生渐渐成熟，在遇到客观问题时，既想满足自己情绪与情感的要求，又想服从社会及他人的需求。特别是当遇到失恋等人生打击时，他们尽管在理智上能够理解，在感情上却难以接受。

（三）自我意识的统一

自我意识的分化和矛盾所带来的痛苦促使大学生不断寻求方法以求得自我意识的统一，即自我同一性。自我同一主要是指主观我和客观我的统一、自我与客观环境的统一、理想我与现实我的统一，也表现为自我认识、自我体验、自我监督的和谐统一。

消除矛盾，获得自我统一的途径有三条：其一，努力改善现实我，使之逐渐接近理想我；其二，修正理想我中某些不切实际的过高标准，使之与现实我趋近；其三，放弃理想我而迁就现实我。

三、大学生自我意识发展的特点

（一）强烈关心自己的发展

大学生在校学习的时间是知识技能的准备时间，是进入社会的缓冲阶段，他们有机会经常反思，反省一些有关个人发展、个人与社会关系的问题。例如：我聪明吗？我的风度如何？别人会怎么看我？我的性格如何？我将成为什么样的人？我怎样实现自我价值？大学生围绕个人发展、个人和社会的关系，能够积极主动地探索自我，能自觉地把自我的命运和集体、国家的命运结合起来。

（二）自我评价能力趋于客观

由于知识增多、生活经验扩大、感性与理性逐渐成熟，大多数大学生对自己的认识、评价基本与外界一致，变得客观、全面。在自我评价标准上，他们不再依赖于成人和同龄团体的影响，追求自我评价，表现出独立的倾向。但是也有许多大学生对自己做出不切实际的评价：要么评价过高，产生骄傲自满的自负情绪；要么评价过低，产生自卑心理。

（三）自我体验丰富而复杂

大学时代是一个人一生中“最善感”的阶段。在这一阶段，大学生的自我体验具有敏感性、丰富性、深刻性、闭锁性与起伏性等特点。一般说来，大学生自我体验的情绪情感基调是积极的、健康的。大多数大学生喜欢自己、满意自己，自尊、自信、好胜。但他们也是敏感的，凡是涉及“我”和与“我”相关的事物，往往会引起自身的情绪情感反应，并且他们更愿意把自身的情感体验闭锁于内心，因此自我体验又具有一定的起伏性、波动性。

（四）自我控制能力的提高

随着自我认识和自我评价水平的提高，大学生的自我控制能力有了很大的提高，自觉性、坚持性、独立性和稳定性显著发展，有强烈的自我设计和自我规划的意识。绝大多数大学生奋发向上，力争成才，自觉调节自身行为，同时强烈要求独立行事，希望摆脱依赖和管束。他们可以自觉地根据社会的要求来调节、改变自己不切实际的目标和动机。

知识拓展

自我认同

心理学家埃里克·埃里克森指出，人的自我意识的发展会持续一生，并且会经历不同的发展阶段，每个阶段都不可逾越，但时间早晚因人而异。如果在每个阶段其心理发展都能完成、危机都能得到化解，就会产生积极的心理品质；反之，则会产生消极的心理品质。

自我认同的内容主要包括六个方面：一是我现在想要什么？二是我有何身体特征？三是父母如何期望我？四是以往成败经验如何？五是现在有何问题？六是希望将来如何？对这六个方面问题的回答可以归为“我是谁”与“我将走向何方”两大问题。如果完成得较好，大学生就能够适应与化解危机，达到自我同一性；否则，容易出现自我同一性危机，个人方向迷失，与自己的角色不相适应，最后出现退缩、自卑等不良人格特征。具体来说，可能出现的情况如下：

一是前瞻性的时间观与混淆的时间观。大学生对时间的认同是自我认同中非常重要的一件事。有的大学生没有认识到时间的改变是不可挽回的，他们必须与时俱进；有的为了避开成长的压力，希望时间过去，面临的困境也随之而去；有的希望时间停滞不前，依旧沉浸在少年时代中，不去主动承担责任，拒绝成长，造成不成熟的自我认同。

二是自我肯定或自我怀疑。大学生从多维度看待自己，如对自己的天赋、智力、身体、心理与发展的认知，对成功与挫折的认知，都在很大程度上确立了大学生的自我认知。有的大学生过分看重别人对自己外表的看法，有的则对一切抱漠不关心的态度。一个自我认同的人能够有效地整合自我与他人的信息，达到自我同一性。同时，能够努力去理解和尊重他人的独特性和自我认同方式。

三是预期职业成就与无所事事。大学生的职业生涯规划与职业预期是学业的重要归宿，也是一个非常实际的问题。大学生通过职业生涯确立与肯定自己的能力，对他们而言，重要的是坚持学习并充分发挥自己的潜能，而不是确定自己的能力有多大。许多有才能的大学生因缺乏毅力而无所建树，也有的大学生因沉溺于网络游戏不能自拔而荒废了学业。

四是性别角色认同与两性混淆。大学生应当对社会规范的性别角色及其责任有所认同，接受自己完全是男性或女性而有适当的性别表现，还要能够与同性或异性自在相处，否则容易陷入两性危机。

五是服从与领导的认同。大学生既要发展自己作为团队领导者的能力，又要培养自己作为团队成员的团队精神与合作精神。作为团队领导者时，应能够适当地运用权力；而作为团队成员时，既不能盲目服从，又要归属于团队。

六是价值观的形成。在大学阶段，大学生真正开始选择人生、思考人生，逐步形成自己的人生观与价值观及生活理念。大学生价值观的确立是自我同一性的最高境界，也是自我同一性最为重要的任务。

经典故事

我是谁？

“我是谁”是一个古老的问题。原始人在集体捕获了一只大动物分而食之、吃饱喝足之后，面对浩瀚星空、无边宇宙，一定会怅然思索这个问题。现代文明把人禁锢在城市里，用水泥和人造灯火，把目光和星空、远山隔绝开来，把这个充满惆怅和苍凉的问题，藏到了冰箱的冷藏室和汽车的后备厢里。不到停了电诸物腐败或者车子抛锚停在路边的时候，我们很难发觉它。这是现代人的进步，也是现代人的悲哀。我们得以躲在灯红酒绿的城堡中，日日夜夜躲避面对大自然时的渺小感，穿着莱卡的灵魂逃脱了拷问，得以浑浑噩噩混到终点。失去了反思和警醒的契机，猛然回首，时间的桑叶已被年龄的毛虫蛀空大半，却并没有蚕丝的光泽闪现。

我和同道们办了一个心理咨询中心。在绿色墙壁的咨询室里，我接待过很多来访者。常有报社记者坐在米色的沙发上，好奇地问，你们平日就是在这里做咨询吗？我回答，是啊。记者接着问，能把发生的故事讲给我听听吗？我说，不行。心理咨询专业守则有很严格的规定，不可泄露来访者的任何信息。锲而不舍是记者的特性，他们会绕着圈子问，到这儿来的是男人多还是女人多？哪个年龄段的人最多？最小的咨询者几岁？年纪最大的咨询者几岁？等等。我理解他们的好奇心，但坚守无可奉告的原则。有一个问题是例外，那就是记者问道：人们谈论最多的问题是什么？是情感方面的，还是人际关系？再不就是事业发展方面的问题？

每当这时，我会非常肯定地回答，在这间咨询室里，心理咨询师和来访者们谈论最多的问题，是一个古老的哲学问题——人活着的意义是什么？

记者们通常会把眼睛瞪得溜圆，在他们以为会听到缠绵悱恻的爱情故事或是惊世骇俗的传奇经历的地方，却是如此坚硬冷峻的内核。

如果咨询室的米黄色沙发有知，它一定会作证，这是千真万确的事实。日常生活中的种种烦恼看似五花八门，根源往往是非常基本的问题——你如何看待自己？如何看待别人？如何看待世界？最简单的东西常常是最难的东西。

爱自己的能力，加上爱生命和爱他人的能力，并且完全接受人是不能永远存活于世的这一事实，这就是幸福的基础。然而，你意识到了幸福的重要性和你能把握它，二者之间还有漫长的距离。

一个自尊、自信、有安全感的人，他在人际交往中是自然的、开放的、坦诚的、透明的。一个自卑、狭隘、封闭、懒惰、妒忌、多疑的人，你能想象他和他人友好相处、谈笑风生吗？他可能为了欣赏大自然的美丽，并为了让这个世界更美丽而贡献毕生的心血吗？

答案基本是否定的。

我是谁？这是一个充满了思辨和叩问的永恒话题。中国有句古话，叫作“人贵有自知之明”，这个“贵”字，不单是宝贵，而且是稀少，物以稀为贵嘛！睫在眼前最难见，人短于自知。

健康的自我形象，会导引你走向自尊、自信、自爱的人生。那时你将发现，你的内心深处是多么的神奇和安全。你会多一些快乐，多一些勇敢，多一些聪慧，多一些轻装前进的勇气。你就会思索你的这个“真我”和别的人比起来，最大的优势在哪里，真正的目标是什么，你能不能把所有的资源都用到自己的优势上，朝着矢志不渝的目标奋进！

心理测试

自我和谐量表

自我和谐（Self Consistency and Congruence）量表是卡尔·罗杰斯（Carl Rogers）人

自我和谐量表

格理论中最重要的概念之一，它与心理病理学和心理治疗过程有着密切的关系。根据罗杰斯的观点，自我是个体的现象领域中（包括个体对外界及自己的知觉）与自身有关的知觉与意义。同时，个体有着维持各种自我知觉之间的一致性，以及协调自我与经验之间关系的技能，而且“个体所采取的行为大多数都与其自我观念相一致”。如果个体体验到自我与经验之间存在差距，就会出现内心的紧张和纷扰，即一种“不和谐”的状态。你想知道自己的自我和谐程度吗？那就扫一扫二维码中的心理测试吧！

复习巩固

测试题

单元三
大学生完善自我的途径与方法

金玉良言

一个人的真正伟大之处，就在于他能够认识自己。

——约翰·保罗

自我意识的培养是大学生自我完善的途径，是大学生实现人生目标的桥梁。大学阶段是自我意识发展的高级阶段，了解大学生自我意识发展的特点，寻求合理的培养途径，是大学生自我管理的重要方面。大学生自我意识培养和完善是引导主体按社会要求自觉地对个体进行自我意识的教育，是自我意识的最高表现，是大学生完善自己个性、实现自我价值的重要途径。

情境导入

他是英国一位年轻的建筑设计师，很幸运地被邀请参加了温泽市政府大厅的设计。他运用工程力学的知识，根据自己的经验，很巧妙地设计了只用一根柱子支撑大厅天顶的方案。

一年后，市政府请权威人士进行验收时，对他设计的一根支柱提出了异议。他们认为，用一根柱子支撑天花板太危险了，要求他再多加几根柱子。

年轻的设计师十分自信，他说："只要用一根柱子便足以保证大厅的稳固。"他详细地通过计算和列举相关实例加以说明，拒绝了工程验收专家们的建议。他的固执惹恼了市政官员，年轻的设计师险些因此被送上法庭。

在万不得已的情况下，他只好在大厅四周增加了4根柱子。不过，这四根柱子全部都没有接触天花板，其间相隔了不为人所察觉的2毫米。

时光如梭，岁月更迭，一晃就是300年。

300年的时间里，市政官员换了一批又一批，市政府大厅坚固如初。直到20世纪后期，市政府准备修缮大厅的天顶时，才发现了这个秘密。

消息传出，世界各国的建筑师和游客慕名前来，观赏这几根神奇的柱子，并把这个市政大厅称作“嘲笑无知的建筑”。最让人们称奇的是这位建筑师当年刻在中央圆柱顶端的一行字：自信和真理只需要一根支柱。

这位年轻的设计师就是克里斯托·莱伊恩。

思考：

克里斯托·莱伊恩的自信表现在什么地方？你认为该如何增强自己的自信心？

理论讲坛

著名心理学家卡尔·罗杰斯曾说：“好的人生，是一种过程，而不是一种状态；它是一方向，而不是一个终点。”其实每个人的人生是怎样的一个过程，沿着什么样的方向前进，与个体的自我探索过程是密不可分的。我们每个人在一生中都要不断地自省，最终目的就是提升自我探索的能力。所谓自我探索就是认识自我、接纳自我、控制自我和超越自我，它既是一种能力，又是一个能让个体发展和进步的过程。

一、正确认识自我

你知道吗？什么动物早上用四条腿走路，中午用两条腿走路，晚上用三条腿走路，腿最多时最无能？这个谜语出自哪里？这个谜语叫斯芬克斯之谜，出自古希腊神话故事《俄狄浦斯王》。

案例分享

斯芬克斯之谜

古希腊悲剧《俄狄浦斯王》中有这样一个故事：斯芬克斯是希腊神话中带翼狮身女怪，它成天坐在奥林匹亚山上，向过往的行人出谜语，如果来人猜不出，她就一口将其吃掉。一天，俄狄浦斯经过这里，斯芬克斯像往常一样拦住了他，并说出了她的谜语：世上有一种动物，它早上用四条腿走路，中午用两条腿走路，晚上用三条腿走路，这是什么动物？她刚说完，俄狄浦斯就不假思索地答道：“你说的这种动物是人。人在幼年的时候，尚未学会行走，只能在地上爬行，手足并用，因而看上去像是四条腿走路；等到长大成人，他身强体壮，仅靠两条腿就可以行走自如；而当一个人进入老年时期，年迈体衰，他不得不靠手杖支撑着缓慢行走，这手杖就成了老年人的第三条腿了。”狡猾残暴的斯芬克斯原以为没有人能够猜出她的谜语，但是没想到被俄狄浦斯一语道破。斯芬克斯又羞又怒，一气之下，栽到身后的万丈悬崖下，摔死了。

（一）乔哈里窗理论

美国心理学家乔瑟夫·勒夫（Joseph Luft）和哈里·英格拉姆（Harry Ingram）提出

了关于人自我认识的窗口理论，称为乔哈里窗理论（见表 2－1）。他们认为人对自己的认识是一个不断探索的过程。因为每个人的自我都有四部分：公开的自我、盲目的自我、隐秘的自我和未知的自我。通过与他人分享秘密的自我，通过他人的反馈减少盲目的自我，人对自己的了解就会更加客观。

表 2－1　乔哈里窗理论

	自己知道	自己不知道
别人知道	公开的自我（阳光区）	盲目的自我（盲点区）
别人不知道	隐秘的自我（面具区）	未知的自我（潜能开发区）

（1）公开的自我（阳光区）：阳光男（女）孩；很开朗，很自在；这是你认识的我，我认识的你；这也是与一般人交往及相处的一面。也就是透明真实的自我，对这部分自己很了解，别人也很了解。

（2）盲目的自我（盲点区）：有很多的习惯及行为我们自己没有察觉，但朋友却看得清楚，久而久之就变成你的人格特质。这可能是你的优点，也可能是你的缺点，他人也许会帮你贴标签，比如说“他不喜欢唱歌”“他不会干这事”“他不是这种人”等，有时候，你朋友比你还了解你自己。别人看得很清楚，自己却不了解。

（3）隐秘的自我（面具区）：对不起，这儿有一扇门，没有我的允许你进不来。这是我的世界、我的天地、我的秘密，是自己了解但别人不了解的部分。

（4）未知的自我（潜能开发区）：这就叫“潜能”，我们常说“他是一块宝”，每一个人都是一块宝，但如何开发呢？这是好的挑战，是别人和自己都不了解的潜在部分，通过一些契机可以激发出来。

人与人开始接触之际，公开区较小，因为缺少时间和机会进行信息交流。根据一般的交往经验法则来说，大学生应该尽可能扩大公开区，使其成为信息交流的主要窗口，不断增强信息的透明度、公开度和诚信度。当你开诚布公的时候，对方可能也正在向你敞开心扉。

拓展阅读：完善自己，树立正确的自我意识

（二）认识自我的三条渠道

1. 比较法——从我与人的关系认识自我

他人是反映自我的镜子，与他人交往，是个人获得自我认识的重要来源。通过自己与社会上其他人的比较，尤其是与自己条件相似的人比较，来了解自己、认识自己、规划自己。

人们对于自己的了解，常常是在跟别人的比较中获得的，包括上行比较和下行比较。上行比较就是跟比我们强的人去比较，下行比较是与那些不如我们的人去比较。

2. 经验法——从我与事的关系认识自我

从我与事的关系认识自我即我从做事的经验中了解自己。不经一事，不长一智。成败得失，其经验价值因人而异：对善用智慧的人，成败都可以促进发展；对脆弱的人，失败的经验会加剧其失败，因为挫败后形成的害怕失败的心理会更加令其束缚手脚，从而失去良机。对狂妄的人，

拓展阅读：增强自信的方法

成功反倒可能成为失败之源，他们往往在有幸成功后便骄傲自大，以后做事便不自量力；或者其成功是由于家世、关系，一旦失去“保护源”，他们便不能撑起独立的自我。因此，从成败经验中获得的自我意识也要细加甄别，大学生要善于从成败经验中认识自我、完善自我。

3. 反省法——从我与己的关系认识自我

古人云“吾日三省吾身”，就是指人要运用自我反省的方法来剖析自己，检查自己的思想和行为，发现自身存在的缺点和不足，并及时改正。自我反省是提升自我的过程，是通往成才成功的必经之路。我们通过自省可以不断地检查自身行为，发现不足，从事件的结果中获得经验和教训，在不断的自省中找到现实我与理想我之间的差距，并有的放矢地完善自我、教育自我、提高自我。

案例分享：特殊的寻找者——完美主义

二、积极悦纳自我

有些人可以喜欢朋友、喜欢知识、喜欢自然，却不愿意喜欢自己，结果他们不快乐。实际上，大学生悦纳自我就是要接纳自己、喜欢自己、欣赏自己，体会自我的独特性，这是发展健全自我的核心和关键。悦纳自我会使个体体验到价值感、幸福感、愉快感与满足感。同时，自我悦纳还要客观地对待自己的优点与不足，冷静地看待得失，全方位地接纳自我。

（一）正视自己的不完美

根据心理学家的研究，积极乐观者更加容易接受自己的不完美，而消极悲观者常表现出对自己的不满。有的大学生虽然对自己的某一方面不满意，但是又无力改变现实，就很容易产生自我排斥心理，如果这样的情绪过于强烈，就会加剧这种心理冲突，进而导致心理疾病的产生。大学生要积极地悦纳自我，做到：无条件地接受自己的一切，好的、坏的，成功的、失败的，接受自己的缺点和劣势，欣赏自己的优点和优势。

案例分享

小李的自卑

男生小李，身高1.68米，成绩优秀，社交等方面都表现良好。大二的时候追求班里的一名漂亮女生。但该女生因嫌弃他身高太矮而坚决地拒绝了他。从此以后，他就埋怨自己的遗传基因太差，相貌太不好，认为自己这一辈子都很难再找到理想的对象，于是情绪低落、怨天尤人。

上述案例中的小李，本身成绩优秀，各方面的表现都不错，但是因为身高的原因，导致其受挫、一蹶不振，实质问题就是他不能真正地认识自我、悦纳自我。

我们虽然不够完美，但是也要积极地悦纳自我。尽管一个人与生俱来的外貌和身体特征是不可改变的，但是我们可以通过整洁的着装和内在气质来赢得别人的好感。大学生要理智与客观地对待自己的长处与不足，冷静地看待得与失。接纳自己的不完善既是自信的表现，也是完善自我的起点。

（二）发现自己的闪光点

关注自己的成功，并积累优势。每个人身上都有无数的闪光点，重点在于寻找自己的闪光点并将其构成亮丽的人生风景线。当前，部分大学生有一个显著的特点，就是对自己的缺点认识得很透彻，却很难发现自己的优点。有的同学竟然说自己没有什么优点，对自己的优点认识不清导致自卑心理的产生。如果我们能够发现自身的闪光点，就会自信起来，也更容易接纳自己、喜欢自己、肯定自己，收获价值感、自豪感、满足感。

（三）记住自己的独特处

每个人都有一个独特的自我形象，可以说是独一无二的；每个人都是存在于社会中的独立个体，有着不可复制的独特性，也有很多缺点和不足。每一个人的自我形象都是不同的，都“很特别”。大学生要珍惜自己的独特性，瞄准实际的目标，扩大社交圈子，不为讨好他人去做事，多对自己的成就做出鼓励和奖赏。既要学会欣赏自己的长处，也要接纳自己的不足，做真实的自己。

三、有效控制自我

自我控制是人主动地改变自己的心理品质、特征及行为的心理过程，是大学生健全自我意识、完善自我的根本途径。大学生应根据自己的实际情况和社会需要，确立合适的抱负水平，通过自我奋斗，最终达到利国、利民、利己的自我实现和自我成功。

（一）善于自我检查

行动之前要确立目标，并根据现有的条件制订合理的行动计划。行动应按照计划有条不紊地进行。在行动的过程中，要不断检查计划的执行情况，一旦发现行动偏离了计划，要及时调整行动。

（二）有效进行自我监督

大学生应该认真领会社会道德准则、规范的实质，并将其内化为个人的品德，确立个人内在的行为准则，以此来监督自己的行为。

（三）提高自我控制能力

自我控制能力和人的意志力关系密切，因而大学生要自觉培养顽强的意志力。对自我的监督与修正，需要意志的力量作为保障。“惟志坚者，始能遂其志”，大学生应在实践中发展自己的耐力和自制力，增强对挫折的承受力，加强自我控制的自觉性和主动性，使自己能矢志不渝，朝着既定的目标，努力克服困难，战胜干扰，胜不骄、败不馁，最终实现自己的理想。

很多大学生虽然对自我抱有很高的期望，但没有足够的控制自我的能力，无法实现理想，那些自暴自弃、自卑的大学生更会因不能控制自己的不良情绪而苦恼不堪。

四、不断超越自我

健全自我、塑造自我的过程，也是一个超越自我的过程。坐在轮椅上的加拿大残疾青年里克·汉森，靠一双手，“走”遍了全世界，跨越四大洲，穿过34个国家，行程达40 073千米；从小集聋、哑、盲于一身的海伦·凯勒学会了五种语言，写出了风靡世界的著作，她对语言的掌握，被称为“教育史上最伟大的成就”。在我们的前面，已有无数生活的强者以他们超人的勇气和刻苦的努力向我们昭示：人，能够超越自己的缺陷，超越自己的客观条件，甚至超越自己的生命。每个成功者都是不断进行自我超越的典范。超越自我就是要把昨天的成就当作今天的起点，以今日之我战胜昨日之我，使明日之我比今日之我更进步。

加强自我修养，进行自我塑造，达到完善自我、超越自我的境界是健全自我意识的终极目标。对大学生而言，实现自我更是终生努力的目标。古人说，要“齐家、治国、平天下”，须从“修身”“养性”开始，从点滴小事开始，从积极行动开始，知行并重，全力以赴，最大限度地发挥自己。行动之后要反省得失的原因，吸取教训，再度投入行动，一旦有所成果，便再反省总结，如此往复进行，自我就会自然而然得到开拓、提升与超越。

完善自我、超越自我并不会一帆风顺，会碰到意想不到的困境、各种各样的拦路虎，它需要付出艰辛的努力和沉重的代价，但它也是一个“新我”形成的过程，是从“小我”向“大我”，从“昨天之我”向“今日之我”“明日之我”迈进的过程。珍惜已有的自我，追求更好、更高的自我，做一个自如的、独特的、最理想的我。

知识拓展

良好自我意识的标准

自我意识在人格结构中占有极其重要的地位，人的认知、情感、意识都受到自我意识的影响，因此健全的自我意识是全面发展的重要途径，也是心理健康的有效保证。

衡量一个人的自我意识是否健全，根据樊富珉、马建青教授等心理卫生专家的观点，可以从以下几个方面加以考察：

（1）一个有健全自我意识的人应该是一个自我肯定、自我统合的人。

（2）一个有健全自我意识的人应该是一个自我认识、自我体验、自我调节、协调一致的人。

（3）一个有健全自我意识的人应该是一个独立的，同时与外界保持协调的人。

（4）一个有健全自我意识的人应该是一个主动发展自我且自我具有灵活性的人。

（5）一个有健全自我意识的人应该是一个不仅自己能健康发展，而且能促进社会文明和进步的人。

经典故事

你很特别

在一次讨论会上，一位著名的演说家没讲一句开场白，手里却高举着一张 20 美元。面对会议室里的 200 个人，他问：“谁要这 20 美元？”

一只只手举了起来。他接着说：“我打算把这 20 美元送给你们中的一位，但在这之前，请准许我做一件事。”

他说着将钞票揉成一团，然后问：“谁还要？”仍有人举起手来。他又说：“那么，假如我这样做又会怎么样呢？”

他把钞票扔到地上，又踏上一只脚，并且用脚碾它。而后他拾起钞票，钞票已变得又脏又皱。

“现在谁还要？”

还是有人举起手来。

“朋友们，你们已经上了一堂很有意义的课。无论我如何对待那张钞票，你们还是想要它，因为它并没贬值，它依旧值 20 美元。”

“无论是脏还是干净，那张钞票的价值都没有变。正如，我们生命的价值不在于我们做什么，或者我们认识什么样的人，而在于我们是谁。”

“你们是与众不同的，永远不要忘记这一点！”

心理测试

自我认识小测试

二维码中是一个有趣的自我认识的小测试，你可以试一下哦！

自我认识小测试

复习巩固

测试题

模块三　淡泊明志，宁静致远

内容提示

本模块主要讲解情绪的含义和情绪的基本理论。通过学习，大学生应了解情绪的有关理论，了解自己的情绪，认识自己的情绪，学会处理情绪中的各种问题，进行积极的情绪管理，使人格日趋成熟和完整。

学习目标

1. 情绪的有关理论
2. 情绪对大学生的影响
3. 大学生常见的情绪困扰
4. 大学生情绪的自我管理

单元一
情绪及其对大学生的影响

金玉良言

能控制好自己情绪的人，比能拿下一座城池的将军更伟大。

——拿破仑

我们的生活充满了情绪，有时欣喜若狂，有时焦虑不安，有时孤独恐惧，有时满腔怒火，有时悲痛欲绝，有时舒服愉快，等等。这一切使我们的生活时而阳光灿烂，时而阴云密布，时而晦涩呆板，形成了一个纷繁复杂的心理世界。情绪的多样性说明它是一个极其复杂的心理现象，既有独特的心理过程，也有生理唤醒、主观体验和外部表现。情绪最能表达人的内心状态，可以说它是人的心理状态的晴雨表。个体情绪的变化是伴随着个体心理活动过程产生的，也就是说，个体情绪的起伏和变化是有原因的。当一个人达到了追求的目标时，会感到成功的喜悦；而当其失去了已有的东西或权力时，则会感到失败的痛苦。从心理学的角度看，情绪既是人的心理活动中动力机制的重要组成部分，也是个性形成的重要方面。

情境导入

陈某是某大学三年级的学生，以前学习成绩很优秀，但近段时间却不知何故，成绩一跌再跌，为此老师还多次找他谈话。

陈某为此也很苦恼，这时，博客成了他的避风港，成了他痛苦和不快的倾诉地。他在博客里这样写道："近半年来，不知是怎么回事，我总不能安心学习，手中拿着书心里却老想着别的事，成绩一落千丈。我分析这可能是家庭原因造成的。我在家里觉得自己从来没有快乐过，因为难以忍受母亲野蛮的态度，所以从我懂事后从未叫过母亲，也不知现在应如何对待母亲。以前和小叔家的关系还不错，半年前和他们的关系也搞得十分僵，因此影响了学习的情绪。"

思考：

1. 陈某有哪些消极的情绪反应？
2. 该如何克服这种消极的情绪？

理论讲坛

一、情绪的概念

人非草木，孰能无情？人生活在社会中，为了自身的生存和发展，就要不断地认识和改造客观世界，创造人类文明、进步和发展的条件。人们在变革现实的过程中，必然会遇到得失、顺逆、荣辱、美丑等各种情境，因而有时感到高兴和喜悦，有时感到气愤和憎恶，有时感到悲伤和忧虑，有时感到爱慕和钦佩，等等。这里的喜、怒、哀、乐、忧、愤、憎都是情绪的不同表现形式。那么，什么是情绪？

19 世纪以来，人们对情绪进行了长期而深入的研究，对情绪的实质提出了各种各样的见解。生物学观点认为：情绪是神经过程的特殊组合，引导特定的表达和相应特定的感觉。认知观点认为：情绪是对重要事件的主观反应，以生理、体验和外部行为变化为特征。社会文化观点认为：情绪是社会或文化建构的综合特征。

二、情绪的构成

当前比较流行的一种看法是：情绪是指人们在心理活动过程中对客观事物的态度和体验。它由情绪的主观体验、外部表现和生理唤醒三部分组成。

（一）情绪的主观体验

主观体验是个体对不同情绪状态的自我感受。每种情绪都有不同的主观体验，它们代表了人们不同的感受，构成了情绪的心理内容。人的主观体验与反应存在某种相应的关系，即某种主观体验是和相应的表情模式联系在一起的。如愉快的体验必然伴随着欢快的面容或手舞足蹈的外显行为。

微课：
情绪是怎么来的？

（二）情绪的外部表现

情绪也会直接体现在人的表情、语态和行为动作中。情绪的表现形式分为面部表情、姿态表情和语调表情。面部表情是所有面部肌肉变化所组成的模式，如高兴时，额眉平展、面颊上提、嘴角上翘。面部表情模式能精确地表达不同的情绪，因此是鉴别情绪的主要标志。姿态表情是指面部表情以外的身体其他部位的表情动作，包括手势、身体姿势等，如人在痛苦时捶胸顿足，在愤怒时摩拳擦掌，等等。语调表情也是表达情绪的一种重要形式，通过言语的声调、节奏和速度等方面的变化来表达，如高兴时语调高昂、语速快，痛苦时语调低沉、语速慢。

（三）情绪的生理唤醒

生理唤醒是一种生理的激活水平。在不同的情绪状态下，生理反应模式是不同的，人的心律、血压、呼吸乃至人的内分泌、消化系统等，都会发生相应的变化。例如：人在焦虑状态下，会感到呼吸急促、心跳加快；而在愤怒状态下，则会面红耳赤。

小贴士

测谎仪的运作原理

给接受测试者提供舒适的扶手软椅，尽量不要用木凳。

血压测量器——测量血压或心率。血压袖带固定在上臂，并把血压传感器连接到记录笔，血压或心率即可被记录下来。

呼吸描记器——测量呼吸频率。把橡胶管固定在手臂和胸部，当气流通过身体，运动推动空气穿过橡皮管。橡皮管被引导至有机械臂的风箱上，机械臂的末端有记录笔，这样橡皮管中的空气带动机械臂所做的运动便在一卷纸上以曲线图的形式被记录下来。

检流计——测量被测者的出汗量。把金属盘固定在手指末端，它们能感测到皮肤上通过的电流，当出汗量增加，皮肤也会变得更容易导电。

人在说谎时会不由自主地产生一定的心理压力，这些压力又会引起一系列诸如心跳加快、血压升高、手掌出汗、呼吸速度和容量略见异常等主观意志无法控制的生理现象。通过研究测谎仪记录下的数据，测谎专家可以判断被测者是否说谎。然而，测谎结果往往带有一定的主观性。

三、情绪的类型

（一）情绪的基本分类

关于情绪的类别，长期以来说法不一。我国古代有喜、怒、忧、思、悲、恐、惊的七情说。美国心理学家普拉特切克提出了八种基本情绪：悲痛、恐惧、惊奇、接受、狂喜、狂怒、警惕、憎恨。还有的心理学家提出了九种类别。虽然类别很多，但一般认为有四种基本情绪，即快乐、愤怒、恐惧和悲哀。

微课：
情绪七彩虹

1. 快乐

快乐是指一个人盼望和追求的目的达到后所产生的情绪体验。由于需要得到满足，愿望得以实现，心理的急迫感和紧张感解除，因此快乐随之而生。快乐有强度的差异，从愉快、兴奋到狂喜，这种差异与所追求的目的对自身的意义以及实现的难易程度有关。

2. 愤怒

愤怒是指所追求的目的受到阻碍，愿望无法实现时产生的情绪体验。愤怒时，紧张感增加，有时不能自我控制，甚至出现攻击行为。愤怒也有程度上的区别，一般愿望无法实现时，人只会感到不快或生气，但当遇到不合理的阻碍或恶意的破坏时，愤怒就会急剧爆发。这种情绪对人的身心的伤害也是明显的。

3. 恐惧

恐惧是人在企图摆脱或逃避某种危险情境而又无力应付时产生的情绪体验。恐惧的产生不仅仅是由于危险情境的存在，还与个人排除危险的能力和应对危险的手段有关。一个初次出海的人遇到惊骇浪或者鲨鱼袭击会感到无比恐惧，而一个经验丰富的水手对此可能已经司空见惯、泰然自若。婴儿身上的恐惧情绪表现得较晚，可能与其对恐惧的认知较晚有关。

4. 悲哀

悲哀是指人在失去心爱的事物或者理想和愿望破灭时产生的情绪体验。悲哀的程度取决于其对自己的重要性和价值。悲哀时带来的紧张的释放，会导致哭泣。当然，悲哀并不总是消极的，它有时能够转化为前进的动力。

人类这些最基本的情绪与动物的情绪表现有本质的不同。因为即使是人的生理性需要也打上了社会的烙印，人们不再茹毛饮血，满足吃、喝、住、穿的需要时也会考虑适当的方式和现有的社会条件。

（二）情绪状态分类

情绪状态是指在一定的生活事件影响下，一段时间内各种情绪体验的一般特征表现。根据情绪状态的强度和持续时间可分为心境、激情和应激。

1. 心境

心境是一种微弱、平静和持久的情绪状态。生活中我们常说的“人逢喜事精神爽”，是指发生在我们身上的一件喜事让我们在很长一段时间内保持愉快的心情；但有时候一件不如意的事也会让我们在很长一段时间内忧心忡忡、情绪低落。这些都是心境的表现。

心境具有弥散性和长期性。心境的弥散性是指当人具有某种心境时，这种心境表现出的态度体验会朝向周围的一切事物。一个在单位受到表彰的人，会觉得心情愉快，回到家里会同家人谈笑风生，遇到邻居会笑脸相迎，走在路上也会觉得神清气爽；而当他心情郁闷时，在单位、在家里都会情绪低落、无精打采，甚至会“对花落泪，对月伤情”。古语所说的“忧者见之则忧，喜者见之则喜”，便是心境弥散性的表现。

心境的长期性是指心境产生后要在相当长的时间内主导人的情绪表现。虽然基本情绪具有情境性，但心境中的喜悦、悲伤、生气、害怕却会维持较长的时间，有时甚至成为人一生的主导心境。

心境对人们的生活、工作和健康都有很大的影响。心境可以说是一种生活的常态，人们每天总是在一定的心境中学习、工作和交往：积极良好的心境可以提高学习和工作的绩效，帮助人们克服困难，保持身心健康；消极不良的心境则会使人意志消沉、悲观绝望，无法正常工作和交往，甚至导致一些身心疾病。因此，保持一种积极健康、乐观向上的心境对每个人都有重要意义。

2. 激情

激情是一种爆发强烈而持续时间短暂的情绪状态。人们在生活中的狂喜、狂怒、深重的悲痛和异常的恐惧等都是激情的表现。和心境相比，激情在强度上更大，但维持的时间一般较短暂。

激情具有爆发性和冲动性，同时伴随明显的生理变化和行为表现。当激情到来的时候，大量心理能量在短时间内积聚而出，如疾风骤雨，使得当事人失去了对自己行为的控制力。但这些激情在宣泄之后，人又会很快平息下来，甚至出现精力衰竭的状态。《儒林外史》中的范进在听到自己金榜题名后，狂喜之下，竟然意识混乱，手舞足蹈，疯疯癫癫；有些人在暴怒之下，双目圆睁，咬牙切齿，甚至拳脚相加。

激情对人的影响有积极和消极两个方面。一方面，激情可以激发内在的心理能量，成为行为的巨大动力，提高工作效率并有所创造。例如：战士在战场上冲锋陷阵，一往无前；画家在创作中，尽情挥洒，浑然忘我；运动员在报效祖国的激情的感染下，敢于拼搏，勇夺金牌。但另一方面，激情也有很大的破坏性和危害性。激情中的人有时任性而为，不计后果，对人对己都造成损失。一些青少年犯罪，就是在激情的控制下，一时冲动，酿成大错。激情有时还会引起强烈的生理变化，使人言语混乱、动作失调，甚至休克。因此，在生活中应该适当地控制激情，多发挥其积极作用。

3. 应激

应激是由出乎意料的紧张和危急情况引起的情绪状态。例如：在日常生活中突然遇到火灾、地震，飞行员在执行任务时突然遇到恶劣天气，旅行途中突然遭到歹徒的抢劫，等等。无论天灾还是人祸，这些突发事件常常使人们在心理上高度警惕和紧张，并产生相应的反应，这些都是应激的表现。

应激的生理反应大致相同，但外部表现可能有很大差异。积极的应激反应表现为沉着冷静、急中生智，全力以赴地去排除危险、克服困难；消极的应激反应表现为惊慌失措、一筹莫展，或者做出错误的行为，从而加剧事态的严重性。这两种截然不同的行为表现，既同个人的能力和素质有关，也同平时的训练和经验积累有关。如接受过防火演习和救生训练的人在遇到类似的突发事故时，能正确且及时地逃生和救人。

四、情绪的功能

（一）适应功能

有机体在生存和发展的过程中，有多种适应方式。情绪是有机体适应生存和发展的一种重要方式。如动物遇到危险时发出害怕的呼救声，就是动物求生的一种手段。

情绪直接反映人们的生存状况，是人们心理活动的晴雨表，如通过愉快表示处境良好，通过痛苦表示处境困难。人们还通过情绪进行社会适应，例如：用微笑表示友好；通过移情维护人际关系；通过察言观色来了解对方的情绪状态，以便采取适当的保护措施或者对策；等等。也就是说，人们通过情绪了解自身或者他人的处境与状况，适应社会的需要，求得更好的生存和发展。

（二）动机功能

情绪是动机的源泉之一，是动机系统的一个基本成分，它能够激励人的活动、提高人的活动效率。适度的情绪兴奋，可以使人的身心处于活动的最佳状态，进而推动人们有效地完成各种工作。同时，情绪对于生理内驱力也有放大信号的作用，从而能够更强有力地激发行动。例如：人在缺氧的情况下会产生补充氧气的生理需要，但这种生理驱力本身可能没有足够的力量去驱策行动，但是，这时人们产生的恐慌感和急迫感起着放大和增强内驱力信号的作用，产生强烈的驱动力激发行为。

（三）组织功能

情绪是一个独立的心理过程，有其自身的发生机制和操作规律，并对其他心理活动具有组织的作用。情绪的组织作用包括两个方面：一方面表现为对积极情绪的协调、组织作用；另一方面表现为对消极情绪的破坏、瓦解作用。

情绪的组织功能还表现在影响人的行为上。当人们处在积极、乐观的情绪状态时，更容易注意事物美好的一面，态度和善，更愿意接纳外界的事物；当人们处在消极的情绪状态时，则容易失去希望，产生悲观意识，甚至做出攻击行为。

（四）信号功能

情绪在人与人之间具有传递信息、沟通思想的功能，这种功能是通过情绪的外部表现，即表情来实现的。表情是思想的信号，在许多场合只能通过表情来传递信息，如用微笑表示赞赏，用点头表示默认等。在电影业发展的早期，无声电影正是通过演员的各种表情来向观众传递信息的。表情也是言语交际的重要补充，如手势、语调等能使言语信息表达得更加明确。从语言交流发生上看，表情的交流比言语交流要早得多，如在前言语阶段，婴儿与成人相互交流的唯一手段就是表情。情绪的适应功能也正是通过信号交流的作用来实现的。

知识拓展

情绪的维度理论

一、情绪二维理论

拉塞尔提出了情绪二维理论（见图 3－1），这是一个二维平面图，一个维度表示情绪的舒适程度，另一个维度表示情绪的强度。

第一象限代表惊奇、兴奋、欣喜和愉快等使人非常愉悦的情绪。情绪处于这个象限，通常能激发我们去创新，或者是情绪有了一个飞跃。

第二象限代表强烈的使人不愉快的情绪，如愤怒、悲痛、惊恐等。情绪处于这个象限，往往可能是因为出现了严重的问题。

第三象限代表较轻的使人不愉快的情绪，如厌烦、伤心、沮丧等。情绪处于这个象限，往往可能是因为出现了不太好的小状况。

第四象限代表宁静、轻松和安逸等较为愉悦的情绪。情绪处于这个象限，我们往往比较认可当前的状况。

二、情绪三维理论

威廉·冯特提出的三维理论认为，情绪是由三个维度组成的：愉快-不愉快、激动-平

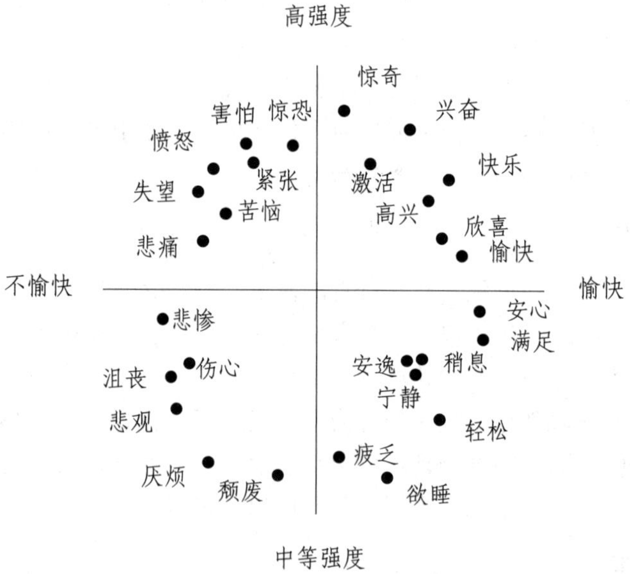

图 3－1　情绪二维理论

静、紧张-松弛。每一种具体情绪分布在三个维度的两极之间不同的位置上。他的这种看法为情绪的维度理论奠定了基础。

20 世纪 50 年代，施洛伯格根据面部表情的研究提出，情绪有快乐-不快乐、注意-拒绝和激活水平三个维度。他建立了一个三维模式图（见图 3－2），其三维模式图长轴为快乐维度，短轴为注意维度，垂直于椭圆面的轴则是激活水平的强度维度，通过三个不同维度的整合可以得到各种情绪。

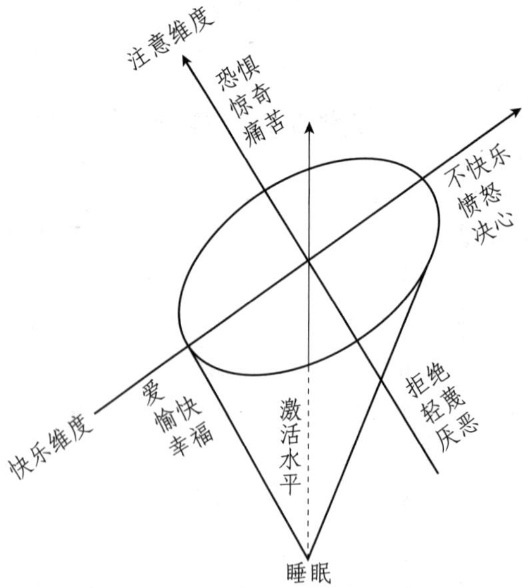

图 3－2　施洛伯格的情绪三维理论

20 世纪 60 年代末，普拉特切克提出，情绪具有强度、相似性和两极性三个维度，并用一个倒锥体来说明三个维度之间的关系（见图 3－3）。顶部是八种最强烈的基本情绪：

悲痛、恐惧、惊奇、接受、狂喜、狂怒、警惕、憎恨。每一类情绪中都有一些性质相似、强度依次递减的情绪，如厌恶、厌烦，哀伤、忧郁。

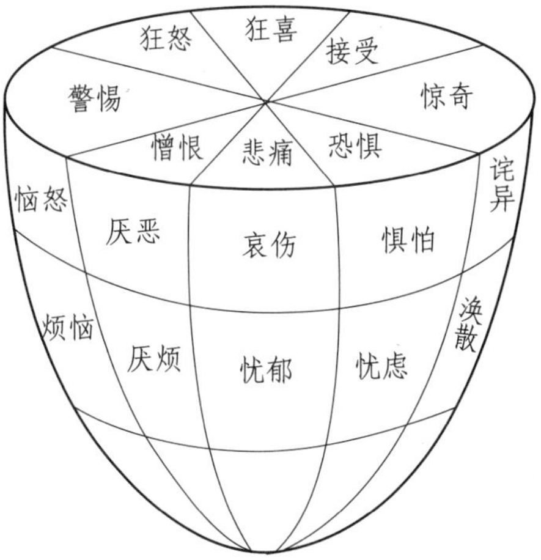

图 3－3　普拉特切克的情绪三维理论

三、情绪四维理论

美国心理学家伊扎德提出情绪四维理论，认为情绪有愉快度、紧张度、激动度、确信度四个维度。

我国心理学家黄希庭认为若撇开情绪所指的具体对象，仅就情绪体验的性质来看，可从以下四个方面进行分析：强度、紧张度、快感度、复杂度。四种基本情绪（原始情绪）为喜、怒、哀、惧。

经典故事

两个秀才遇见一口棺材

有两个秀才一起去赶考，路上他们遇到了一支出殡的队伍。看到那一口黑乎乎的棺材，其中一个秀才心里立即“咯噔”了一下，凉了半截，心想：完了，真触霉头，赶考的日子居然碰到这口倒霉的棺材。于是，心情一落千丈，走进考场，那个“黑乎乎的棺材”一直挥之不去，结果，文思枯竭，名落孙山。

另一个秀才同时看到了这口棺材，一开始，心里也“咯噔”了一下，但转念一想：棺材，棺材，那不就是有“官”又有“财”吗？好兆头！看来今天我要红运当头了，一定高中。于是，他心里十分兴奋，情绪高涨，走进考场，文思如泉涌，果然一举高中。

面对同一口棺材，两个秀才产生了不同的情绪，进而造成了两种不同的结果。由此可见，情绪对一个人的影响是多么巨大。

情绪是一个极其复杂的心理过程。情绪既是人的心理活动中动力机制的重要组成部分，也是个性形成的重要方面，它是人对客观事物的体验及相应的行为反应。

在人际交往中，人与人的交流会有不自觉的情绪表达，如果能够准确地感觉自己的情绪，理解对方的情绪，则对于进行有效沟通和建立良好的人际关系具有很大的帮助。

心理测试

情绪自我评定量表

情绪自我评定量表

你想了解自己的情绪吗？那就扫一扫二维码中的情绪自我评定量表。

复习巩固

测试题

单元二
大学生常见的情绪困扰

金玉良言

嫉妒者比任何不幸的人更为痛苦，因为别人的幸福和他自己的不幸，都将使他痛苦万分。

——巴尔扎克

关于情绪与健康的密切关系，在心理学中已通过许多动物实验得到验证。例如：心理学家曾做过以下实验来研究情绪与健康的关系。在一只铁笼里关进两只猴子，一只可以自由活动，另一只被捆在笼子边上不能自由活动。笼子的一边有一根绝缘棒，当实验者每隔半分钟向笼内通一次电的时候，自由的猴子可以抓住这根绝缘棒免受电击。实验开始以后，自由的猴子提心吊胆，总是惦记着每隔半分钟去抓一次绝缘棒。而不自由的猴子只能听之任之，倒也很坦然。这个实验表明：长期不良的情绪是导致疾病发生的原因。大学生活是紧张的，社会期望高，心理压力大，学业负担重，竞争激烈，这些往往使大学生的情绪处于紧张状态。了解大学生常见的情绪特点和情绪困扰，有助于其调节自己的情绪，做情绪的主人。

情境导入

小张，女，20 岁，大二学生，汉族，未婚，来自河南禹州，在一所职业院校的工商管理专业就读。小张说再有一个多月就要进行期末考试了，以前考试的时候总觉得自己学习很好，但是考试的成绩不是很理想，感到十分苦恼、愤恨和无奈。这次马上就要考试，而自己却无法进行考前复习，一想到期末考试，心中就烦恼得很，情绪比较低落，什么事情都不想干了，只能坐在教室里唉声叹气。以前碰到什么难事，出去逛逛街，听听音乐，睡一觉就好了，现在这些方法都不管用了，不想看书，不想复习，一想到考试就头疼。但是不看书又不行，按照学校的规定，如果在校期间考试通不过，补考再不过，毕业证可能就拿不到了。因此，小张现在感到又苦恼又焦虑又着急，但是越焦虑越不想看书复习，不看书复习就没有办法通过考试，通不过考试就意味着毕业的时候没有毕业证，自己三年来的辛苦学习就白费了，父母的血汗钱也都会打水漂，这么一想小张就更焦虑了。为此，小张感到十分苦恼烦闷，也很焦虑，睡眠质量也比较差。

思考：

1. 小张在面临考试时焦虑、情绪低落是什么原因造成的？
2. 你有过与小张同样的经历吗？
3. 如果你是小张，该怎么改变自己现在的状态？

理论讲坛

一、大学生的情绪特点

大学生处于生理、心理发展的高潮阶段，思想活跃，思维敏捷，兴趣广泛，但因经验不足、不够理智成熟而体现出独特的情绪活动特点。总结一下，大学生的情绪特点主要有：

（一）情绪的丰富性与复杂性

青年时期是最有作为的时期，是人一生的黄金时代。处于青年中期的大学生，身心发展已经成熟或接近成熟，能独立地处理个人的生活和周围的事物，精力充沛，思维敏锐，敢想、敢说、敢为，最富有激情和创造性，情绪、情感日益丰富。他们渴求知识，兴趣广泛，追求友谊和爱情，常热衷于自己喜欢的对象、活动，对自己信服的人和关心自己的人表露出钦佩、羡慕之情。他们为学习、工作、爱情的成就而欢乐、自赏，因挫折而苦恼，或忧心忡忡。总之，大学生会产生自尊、自信、自负、自卑等丰富而复杂的情绪体验。

（二）情绪具有不稳定性，但又表现出心境化

大学生的情绪犹如疾风怒涛，表现出多变、不稳定的特点。他们容易兴奋、冲动、感情用事，情绪起伏较大。但大学生的情绪又不像儿童那样受制于外部刺激，没有情绪的积累。他们的情绪一旦被激起，即使刺激消失，也还会转化为心境。例如：由成功或满足带来的喜悦往往会持续一段时间，并扩散到其他事物上，有事事称心如意之感；相反，一旦染上消极忧愁的情绪，则可能闷闷不乐，即使对平时喜爱的活动，也无兴趣。大学生的情绪反应往往会表现出一定的延迟性，趋向于心境化。

拓展阅读：
踢猫效应

（三）情绪的外显与内隐并存

大学生对外部刺激反应迅速、敏感，喜怒哀乐表现得充分而具体，由情绪引起的内心变化与外部表现是一致的，具有外显性特点。如取得了好的成绩、获得了好的评价，高兴之情会溢于言表。但大学生的外部表现与内心体验又并不完全一致，在某些状态下甚至恰恰相反。他们有时会有意识地掩饰自己内心的真实感受，如对于一些事物的看法、内心存在的秘密，是说还是不说，是多说还是少说，都要以时间、地点、条件为转移。尤其是在对异性的态度上，明明喜欢某个人，却有意无意地表现出不关心和冷漠。不少大学生常会隐藏和掩饰自己的情绪，表现为外在表现与内在体验的不一致。

（四）情绪的两极性明显

大学生的情绪年龄正处于未成年人与成年人的转变阶段，与成年人相比，大学生的情绪带有明显的起伏性和波动性，有时会表现为大起大落、大喜大怒的两极性。他们易从一个极端跳到另一个极端，易出现高度的兴奋、激动、热情或是极端的发怒、泄气和绝望。他们可能因一时的成功而产生积极的、愉快的情绪体验，甚至骄傲自满、忘乎所以；也可能因一时的挫折、失败而低估自己，甚至悲观失望。如学习成绩的好坏，评奖学金、三好学生，与周围同学的关系等，都可能引起他们积极或消极的情绪。

（五）情绪表现出一定的理智成分

随着年龄的增长、年级的升高、社会经验和知识的积累，以及大学环境的熏陶，大学生的自身素质不断得到提高，情绪的波动性、冲动性减少，表现出一定的理智因素。在面对不良情绪时，大学生应当积极主动地寻找引起不良情绪的原因，进行自我反省，不断调整自己的情绪状态，理智地自我调节与约束，尽可能减少情绪所带来的消极影响。

二、大学生的情绪困扰

大学生的情绪困扰，一般是指因生活事件而引起的悲伤、痛苦长时间不能消除的状态。大学生常见的情绪困扰又称情绪适应不良，常常表现为以下几种负面情绪：

（一）焦虑

焦虑是一种内心紧张不安，预感到似乎将要发生某种不利情况而又难以应对的不愉快情绪，是紧张、害怕、担忧混合的情绪体验。人们在面临威胁或预料到某种不良后果时，都有可能产生这种体验。

案例分享

小李的考试焦虑

小李是一名大四学生，还有一个多月就要参加全国大学英语四级考试了，但是此时他却无法进行考前复习，一想到考试心就一沉。他情绪极度低落，什么也干不了。以前碰到什么难事，睡一觉就好了，但是现在睡觉也不管用了，还常常睡不着。大学英语四级考试他已经考了四次，每次都是58分或59分（60分是及格线）。他现在对大学英语四级考试有恐慌和厌恶感，表现为不愿看英语书，不想进行考前复习并且已经把所有的英语书送人了，自己手边没有一本英语资料。但是还有一个多月就要考试了，并且这是毕业前的最后一次考试，如果再通不过，那么毕业证可能就拿不到了。因此，小李感到又着急又焦虑，但是越着急越不想看书复习，而不看书复习就无法通过考试，通不过考试就毕不了业，这么一想就更着急了，如此循环往复的心理纠缠折磨着他。

案例中的小李表现出来的就是考试焦虑症状。焦虑是大学生常见的情绪状态，当他们在学习、工作、生活各方面遭遇挫折或担心需要付出巨大努力的事情来临时，便会产生这种体验。

大学生常见的焦虑有自我形象焦虑、学习焦虑与情感焦虑。自我形象焦虑表现为担心自己不够漂亮，没有吸引力，体貌过胖或矮小等，也有的学生因粉刺、雀斑等影响自我形象而引起焦虑，这类焦虑主要与自我认知有关，需要通过调整自我认知来重新接纳自我，建立新的自我形象。与学习有关的焦虑如学习焦虑、考试焦虑，在学生情绪反应中最为强烈，需要引起重视。情感焦虑多表现为因恋爱受挫而引发的自我否定，认为自己不具备爱人与被爱的能力，因过度担心而引起焦虑。

（二）抑郁

因为学习、生活、就业的压力增大以及失恋、心理失衡等，存在抑郁情绪的大学生明显增多。

案例分享

一封大学生的来信

这是一封大学生的来信，来信说："我整天不高兴，觉得自己每天都碌碌无为，还会给别人造成麻烦。我的性格比较内向，也不太爱说话。其实我也想像别人一样，性格开朗，善于言谈，但我却不知与同学们说什么。我想说的，我所想的，我觉得与其他同学不一样，所以我不愿与同学们说话，总觉得别人都看不起我，这种心情一直困扰着我。我会把自己做错的事、别人也许并不在意的事反复思量，认为是自己的错，自己太笨，因而很难过，甚至会在别人看不到的地方哭，总是处于苦闷状态。我最难过的还是晚上睡觉的时候。在晚上睡觉时，我会想起一天里发生的事，如果有不顺心的事，我会总想着，并且会非常难过，以致难以入睡。一睡不着，我就会想到明天的课，晚上睡不着，白天上课会因打瞌睡而耽误上课，这样我就更难过了。我非常痛苦，心情也总是处于压抑、郁闷的状态中，甚至不想活下去了。给您写信的时候是我最痛苦、最难受的时候，我想向您倾诉，想问我的心理是否有病，是否应该看心理医生。我真不知道该怎么办才好。"

这个学生所表现出来的心理特点和行为其实就是一种不良情绪即抑郁。抑郁在大学生群体中表现较为普遍。例如：有些大学生因无法面对学业中的竞争和压力，或是对于所学的专业不满意，而陷入忧郁的情绪状态，表现为对生活学习失去兴趣，无法体验到快乐，行为活动水平下降，回避与人交往。严重者，还伴有心情恶劣、失眠甚至有自杀倾向。特别需要指出的是，抑郁情绪与抑郁症既有联系，又有质的区别。前者属于一种不良情绪困扰，需要的是心理上的调整；而后者则属于精神疾病，需要及时到医院就诊。

（三）愤怒

愤怒是由于客观事物与人的主观愿望相违背，或因愿望无法实现时，人们内心产生的一种激烈的情绪反应。心理学研究表明，当愤怒发生时，可能导致人体心跳加快、心律失常、高血压等躯体性疾病，同时人的自制力也会减弱甚至丧失，思维受阻，行为冲动，甚至干出一些事后后悔不迭的蠢事或造成不可挽回的损失。

拓展阅读：
崔永元笑谈抑郁症

案例分享

一位大一女生的自述

这是一位大一女生的自述："我来自一个并不富有但也算宽裕的家庭，父亲非常爱我，但在我童年时代，发生过重大创伤性生活事件。自从这件事发生后，我不再相信任何人，也不再相信很多人都确信不移的东西，比如友谊、爱情等。我想通过努力学习离开原来的生活环境，开始新的生活，摆脱童年生活的阴影。来到大学后，看到同学们都快乐无忧地生活着，长久潜藏于内心的愤怒悄悄地滋长着，我不知道如何化解与排解这种情绪，便经常翻同学的书柜和床位，将他们正在看的参考书藏起来。我并不是为了看书，而是看到他们焦虑、着急的样子，我内在的愤怒便找到了宣泄的出口。这样我还不解气，我将同学存折里的钱悄悄取出，并将钱全部花掉以化解我心中的愤怒。"

这位女同学在童年遭受的挫折与伤害，缺乏必要的心理辅导与心理支持。由于她的心理问题没有得到及时的解决，在她升入大学后，潜在的愤怒非但没有得到升华与缓解，反而因为受到了压抑，不断寻找机会发泄，最后导致自己受到了学校的纪律处分。

（四）嫉妒

嫉妒是指因别人胜过自己而引起抵触的消极的情绪体验。黑格尔认为，嫉妒是平庸的情调对于卓越才能的反感。在日常生活中，嫉妒的存在是很普遍的。英国科学家培根说："在人类的一切情欲中，嫉妒之情恐怕要算作最顽强、最持久的了。"

案例分享

小张的嫉妒

小李与小张是某院校的大一学生，来自不同的地方，在同一个宿舍生活。刚入学不久，两个人就成了形影不离的好朋友。小李活泼开朗，小张性格内向、沉默寡言。和小李相处久了，小张逐渐觉得自己像一只丑小鸭，而小李却像一位美丽的公主，这令小张心里很不是滋味。她认为小李处处都比自己强，出尽风头，如果不是小李这样，自己也会很出色的，因此，小张时常以冷眼面对小李。大学二年级，小李参加了学院组织的服装设计大赛，并得了一等奖，小张只得了一个优秀奖。小张得知这一消息先是痛不欲生，而后妒火中烧，趁小李不在宿舍之机将她的参赛作品撕成碎片，扔在小李的床上。小李发现后，不知道该怎样对待小张，更想不通为什么自己要遭受这样的对待。

嫉妒心理是指一个人对处于与自己同一竞争领域的另一个表现得比较强、比较优越的人产生强烈的怨恨和深深的恐惧，甚至做出伤害对方人身或破坏对方财物的行为。

嫉妒是自尊心的一种异常表现，在大学生中普遍存在。具体表现为当看到他人的学识能力、品行荣誉乃至穿着打扮超过自己时内心产生的不平、痛苦、愤怒等感觉；当别人身陷不幸或处于困境时幸灾乐祸，甚至落井下石，在人后恶语中伤、诽谤。嫉妒是一种情绪障碍，它扭曲人的心灵，妨碍人与人之间正常而真诚的交往。

（五）冷漠

冷漠同样是一种情绪反应强度不足的表现，表现为对人对事漠不关心的消极状态。处于冷漠状态的大学生，在行为上常表现为对生活没有热情和兴趣；对学习漠然置之、无精打采；对周围的同学冷漠无情，甚至对他人的冷暖无动于衷；对集体活动漠不关心、麻木不仁。日本心理学家松原达哉教授形容此情绪状态下的学生是无欲望、无关心、无气力的“三无”学生。冷漠是一种对环境和现实的自我逃避的退缩性心理反应，它本身虽然带有一定心理防御的性质，但是会导致当事者萎靡不振、退缩躲避和自我封闭，并严重影响一个人的身心健康。克服冷漠情绪，要从建立责任意识入手，逐步建立起自己的生活目标，同时应开展人际交往，积极投入生活和学习。

知识拓展

紧张

有个精神病学家对情绪紧张所造成的后果感兴趣。他发现，情绪紧张虽然是心理上的，但患者的身体也像心理一样垮了下来。为了测出不同的紧张状况所造成的生理后果，他着手进行了一系列有趣的实验。由于紧张环境对人体有害，因此他便在老鼠身上进行实验。

实验条件是一只盛满水的浴缸。他把一只老鼠投入水中，让它游泳直到精疲力竭，如果不及时搭救便会溺死。假如浴缸中的水处于室温条件下，老鼠平均可游泳长达80小时，直至沉入水底。在实验中他注意到，不管你怎样摆弄老鼠，老鼠总是沿同一方向挨着缸边游泳。于是他想知道老鼠胡须的长度和它在浴缸中游泳的方向之间是否存在一定的联系。于是，他要求助手们剪去老鼠脸部一侧的胡须，并把它放进浴缸。奇怪的是，老鼠在水里乱划了一阵子，一两分钟之后，就像石头一样沉入缸底。这一情况说明，如果不及时搭救，剪去胡须的老鼠会在两分钟后淹死（而不是 80 小时）。很明显，老鼠并不依靠胡须浮在水面上。那究竟出了什么问题？

在大多数情况下，心理实验室的白鼠是一种温和的动物，可以在不戴手套的情况下抚弄。但老鼠有尖利的牙齿，一旦受惊，它就会以利齿对付任何寻衅者。为了在剪老鼠的胡须时防止被咬，助手们便用一只黑袋对准笼子的门。老鼠或许认为可以轻易地逃走，或许被黑暗吸引，便一下跳进厚实的黑袋中去。助手们隔着袋子把老鼠紧紧抓住，并把口袋往后翻，让老鼠的头部露出，然后一面紧捏老鼠的身体，一面用一把大而声音响亮的剪刀剪去老鼠脸部一侧的胡须。之后，他们把吓得半死的老鼠倒进浴缸，毫无疑问，它们几乎立即沉入水底。

这个精神病学家很快发现，是助手们的操作方式所引起的心理创伤，而不是剪去胡须本身，过度刺激了老鼠的恐惧反应，致使老鼠立即进入衰竭状态。这时自主神经系统（植物性神经系统）控制一切活动。老鼠在紧张之初，交感神经系统投入行动：血流加快，呼吸急促，血糖水平提高，体温上升。老鼠在紧张至极时，副交感神经系统便取而代之：呼吸减慢，胃液分泌加剧，排泄失调，心率近乎停止，不久便失去知觉而沉入水底。

经典故事

塔里兰的阴谋

1809 年 1 月，拿破仑从西班牙战事中抽出身来匆忙赶回巴黎。他的间谍告诉他：外交大臣塔里兰密谋造反。一抵达巴黎，他就立刻召集所有大臣开会。拿破仑含沙射影地点明塔里兰的密谋，但塔里兰却没有丝毫反应。这时候，拿破仑无法控制自己的情绪，忽然逼近塔里兰说："有些大臣希望我死掉！"但塔里兰依然不动声色，只是满脸疑惑地看着他，拿破仑终于忍无可忍了。

他对着塔里兰粗鲁喊道："我赏赐你无数的财富，给你最高的荣誉，而你竟然如此伤害我，你这个忘恩负义的东西，你什么都不是，只不过是穿着丝袜的一只狗。"说完他转身离去了。其他大臣面面相觑，他们从来没有见过拿破仑如此失态。

塔里兰依然一副泰然自若的样子，他慢慢地站起来，转过身对其他大臣说："真遗憾，各位绅士，如此伟大的人物竟然这样没礼貌。"

皇帝的失态和塔里兰的镇静自若像瘟疫一样在人们中间传播开来，拿破仑的威望降低了。

伟大的皇帝在压力下失去冷静，人们开始觉得他已经在走下坡路了，如同塔里兰事后预言："这是结束的开端。"

塔里兰激起了拿破仑的怒气，让他的情绪失控，这正是塔里兰的目的。人人都知道拿破仑是一个容易发怒的人，他已经失去了作为一个领导者的权威，这种负面效果影响了人们对他的支持。面对大臣企图发动阴谋这样的事，焦躁和不安只能起到相反的作用，这说明他已经失去了主宰大局的绝对权力。

心理测试

抑郁情绪自测量表

抑郁情绪自测量表

抑郁是很常见的心理障碍，多从情绪、行为、认知与外部表征来判断。二维码中是抑郁情绪自测量表（SDS），大家不妨一测。

复习巩固

测试题

单元三
大学生情绪的自我管理

金玉良言

成功的秘诀就在于懂得怎样控制痛苦与快乐这股力量，而不为这股力量所反制。如果你能做到这点，就能掌控自己的人生；反之，你的人生就无法掌控。

——安东尼·罗宾斯

我们生活在多姿多彩的世界里，每天都可能在不同的情绪下生活，无论是刚出生的婴儿还是年近古稀的老人，都会有不同的情绪表现。俗话说："人非草木，孰能无情。"无论高兴也好，悲伤也罢，都是我们的情绪表现。大学生更是处于朝气蓬勃的时期，情绪表达会更加丰富多彩。但是，大学生活还是紧张的，社会期望高、心理压力大、学业负担重、竞争激烈，使得大学生的情绪易处于紧张状态。如果大学生不能很好地处理生活和学习中的各种问题，则极易产生不同程度的情绪问题，从而影响身心的健康和发展。因此，培养大学生的情绪管理能力，对不良情绪进行疏导，对积极情绪进行调节，具有十分重要的意义。

情境导入

小林出生在一个偏僻的小山村，父母都是老实巴交的农民。他从小就饱受欺凌、忍气吞声、躲躲藏藏。但他脑子聪明，又刻苦用功，终于考上了大学。他本应该感到自豪，可他没有，相反，那种自卑心理、封闭意识越发严重。

他比较自己和周围人的衣着打扮、生活用品、谈吐乃至家庭状况，得出一个结论：自己的一切都不如他人，自己家乡的一切都不如他人，自己甚至不配与他们一起谈话做事。

于是，他从不主动与同学们说话，总是低着头走路、蒙着头睡觉。班里、系里组织的文娱、体育活动，能逃避的，尽量逃避，不能逃避的，则蹲角落、排队尾，他唯一的想法是不进入同学们的视野。他总觉得，人家的目光都是对他的挑剔、讽刺、挖苦、嘲笑。

一次，班里组织元旦联欢晚会，他去了。同学们击鼓传花表演节目，他坐在角落里局促不安，非常紧张。当鼓点在他那里停止时，他窘迫得面色苍白，尴尬难堪了一阵后，冲出了房间，眼泪在眼眶里打转。另一次，班里中秋节聚餐，同学们都兴致勃勃、兴趣盎然。当大家举起酒杯为全班同学的友谊干杯时，竟发现他不在。班长回宿舍一看，他正把头蒙在被子里抽泣。

小林的孤独，同学和班干部都看在眼里，但是他以强烈的自卑心理和封闭意识，拒人于千里之外。于是，随着时间的推移，没有人觉得他奇怪，虽哀叹其不幸，但也没有人再主动找他说话、帮助他。他总唉声叹气、愁眉苦脸、极端消沉，对任何事没有一点兴趣。

随着课程和心理负荷的加重，小林终于在大学二年级下学期精神崩溃了。

那个学期期末考试，他好几科不及格。按照学校规定，应该留级。这对本来心理压力就很重的他来说，无异于伤口撒盐。他得知这一消息后，坐立不安，茶饭不思。当天夜里，他失踪了。最后，人们在学校后面的湖里发现了他的尸体。他背着一大口袋石头跳湖自杀了。

思考：

是什么原因导致了小林的自杀？

理论讲坛

一、情绪健康的标准

健康的情绪，即良好的情绪状态。良好的心理状态表现为情绪上的成熟，是指一个人情绪的发展、反应水平和自我控制能力与其年龄和社会对其的要求相适应，并为社会所接受。

一般来说，情绪的目的性恰当、反应适度、正面作用强是情绪健康的基本标准。对大学生来说，健康情绪则具体表现为：第一，情绪的基调为积极、乐观、愉快、稳定；第二，对不良情绪有调节抑制能力，掌握有效的自我情绪调节的方法；第三，情绪反应适度；第四，有较好的自我批评和自我接纳感，有幸福感和满足感；第五，理智感、道德感、美感等高级社会性情感能得到良好的发展。

二、情绪的自我管理

现实中，每个人的情绪都是不同的。有的人像火山，平时悄然无声，但压力到了一定程度，就会剧烈喷发；有的人如同大海的浪潮，潮落时渗到沙滩上，看不见又摸不着，涨潮时连自己也会淹没。其实，情绪并非无法预测和控制，也有发生和发展的规律，大学生要想做情绪的主人，就必须学会认识和把握自己的情绪。

（一）敏锐觉知情绪

微课：
我的情绪我做主

所谓情绪的觉知，就是对自己正在发生的情绪具备一种敏锐度，了解各种感受的前因后果。只有有觉知的人，才能适时对自己的情绪做出正确的反应，进而给情绪一个转化的出口。我们总结为觉知情绪的3W法：

1. What——我现在有什么情绪？

由于我们平常比较容易压抑感觉或者常认为有情绪是不好的，因此常常忽略自己真实的感受。情绪管理的第一步就是能察觉我们的情绪，也就是时时提醒自己注意：我现在的情绪是什么？例如：当你因朋友约会迟到而对他冷言冷语时，问问自己：我为什么这么做？我现在有什么感觉？如果你察觉自己已对朋友三番两次的迟到感到生气，你就可以对自己的生气做更好的处理。许多人因为认为人不应该有情绪，所以不肯承认自己有负面的情绪。要知道，人一定会有情绪的，压抑情绪反而带来更不好的结果，学着体察自己的情绪，是情绪管理的第一步。情绪没有好坏之分，只有我们真实地感受到自己的情绪，认清自己的情绪，才有机会掌握自己的情绪，才能为自己的情绪负责，而不会为情绪所左右。

2. Why——我为什么会有这样的情绪？

我为什么生气？我为什么难过？我为什么觉得无助？我为什么……只有找出原因，我们才知道这样的反应是否正常，才能对症下药。有了不舒服的感觉，要勇敢地面对，仔细想想，为什么这么难过、生气？我应该怎么做，将来才不会重蹈覆辙？怎么做可以消除我的不愉快？这么做会不会带来更大的伤害？从这几个角度去选择适合自己且能有效缓解情绪的方式，你就能够控制情绪，而不是让情绪来控制你。

3. How——如何有效处理情绪？

想想看，可以用什么方法来缓解自己的情绪呢？平常当你心情不好的时候，你会怎么处理？什么方法对你是比较有效的呢？也许可以通过深呼吸、肌肉松弛法、静坐冥想、运动、到郊外走走、听音乐等来让心情平复，也可以通过大哭一场、找人聊聊、涂鸦、用笔抒情等方式来宣泄一下，或者换个乐观的角度来改变心情。

（二）平和接纳情绪

大学生要能接纳自己的情绪变化，接受自己的情绪，不苛求自己，不过于追求完美，以平常心来面对自己情绪上的波动。要记住，其实情绪本身并无是非、好坏之分，每一种情绪都有它的价值和功能。因此，一个心理健康的人非但不会否定自己情绪的存在，反而会在一个适当的空间允许自己有负面的情绪。只要我们能成为情绪的主人，而不是完全让它们左右我们的思想和行为，就可以善用情绪的价值和功能。

悲伤、愤怒、内疚、恐怖都是负面情绪，生活中我们都会想办法绕过它们。一直以来，很多人都认为，没有悲伤，没有愤怒，没有内疚，没有恐惧，才是快乐和安全的。其实不是这样的，我们看到的那些负面情绪也是我们真实的感受，我们要接纳和承认它们的与生俱来性，要承认它们对我们的情感和人生起到的积极作用。比如：悲伤，帮你告别悲惨往事；愤怒，是你的力量之泉；内疚，是和谐关系的调节者；恐怖，揭示生命的真谛。

在许多情境下，一个人应该泰然接受自己的情绪。例如：我们不必因为想家而感到羞耻，不必因为害怕某物而感到不安，对触怒你的人生气也没有什么不对。这些感觉与情绪都是自然的，应该允许它们适时适地存在，并释放出来。这远比压抑、否认有益多了，只有接纳自己内心真实感受的存在，才能谈及有效管理情绪。

（三）正确表达情绪

微课：
学会表达自己的情绪

情绪表达是指人们用来表现情绪的各种方式，其功能就是缓解情绪，使情绪水位下降。因为我们必须在社会中生存，所以要学习成为一个社会人，情绪表达就必须以不伤害别人、不伤害自己等符合社会规范的方式来表现，否则缓解了原来的负面情绪，却因为不符合社会规范遭受到规范执行者的责备或体罚，而产生更大量新的负面情绪，对于情绪的缓解非但没有帮助，反而会使之更严重。因此，学习符合规范的情绪表达方式，是人类在社会化过程中逐渐习得的能力。

（四）有效调整情绪

心理分析大师弗洛伊德用“水库”的概念比喻人类情绪的处理过程，他认为每个人的身体里面仿佛都有一座“情绪水库”，当负面情绪出现时，其就会存放在“情绪水库”之中。如果情绪水位累积到所谓的警戒线，个体就会开始出现脾气暴躁且无法控制的情形。如果在一直恶化下去，“情绪水库”崩溃的结果就是出现心理方面的毛病。

可以运用情绪 ABC 理论来进行自我情绪调节。该理论是由美国临床心理学家阿尔伯特·艾利斯提出的。艾利斯认为，在人们情绪产生的过程中有三个重要的因素——诱发情绪产生的事件，人们对诱发事件所持的相应的信念、态度和解释以及由此引发的人们的情绪和行为的结果。情绪并不是由导致情绪发生的诱发事件直接引起的，而是人们对这一引发事件的解释和评价引起的。即并不是事件引起了情绪，而是人们对事件的认识引起了情绪。

微课：
情绪 ABC 理论

其中，A 表示诱发事件；B 表示个体针对此诱发事件产生的一些信念，即对这个事件的看法和解释；C 表示个体产生的情绪和行为结果。通常人们会认为诱发事件 A 直接导致了人的情绪和行为结果 C，发生了什么事就引起了什么情绪体验。然而，同一件事，人们的看法不同，情绪体验也不同。

情绪 ABC 理论的应用步骤如下：

第一，将引发不良情绪的事件和认识一一列出。

第二，找出引发不良情绪的非理性观念。非理性观念有如下特征：

（1）绝对化，即对什么事物都怀有认为必须或不会发生的信念，这种特征常常表现在日常生活中的“应该”“必须”“一定”“绝对”等用语上。

（2）过分概括化，即以偏概全的思维方式。在这种非理性特征中，世界上的事物只有两类，要么正确，要么错误。

（3）灾难化，常表现为：一旦……天就要塌了，再没有比这更可怕的了，等等。

第三，通过对非理性观念的认识和纠正，找出合理的观念。

第四，通过建立合理的信念，最后达成情绪感受的改变。

知识拓展

无效的情绪表达和有效的情绪表达

一、无效的情绪表达

（一）使用模糊的语言

用“少啰唆”“多嘴”“很烦”等语言表达情绪，这些陈述虽然表达了人的某些情绪，却是无效的表达。例如：“少啰唆”究竟是表示愤怒、罪恶、羞耻，还是反映了紧张的情绪，我们不得而知，有时这些表达会受个性、年龄、表达能力等因素的影响。

（二）惯用非语言动作

惯用非语言动作是指以“沉默”来代替情绪，有某种情绪但闷不吭声，然后以此动作来传达情绪。例如：夫妻吵架后，妻子默默不语，闷不吭声地按往常一样操持家务，有时另一半会误认为雨过天晴，已经没事了。

（三）依赖虚假的情绪语言

虚假的情绪语言是指看似表达了情绪但事实上却没有如实叙述感受。例如：“别闹了”“我受够了”等语，有时是以此抗拒进一步表达自己的感受，有时则自己也搞不清楚到底是何种原因造成的，自己该如何表达才好。

检视了无效情绪表达的几种形式后，我们来看看什么是有效的情绪表达。

二、有效表达情绪的方法

（一）先察觉自己的情绪

有时我们要学会整理复杂的情绪，比较常见的有两种情绪组型：生气—受伤—羞耻；悲伤—生气—罪恶。我们是因受伤而生气还是因生气而显得悲伤？只有先察觉自己的各种情绪，才能精确传达自己的感受。

（二）选择讨论感受的时机

表达情绪时要注意两点：第一，在极端情绪状态下，为避免说出让自己日后后悔的话而暂停情绪表达；第二，选择讨论感受的时机，有些人喜欢在人多时或仗着权势来表达情绪，事实上这并不好，应选择在彼此能够专注、没有压力时讨论。

（三）进入自己的内在语言并学会调整

想想看，当你深陷某种情绪时，你会采用什么样的内在语言？举例来说，晓云是个人际关系不佳的女孩，原因是以自我为中心、个性古怪刁钻，不讨人喜欢。因为人际关系不好，晓云一直到了25岁还没有交过男友，对于爱情甚感期盼的晓云在路上遇到成双成对的情侣时会心生羡慕甚至嫉妒之情。嫉妒形之于外就成了批评，例如她会认为谈恋爱的年轻人都是不求上进、道德感差的人。但晓云的内在语言是：“老天爷，我已经25岁了，有的人在我这个年纪都已当妈妈了，为什么我到现在连个知心的人都没有，难道是别人看我长得太美而不敢追求我？还是老天爷已经忘了我？”如果晓云的内在语言始终如此的话，其怨天尤人与嫉妒的心理会继续存在。另外，在长期盼望等待的心理下也会产生焦虑与不耐烦的情绪，唯有晓云觉知自己的内在语言并进行调整，她才能跳脱自怨自艾、不耐烦、嫉妒的情绪泥沼。

（四）使用“我信息”表达自己的情绪

例如：对方多次以不友善、不尊重的语气和你说话，此刻的你可使用“我信息”，如“我不喜欢你用这种口气对我说话”，来代替对他大吼“你给我闭嘴”，前者在传达自己的情绪，后者在大声制止对方的行为。

此外，情绪表达与情绪宣泄不同：情绪表达主要是使别人了解我们正处于某种不愉快的情绪当中，期待别人的支持与体谅；而情绪宣泄则是任性地发泄内心的不快，结果是损人不利己，破坏了和谐的气氛。一个人的个性越成熟，就越能控制自己的情绪而不随便发作心中的不快乐，越能仔细考虑如何表达自己的情绪才适当。

经典故事

方丈与青年

有一位青年，由于事业、爱情屡受打击，对生活极度厌倦，甚至有了轻生的念头。

这一天，他独自走上了一座寺院后面的悬崖险峰，就在他紧闭双眼，准备纵身跳下时，一只大手按住了他的肩膀。他转身一看，原来是寺里的老方丈。青年的眼泪马上就流了出来，他告诉方丈，他已经万念俱灰，真的“看破红尘，四大皆空”，什么牵挂都没有了，只想一死了之。

老方丈关切地说：“生命没有错误，要珍惜自己的生命，其实你拥有的东西还很多很多，你先看看你手背上有什么。”

青年抬手看了看，说：“没什么呀！”

“不满是眼泪吗？”老方丈语气沉重地说。

青年眨巴眨巴眼睛，又是串串热泪。

老方丈说：“再看看你的手心。”

青年又摊开双手，看自己的手心。看了一阵，疑惑地说：“没什么呀！”

老方丈呵呵一笑说：“不满是阳光吗？”

青年愣了一下，脸上也泛起丝丝的笑容。

老方丈又说：“你再抬头看看。”

这回青年开窍了，没等方丈开导，就心悦诚服地说：“还有蓝天，我还有蓝天！”

老方丈舒心地叹了口气，对青年说：“其实，你除了眼泪、阳光和蓝天，还有勇敢顽强的心、健康的身体……”

故事里的这位青年因厌倦生活而产生了轻生的念头。厌倦是一种不良情绪，我们每一个人可能在某一时期都有过这样的体验。厌倦会影响我们的生活质量，成为我们走向幸福生活的阻碍，孤独感常是产生这种心理的主要原因。

心理测试

焦虑自评量表

焦虑自评量表

焦虑自评量表（SAS）于 1971 年编制而成，从量表构造的形式到具体评定的方法，都与抑郁情绪自测量表（SDS）十分相似，它是一个含有 20 个项目、分为 4 级评分标准的自评量表，用于评测当事人的主观感受。大家不妨测一下。

复习巩固

测试题

模块四　应对挫折，磨炼意志

内容提示

生活当中，挫折是难以避免的，大学生也会经常遇到学习、恋爱、就业等方面各种各样的挫折。如何从挫折的磨难中走出来，从挫折中得到磨炼，不断成长，是每一个大学生都要正视和面对的问题。挫折是难得的锻炼意志、增强能力的机会，战胜了挫折的人就是生活的强者。

学习目标

1. 理解什么是挫折
2. 了解挫折产生的原因以及挫折对大学生的影响
3. 掌握应对挫折的方法

单元一
挫折概述

金玉良言

故天将降大任于是人也，必先苦其心志，劳其筋骨，饿其体肤，空乏其身，行拂乱其所为，所以动心忍性，曾益其所不能。人恒过，然后能改。困于心，衡于虑，而后作。征于色，发于声，而后喻。入则无法家拂士，出则无敌国外患者，国恒亡。然后知生于忧患，而死于安乐也。

——《孟子》

这个世界，从来没有什么真正的“绝境”。无论黑夜多么漫长，朝阳总会冉冉升起；无论风雪怎样肆虐，春风终会缓缓吹拂。对年轻的我们来说，当挫折接连不断、失败如影相随时，当命运之门一扇接一扇地关闭时，我们永远也不要怀疑，因为总有一扇窗会为你打开。

——苇笛

人生的旅途不会总是一帆风顺，人生不如意之事十之八九，不会有人总是成功，也不会有人总是失败。当遭遇失败时，我们会体验到一种消极的内心体验，这种内心体验即挫折感。对于当代大学生来说，挫折也是无处不在的，班级干部的竞选失利、课堂演讲的羞怯表现、期末考试的不理想等，都可能让我们短暂地迷失于挫折的伤感中。挫折亦可大可小，它可能会影响我们的一生，也可能只是生活中的一段小插曲。

从另一个角度来看，挫折和磨难是锻炼意志、提升能力的机会。在人生道路上，谁都会遇到各种各样的困难和挫折，就看你能不能战胜它。战胜了，你就是生活的强者。

情境导入

一位女同学说：“来到大学读书，离开父母，是我们一生中碰到的最大的挫折，因为我们从小到大都在家里待着，从未出过远门，所以刚入学时，我很不习惯新的生活环境，天天想家，吃不好，常失眠。”

一位男同学无奈地说：“上中小学时，我在班里总是名列前茅，一直担任班长职务。到了大学，强手如林，我失去了往日的光环和风采，心里很不平衡，觉得太没面子，既痛恨自己无能，又嫉妒那些比我强的同学，很着急，很难过。”

在大学生中，不少学生把挫折的内涵理解得过于宽泛，认为凡是给人带来不愉快和令人不适应的事物，都是挫折。也有的学生把没有被选上学生会干部、考试成绩不理想、人际关系紧张、运动会比赛未取得预期的成绩、向别人借钱、被老师批评等，都视为挫折。

从单一的高中学习生活进入大学后，不可避免要面对很多新问题，这些问题可能会让有些大学生无所适从。如果他们不能适应环境的变化，不能正确认识和处理各种新问题，则会感受到强烈的挫折感，继而产生一定的压力和不良情绪。

思考：

如何正确认识和面对挫折？

理论讲坛

一、挫折是什么

（一）挫折的概念

什么是挫折呢？库尔特·勒温（Kurt Lewin）等人认为当个体的需要得不到满足时，会产生挫折体验；马斯洛和罗杰斯认为挫折是个体的自我实现需要受到压抑时产生的。我国学者朱智贤将挫折定义为：“个体从事有目的的活动过程中遇到障碍或干扰，致使个人的动机不能实现、需要不能满足时的情绪状态。”

不同的学者有不同的观点，我们可以这样认为，挫折是指个体在从事有目的的活动过程中，遇到阻碍或干扰，致使个人的动机不能实现、需要不能满足时，产生的不良情绪体验及相应的心理、行为变化。

（二）挫折三要素

1. 挫折情境

挫折情境是指引起挫折的原因或环境，也就是在个体有目的的活动中，导致个体的动机不能实现、需要不能获得满足的内外障碍或干扰的情境状态或情境条件。构成刺激情境的可能是人或物，也可能是各种自然、社会环境。例如：大学学习没有达到预定的目标，致使个人的成就感没有获得满足的事件即挫折情境。

2. 挫折认知

挫折认知是指对挫折情境的一种认识或评价，取决于个体自身认知结构的影响。例如，两位大学生同时面对期末考试的 70 分，会有不同的体验。其中，一位可能认为这个分数已经达到自己的目标，自己可以用更多的时间去实现其他的梦想；另一位则认为学习只有达到 90 分才算什么都弄懂，所以 70 分对于他来说就是挫折。挫折认知一般可以分为两种情况：一是受挫者对实际遭遇的挫折情境的认知，即真实的挫折认知；二是对想象中可能出现，但实际并不存在的挫折情境的认知，即想象的挫折认知。

3. 挫折反应

挫折反应是指受挫者伴随着挫折认知，在愤怒、紧张、焦躁、否定、厌恶等负面心理感受的基础上，对于自己的需要得不到满足而产生的情绪和行为反应。负面心理感受有表浅与深刻之分，正是在这种感受之上，受挫者发展出躲避或攻击等外显行为。其中，挫折认知是核心因素，而挫折反应的性质及程度主要取决于挫折认知。

在通常的情况下，当挫折情境、挫折认知和挫折反应三者同时存在时，就会构成挫折心理。但是在另一些情况下，即使没有挫折情境，只有挫折认知和挫折反应这两个因素，也可以构成挫折心理。例如：一次重要的比赛结束后，自我感觉非常差，即使最终成绩没有公布，也会心情糟糕、低落，不想知道比赛结果，在没有挫折情境的情况下（成绩公布），也会体验到挫折反应（失望、逃避），其中正是挫折认知起了重要作用。图4－1为挫折三要素。

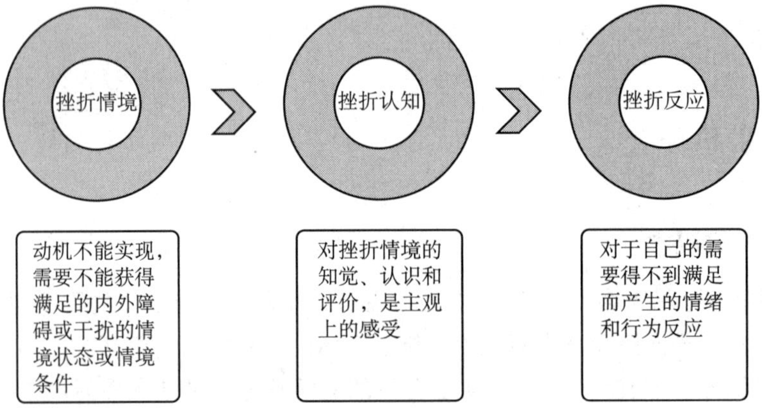

图4－1 挫折三要素

二、大学生心理挫折产生的原因和挫折源

（一）大学生心理挫折产生的原因

大学生产生心理挫折的原因是多方面的，可从客观和主观两方面来加以概括。

1. 客观因素

客观因素通常是指个人意志和能力所不能左右的因素，如学生不能决定自己的家庭出身、不能选择自己的父母、不能左右教师考试考什么内容等。客观因素可能引发心理挫折，但不是心理挫折产生的决定性因素。例如：同样是出生在贫困家庭的学生，有些学生因自己的家庭贫困而产生挫折感，有些学生则能坦然接受，并自强不息，终有所成。因此，心理挫折产生的关键不在于客观因素，而在于主观因素。

2. 主观因素

挫折产生的主观因素主要是指心理因素，包括个体对客观事物的看法不当以及个体的心理需求不当等。个体对客观事物的看法不当会产生心理挫折问题，前面已做描述，这里不再赘述。心理需求不当导致的心理挫折通常有以下几种情况：

（1）自我估计不当，抱负水平过高。抱负水平是指个体对自己所要达到的目标所规定的标准。一个人是否受挫折，与个体能否根据自己的实际情况，给自己合理定位、确定恰当的成功标准有关。一个人如果对自己的能力估计过高，抱负自然高，成功的可能性就低，挫折就容易产生。相反，如果对自己的能力估计过低，缩手缩脚，抱负水平过低，就算事情成功了，也可能会产生挫折感。

（2）动机冲突。大学生的需求很多，而且都渴望得到满足，于是便产生了多种动机。但在现实生活中，有些动机往往是相互冲突、非此即彼的，不可能使所有的需求都得到满足，这时就常常会产生挫折感。例如：既想做学生干部，又不想影响自己的专业学习，两者之间，若不能平衡，冲突便会产生，长此以往，也会引发挫折感。

（3）不合理、不切实际的需要。正确合理的需要得不到满足，会产生挫折感。如果是客观因素造成的，正常情况下对大学生的心理健康危害不大，可使大学生吃一堑长一智。但是有些挫折往往是大学生不合理、不切合实际的需要造成的，如攀比、高消费、绝对平均等，这种心理如果得不到调适，将会严重影响大学生的心理健康。

（二）大学生常见的挫折源

从高中步入大学，生活由单一的学习状态变得多元化，交友、恋爱、社会实践等逐步上演，挫折也夹杂其中，与大学生不期而遇。

1. 学习挫折

在大学中，虽然学习的比重在下降，但是依然是最重要的任务之一。从心理学的角度来研究大学生的学习挫折可以归因为学习动力不足、缺乏上进心、没有科学的学习方法或不适应大学学习环境等。大学学习不同于高中学习，注重自主探索和自我领悟，但是一些大学生并没有转换思维方式，导致不能更好地适应大学生活，产生学习挫折。

案例分享：
学习挫折

2. 交往挫折

著名的人本主义心理学家马斯洛提出，人只有在得到爱与归属的需要之后，才能进一步寻求自我实现的价值。这一观点充分阐明了人际交往在人的生命中占有十分重要的地位，每个人都渴望在人际的互动中获得爱与归属感。在大学中，每位大学生都渴望获得真挚的友谊，但由于自我认知的差异、生活习惯的不同、个性的迥异、竞争的加剧，人与人之间的冲突势必增多，人际交往中的挫折感也会随之增加。

案例分享

小林的烦恼

小林，来自河南省一个偏僻乡村，父母均是农民，母亲积劳成疾，患有多种慢性病，家庭比较贫困，姐弟二人。她性格内向，不善言语，喜欢独来独往，很少与人交往。但她从小很节俭，从不与同学攀比，学习刻苦，成绩优异。然而自上大学之后，她发现以前的生活方式完全不适合大学生活。她想融入班集体，却不知道如何与人交往，怎样处理宿舍同学之间、班级同学之间的人际关系，这使她伤透了脑筋。一年多来，她和班上同学相处得很不融洽，跟舍友曾经发生过几次不小的冲突，关系相当紧张。她经常独来独往，基本上不和班上同学交流，集体活动也很少参加，与同学的感情淡漠。她觉得自己没有一个能相互了解、谈得来的知心朋友，常常感到特别的孤独和自卑，长期的苦恼和焦虑使她患上了神经衰弱症。频繁的失眠和头痛使她精神疲惫，体质下降。她本想通过埋头学习的方法来减轻痛苦，然而，事与愿违，由于她学习精力很难集中，因此学习效率很低，成绩急剧下降，后来竟出现考试不及格的现象。她感到恐慌，失去了坚持学习的信心。这种心理使她逐渐对大学生活失去了兴趣，迷失在自己编织的网中，一度出现自暴自弃的现象。

小林遇到的心理问题，是由人际关系问题引发的心理压力所致。经分析，该问题是由小林本人自我认知偏差、人际交往能力欠缺以及性格缺陷造成的。小林因为人际关系欠佳，影响了自身的学习情绪，从而使心理问题趋于严重化。

3. 恋爱挫折

大学生正值青春期阶段，是性机能成熟与性意识觉醒而引起心理上发生微妙变化的时期。大学是青年人相对集中的地方，男女交往有较为宽松的环境，他们在学习、生活中朝夕相处、交往密切，异性之间容易产生感情，大学阶段成为青年人恋爱心理的“活跃期”。有恋爱就有可能失恋，当恋人因社会现实、他人干预、情意不和等因素而感情破裂时，失恋的挫折就会严重影响他们的心理、生活和正常的学习活动。

案例分享

小凯的告白

小凯和小玲都是校学生会的干部，平时经常在一起工作。慢慢地，小凯发现自己爱上了聪明活泼的小玲，当他鼓起勇气向她表白的时候，小玲说自己已经有男朋友了。小凯内心无比痛苦，上课无法集中注意力，工作也无法及时完成，并且总是莫名其妙地对小玲发火。他自己也知道这样不对，可就是没有办法控制自己。

小凯遇到的心理问题，是恋爱失败引起的失落感与挫败感。对大学生来讲，恋爱关系不仅仅是一种人际关系，更重要的是大学生自我价值和自我认可的基础。失恋不仅仅是失去感情的寄托，更重要的是自信心受到打击，从而产生心灰意冷、郁郁寡欢等消极情绪反应和自责、自弃等消极行为。面对这样的困境，小凯没有使用积极有效的方法缓解自己的压力，最终影响了自己的学习、工作和生活。

4. 情绪挫折

对于刚刚步入校园的新生来说，面对陌生的校园、新鲜的面孔、新的学习环境和学习方法，任何一处有些不适应，都会引起强烈的情绪反应，如紧张、不安、焦躁，甚至头疼、胸闷、失眠等。在以后的学习生活中一旦遇到类似的事件，就会引发不良的情绪状态。一项调查研究显示，“因情绪波动大而感到烦恼”的大学生占17.1%，“别人的言行对我的情绪有影响”的占20.3%，“很长一段时间感到情绪低落”的占17.3%，“情绪像天气的变化一样忽高忽低”的占15.8%。

5. 社会生活挫折

初入社会的大学生，往往对时事变革能够率先敏感反应和给予反馈。但是由于大学生一直生活在比较单纯的学习环境中，用尚未成熟且脆弱的心态去面对社会中复杂的人和事，就会产生诸多挫败感。特别是大学生凡事希望按照自己的理想状态来进行，想得过于完美，在社会中又得不到满足甚至被完全否定，就会遭遇社会生活挫折。

案例分享

离不开父母的小如

小如在上大学之前没有集体生活的经验，一切由父母料理，学习成绩很好，老师喜欢，父母也高兴。可上大学后，这些优势都不复存在，她发现同学们懂很多东西，会玩、会学、会生活，而自己却像一个不到10岁的孩子似的，处处不如人，她觉得很痛苦、很自卑。尤其是3个能说会道的舍友都是闽南人，她不会说闽南话，不能与她们交流，她感到很孤独、很寂寞，觉得自己万分痛苦，快要发疯了。

这个案例属于典型的“大学新生适应不良”问题，造成小如环境适应不良的原因主要有家庭因素和个体因素两个方面。父母的教育思想和言行是希望她两耳不闻窗外事，一心只读圣贤书，学习成绩好就行了。为了让孩子专心学习，父母代劳了许多本应该由孩子自己承担的责任，在看似爱护实则剥夺了孩子成长权利的过程中，孩子被养成了温室里的花朵，既自负又脆弱，抗挫折能力极差，一旦遇到困难，就会自暴自弃、自我否定，从而使身心均遭遇困扰。

6. 择业挫折

前些年高校的不断扩招和就业制度改革的深化，使得大学生就业人数不断攀升，就业制度改革明显趋于自主择业，二者相遇，陡然增加了大学毕业择业挫折的概率。一些大学生在面对工作的理想化和现实的严峻时，挫折感骤然产生。一部分大学生甚至将面临“毕业即失业”的尴尬状态。加上薪酬不理想、不符合自身发展前途等因素，大多数学生都在紧张、焦虑等情绪中产生了择业挫折。

案例分享

小刘的就业困惑

毕业生小刘学习成绩和其他方面的条件都不错，在就业的初期满怀信心，但由于专业冷门，小刘找过几家单位都碰了壁，结果产生了自卑感。在后来的择业过程中，小刘的表现越来越差，陷入恶性循环而不能自拔，以至于找工作时，只能被动地问人家“学××专业的要不要”，其他什么话都不敢讲，最终未能落实就业单位。

小刘的失败是自卑心理在作怪。在择业遭受挫折后，小刘一蹶不振，对自己评价过低，丧失了应有的自信心，择业时缺乏主动争取和利用机遇的心理准备，不敢主动、大胆地与用人单位交谈，也就不能很好地表现自己。越是躲闪、胆小、畏缩，越不容易博得用人单位的好感。这种心理严重妨碍了一部分毕业生正常的就业竞争，使得那些原本在某些方面比较出色的毕业生也陷入了“不战自败”的境地。

三、受挫后的反应

（一）积极反应

1. 升华

升华是指个体在面对挫折时，会将自己不被社会认可的行为或动机转变为社会规范标准之内或期望的行为或动机。另一种途径是将低层次的目标转变为高层次的目标，这样有利于进步。例如：有的同学发现自己有嫉妒心理，从而将它转化为奋斗的动力，加速自己的成长。

拓展阅读：胡萝卜、鸡蛋和咖啡豆的故事

2. 补偿

补偿是指由于主客观条件的限制，个体发现目标无法达到时，会寻找新的目标来替代原有的目标，以成功的体验弥补之前失败的痛苦。例如：有的同学成绩不拔尖，但是喜欢参与各种文娱活动、社团组织，以此锻炼能力，来弥补学习上的不足。

（二）消极反应

1. 焦虑

在面对未知的情境时，往往会引发焦虑和担忧的情绪，并伴随呼吸急促、出汗、恶心、心悸、手颤、失眠等生理反应，这是人在面临压力时最常见的心理反应。正常情况下，人们遇到挫折时都会表现出某种程度的焦虑情绪。一般来说，适度的焦虑有助于提升个体的抗挫能力，有助于激发潜能，但是过度的焦虑会带来危害，最后伤及身心。

2. 攻击

受挫者在感受到挫折情境后，很可能做出一定的攻击行为。攻击性行为的对象可能是构成挫折的人或物，也可能是其他替代物，还有可能是受挫者自身。攻击性行为的表现形式多种多样，一般分为直接攻击和转向攻击两种。直接攻击是指受挫者将愤怒的情绪直接指向构成挫折的人或物，通过动作、表情、言语、文字等形式表现出来。转向攻击是指受挫者感到引起挫折的真正对象不能攻击或不便攻击，或者挫折的来源无法确定时，将愤怒的情绪发泄到其他人或物上的一种变相的攻击方式。例如：有的学生在比赛时没有获得期望中的名次，便乱砸、乱摔东西等。虽然这样的方式可以帮助受挫者发泄自己的不满和愤怒，但是会给自己或者其他人带来不必要的伤害。

3. 冷漠

个体在遭受挫折时，会表现出对挫折情境无动于衷、漠不关心的态度。这种情况下往往给人冷漠无情的感觉，但是实际上却是比攻击更为复杂的心理反应。冷漠并非没有情绪反应，也并非不含愤怒，而是将两者压抑至内心深处，是一种更加痛苦的内心体验，只是被压抑或以简洁的形式表现出来而已。这会给人的内心带来极大的危害，使自身成为定时炸弹。一般情况下，对挫折的冷漠反应是一个人在长期遭受挫折或感到没有任何希望摆脱或消除困境时产生的。

4. 投射

投射是指个体将自己不喜欢的或不能接受的，转嫁到他人身上，以减轻自身的内疚感。俗话说的“以小人之心，度君子之腹”就体现了这种心理防御机制。例如：某学生在人际关系上遇到挫折，明明是自己过于蛮横，却归结于对方不讲道理，这种方式是不利于自身提高的。

5. 压抑

压抑是指个体在无法面对和处理挫折，并且无法表达自我的不满和愤怒时，将引发焦虑的念头压抑到无意识中。根据精神分析理论，这种压抑往往会通过梦、口误或行为失误表现出来。

6. 逃避

逃避是指一个人在遇到挫折或感到可能面临挫折时，不能面对现实、正视挫折，而以消极的态度躲开挫折现实的一种挫折反应方式。例如：有些学生谈恋爱失败后就不敢再谈恋爱；有些学生当众演讲失败后受到别人嘲笑，从此再也不参加集体活动；等等。逃避虽然可以使人们降低因挫折产生的紧张感，或者避免再次受到挫折的伤害，但当事人面对的现实问题并没有解决，而有些问题又是不能回避的，因此逃避常常使人害怕困难、不求进取，长期下去将大大降低人们的适应能力和自信力，甚至可能导致适应不良。人们逃避挫折的方式多种多样，幻想就是一种典型的特殊的逃避方式。

7. 自杀

自杀是一个人遭受挫折后的一种极端反应方式，也可以视为受挫后针对自身的一种典型的特殊的攻击行为。当一个人受到突然而沉重的挫折打击，或者长期受到挫折的困扰和折磨，感到万念俱灰不能自拔时，就可能产生自暴自弃、轻生厌世的想法，此时若得不到外力的帮助，受挫者就可能采取上吊、跳楼、投河、服毒等方式自杀。通常，自杀行为是在挫折的打击大大超出受挫者对挫折的承受能力的情况下发生的，特别是当受挫者将受挫的原因归结为自己，并对自己丧失信心，将自己作为迁怒的对象时更易于发生。大学生是同龄人中的佼佼者，往往自视甚高、自尊心强，因此，当受到挫折的打击时，有时即便是很小的挫折，也会导致自杀行为。例如：某高校的一名学习成绩十分优秀的女生，得知自己有一门课考试不及格后就跳楼自杀了；还有些学生在失恋后因不能自拔而选择自杀等。

四、挫折带来的个性变化

通常情况下，挫折对人的影响都是暂时的，随着具体挫折情境和条件的改变，随着时间的推移或受挫者认识上的变化，受挫者在受到挫折后所感受的紧张状态会逐渐消失。但人们在受到挫折后，除了上述直接表现出的挫折反应外，还会出现间接反应，并对受挫者产生久远的影响，甚至影响个性的形成与发展。

挫折对个性的影响，一般是在人们连续经历挫折或者遭受特别重大挫折的情况下产生的。由于导致挫折的情境和条件相对稳定并长期持续，由此产生的紧张状态和挫折反应就会反复出现，久而久之这些反应方式就会逐渐固定下来，使受挫者形成习惯和一些突出的个性特点。例如：有些大学生在儿童时期长期受到父母过分严厉的管教甚至责难和打骂，就容易形成畏缩拘谨、胆小怕事、逆来顺受或者倔强执拗、偏执敌对等不良的个性特点；有些大学生长期与同伴不能友好相处，长期处于紧张的人际关系状态之中，就容易养成多疑、多虑、孤僻、狭隘、情绪不稳定等个性特点。挫折对个性的形成与发展也可能产生积极的影响，如经历了重大挫折或者长期身处逆境之中，会使人养成坚强、刚毅和不屈不挠的个性特点。总之，挫折对个性的影响在很大程度上取决于人们对挫折的适应情况，对挫折的消极反应如果得不到及时纠正，并在心理和行为上固定下来，就会形成对挫折的适应不良，对受挫者个性的形成与发展带来不利的影响。

知识拓展

自我防御机制

“自我防御机制”（defence mechanism）这一概念由精神分析心理学家弗洛伊德提出，是指人们在面对挫折和焦虑时启动的自我保护机制，它主要通过对现实的歪曲来维持心理平衡。弗洛伊德认为当自我以理性的方式消除焦虑而未能奏效时，就必须改用非理性的方法来缓解焦虑，从而达到自我保护以免于发生身心疾病的目的。

自我防御机制主要有两个特点：一是在无意识状态进行，具有自欺性质，是一种潜意识层的自卫；二是往往具有伪装或者歪曲事实的特点，其作用在于保护自我，不至于因焦虑而导致疾病产生，在防治心理疾病中有积极的作用，但没有道德上的欺骗含义。

一、类型

（一）自恋心理防御机制

自恋心理防御机制（一级防御机制）包括否定、歪曲、外向投射，它是一个人在婴儿早期常常使用的心理机制。早期婴儿的心理状态具有自恋的性质，即只照顾自己，只爱恋自己，不会关心他人，加之婴儿的“自我界限”尚未形成，常轻易地否定、抹杀或歪曲事实，所以这些心理机制即自恋心理机制。一名成年人如果还运用自恋机制来进行自我心理防御，则是很危险的。

（二）不成熟心理防御机制

不成熟心理防御机制（二级防御机制）出现于青春期，在成年人中出现也属于正常现象，包括内向投射、退化、幻想等。

（三）神经性心理防御机制

神经性心理防御机制（三级防御机制）是指儿童的“自我机制”进一步成熟，在儿童能逐渐分辨什么是自己的冲动、欲望，什么是实现的要求与规范之后，在处理内心挣扎时所表现出来的心理机制。

（四）成熟心理防御机制

成熟心理防御机制（四级防御机制）是指“自我”发展成熟之后才能表现的防御机制。其防御的方法不但比较有效，而且可以解除或处理现实的困难，满足自我的欲望与本能，也能为一般社会文化所接受。这种成熟的防御机制包括压抑、升华、补偿、幽默等。

二、方法

心理防御机制在弗洛伊德最初提出时，专指癔症中病态的特殊防御机制，之后又发展为新的防御机制，但它仍然是一种应对因挫折而引起的紧张和焦虑的心理调整方法。常见的心理防御机制有以下几种：

（一）否认

否认是指通过对某种痛苦的现实有意识或者无意识地加以否定，来缓解自己的焦虑和痛苦，仿佛不承认就不会痛苦（如拒绝接受亲人亡故的事实，仍坚持说其未死）。这的确是一种具有保护性质的正常防御，只有在干扰了正常行为时，才能算是病态的。

（二）压抑

压抑是指把意识所不能接受的观念、情感或冲动压制到无意识中去，使人不能意识到其存在。这种被压抑的冲动和欲望并没有消失，一直在无意识中积极活跃，并通过其他心理机制的作用以伪装的形式出现。例如：对痛苦体验或创伤性事件的选择性遗忘就是压抑的表现。

（三）合理化

合理化又称文饰作用，是指无意识地用一种通过似乎有理的解释或实际上站不住脚的理由来为其难以接受的情感、行为或动机辩护以使其可以接受。

（四）置换

置换是无意识地将指向某一对象的情绪、意图或幻想转移到另一个对象或替代的象征物上，减轻精神负担以获得心理安宁。例如：一个孩子被妈妈打后，满腔愤怒，难以回敬，转而踢倒身边的板凳，把对妈妈的怒气转移到身边的物体上。这时虽然客体变了，但其冲动的性质及其目的仍然未改变。在心理治疗中，情感的无意识置换既是移情的基础，也是反移情的基础。

（五）投射

投射是指自我将不能接受的冲动、欲望或观念归因（投射）于客观或别人。例如："仁者见仁，智者见智"和"以小人之心，度君子之腹"都是一种心理投射。

（六）反向形成

反向形成是指对内心的一种难以接受的观念或情感以相反的态度与行为表现出来。例如：一个有强烈的性冲动压抑的人可能会积极参与检查淫秽读物或影片的活动。

（七）过度代偿

过度代偿又称过度补偿，是指一个人在生理或者心理上有缺陷或者不足时，设法发展另一个方面的长处，从而证明自己的能力和存在价值。例如：有些残疾人通过惊人的努力而成为世界著名的运动员，有些口吃者可成功地变成说话流利的演说家。

（八）抵消

抵消是指一个不能接受的行为象征性地而且反复地用相反的行为加以显示，以解除焦虑。例如：说了不吉利的话就吐口水或再说句吉利话来抵消晦气或不吉祥的感觉；除夕打碎了碗，习俗上说句"岁岁平安"。

（九）幽默

幽默是指一个人受到挫折或者身处逆境时，用幽默来缓解紧张气氛、放松情绪，以维持心理平衡。它是一种积极的防御机制。

（十）认同

认同是指无意识中取他人（一般是自己敬爱和尊崇的人）之长归为己有，作为自己行为的一部分去表达，借以排解焦虑与适应的一种防御手段。例如：达官贵人的子女常以父辈之尊为己尊，遇到挫折则自抬身价，做出泰然自若的神态，以免除在人们面前的尴尬局面；儿童在做作业过程中遇到困难时，常说"我要学习解放军叔叔"，从而有力量和信心把作业坚持下去，直到成功。

（十一）退化

退化是指当个体遇到挫折与应激时，心理活动退回到较早年龄阶段的水平，以原始、幼稚的方法应对当前的情景。如暴露狂就可以用这一心理防御机制来解释。

（十二）升华

升华是指一种最积极的富有建设性的防御机制。因为它可以把社会所不能接受的性欲或攻击性冲动所伴有的力比多能量转向更高级的、社会所能接受的目标或渠道，进行各种创造性的活动。文艺家的一些著名创作如歌德的《少年维特之烦恼》等，均可见到升华机制的作用。

经典故事

华罗庚的故事

初中毕业后，华罗庚曾入上海中华职业学校就读，因学费问题而中途退学，故一生只有初中毕业文凭。此后，他开始顽强自学，用5年时间学完了高中和大学低年级的全部数学课程。1928年，他不幸染上伤寒病，虽然靠妻子的照料得以挽回性命，但左腿残疾。

20岁时，他以一篇论文轰动数学界，被清华大学聘用。从1931年起，华罗庚在清华大学边工作边学习，用一年半时间学完了数学系全部课程。他自学了英、法、德文，先后在国外杂志上发表了多篇论文。1936年夏，华罗庚被保送到英国剑桥大学进修，两年中发表了十多篇论文，引起了国际数学界的赞赏。1938年，华罗庚访英回国，在昆明郊外一间牛棚似的小阁楼里，艰难地写出了名著《堆垒素数论》。

心理测试

你的挫折承受能力如何？

你的挫折承受能力如何？

同学们，你知道自己的挫折承受能力如何吗？那就做一下二维码中的心理测试吧！

复习巩固

测试题

单元二
如何应对挫折

金玉良言

千磨万击还坚劲，任尔东西南北风。

——郑板桥

我觉得坦途在前，人又何必因为一点小障碍而不走路呢？

——鲁迅

世界上的事情永远不是绝对的，结果完全因人而异。苦难和挫折对于天才是一块垫脚石，对于能干的人是一笔财富，对于弱者是一个万丈深渊。

——巴尔扎克

生活中会遇到很多这样或那样的挫折，面对挫折，有的人可以从容走过，有的人停滞不前，有的人会恐惧退缩。对于怯懦的人而言，挫折是人生的绊脚石；对于勇敢的人而言，挫折可以磨炼意志，使人奋勇向前。

情境导入

林肯小时候家里很穷，而且他的一生都是在面对挫折。在八次竞选中，他八次落败，两度经商失败，甚至还曾精神崩溃。面对如此的挫折，他没有放弃，终于成为美国历史上最伟大的总统之一。

来看看林肯在进驻白宫前的挫折经历：

1816 年，他必须通过工作来抚养被赶出了居住地的家人。

1818 年，母亲去世。

1831 年，第一次经商失败。

1832 年，竞选州议员落选。同年，失业，想去读法学院，但进不去。

1933 年，再次经商破产，16 年以后，他才把债务还清。

1835 年，在即将结婚之时，未婚妻却死了。

1836 年，精神崩溃的他卧床 6 个月。

1838 年，争取成为州议员的发言人失败。

1840 年，争取成为选举人失败。

1845 年，参加国会大选落选。

1846 年，再次参加国会大选成功，但表现并不突出。

1848 年，寻求国会议员连任失败。

1849 年，被拒绝担任自己州内的土地局局长。

1854 年，竞选美国参议员落选。

1856 年，在共和党全国代表大会上争取副总统的提名，得票不到 100 张。

1858 年，竞选美国参议员再度落败。

1860 年，当选美国总统。

这就是林肯，勇于从摔倒的地方爬起来，因此能屡败屡战，最终成就不凡。

从这则小故事中你会看到：林肯的一生中，遇到过无数次的困难和挫折，他表现出了无限的勇气和积极的应对态度。

思考：

当面对困难和挫折的时候，我们要如何克服呢？挫折的应对方法又有哪些呢？

理论讲坛

人的一生，会经历很多风雨。对大学生来说，所谓风雨，可能意味着竞选的失败、恋人的分手、经济上的困难、考试的挂科、违纪的处分……人生在世，谁都会遇到挫折。挫折虽然使我们痛苦，但同时是一种挑战和考验，激励我们成长，这是生活的辩证法。问题的关键不在于挫折的有无和强弱，而在于我们对待挫折的态度。如果把挫折比作人生的风雨，把大学时代比作多雨的季节，那么，当雨季来临的时候，我们就该及时地扪心自问：我们该怎样面对雨季？伞在哪里？

一、挫折的应对方法

（一）纠正对挫折的不当认知

挫折感从何而来？与其说来自事件本身，不如说来自我们对事情的认知。美国心理学家阿尔伯特·艾利斯（Albert Ellis）总结了 11 条会影响我们对事情的看法、态度和行为的不合理认知。

（1）在自己的生活环境中，每个人都绝对需要得到其他重要人物的喜爱与称赞。艾利斯不反对人需要别人的喜爱与称赞，而且认为能得到生活中重要人物的喜爱与称赞是一件好事。但他认为，如果把这当作绝对需要的话，就是一个不合理信念了。因为它是不可能实现的。假如一个人相信这个信念，就会花很多的心思与时间刻意取悦他人，以求得他人对自己的赞赏。这样不但会使人丧失自我，使自己没有足够的时间去追求其他快乐，而且会使人丧失安全感（如时时担心能否被别人接纳或接纳的程度如何等），结果只能令自己感到失望、受挫、沮丧。

（2）一个人必须能力十足，在各方面或至少在某方面有才能、有成就，这样才是有价值的。艾利斯认为，一个理性的人，凡事会尽力而为，但不会过分计较成败得失，因为重要的是参与过程而不是结果。如果要求自己十全十美，或过分要求自己在某一方面有成就，为自己制定无法达到的目标，只会让自己永远当个失败者，在自己导演的悲剧中徒自伤悲。

（3）有些人是坏的、卑劣的、邪恶的，他们应该受到严厉的谴责与惩罚。艾利斯认为，每个人都会犯错误，责备与惩罚不但于事无补，而且会使事情更糟。所以，对犯错误的人，要做的是接纳、帮助他，使之不再犯错误，而不能因此否定他的价值，对其采取极端的排斥与歧视态度。

（4）事不如意是糟糕可怕的灾难。艾利斯认为，一个理性的人应该正视不如意的事，寻求改善之法；即使无力改变，也要善于从困境中学习。

（5）人的不快乐是外在因素引起的，人不能控制自己的痛苦与困惑。艾利斯认为，外在事物并不能伤害我们，倒是我们自己对这些事物的信念与态度让我们自己受到了伤害。因此，只要我们尝试改变自己有关的非理性思维内容和方式，就可以有效地改变自己的情绪状态。

（6）对可能（或不一定）发生的危险与可怕的事情，应该牢牢记在心头，随时顾虑它会发生。艾利斯认为，考虑危险事物发生的可能性，计划如何避免，或思虑不幸事件一旦发生应如何补救，不失为明智之举。但过分忧虑，反而会扰乱一个人的正常生活，使生活变得沉重而缺乏生气。

（7）对于困难与责任，逃避比面对要容易得多。艾利斯认为，逃避困难与责任，固然可以得到暂时的解脱，但问题并没有解决，而且会因贻误时机而使问题变得越来越难以解决。因此，理性的人会通过实际的行动增强自信心，使生活过得更加充实。

（8）一个人应该依赖他人，而且依赖一个比自己更强的人。艾利斯认为，由于社会的分工、个人经历的多寡、闻道的先后等因素，有时我们确实需要他人的帮助，此时，如果为了证明自己的所谓价值而拒绝他人的帮助，则不是明智之举。但这并不是我们时时、事事都依赖他人的理由。在生活中，任何人都是具有独特价值的个体，在大多数时候，人需要独立面对生活中的种种问题，因此独立自主能力的发展对一个人的成长至关重要。

（9）一个人过去的经历是影响他目前行为的决定性因素，而且这种影响是永远不可改变的。艾利斯认为，不可否认，过去的经历对人有一定的影响，有的影响还是比较大的，但这并不是说它们就此决定了一个人的现在与未来。因为人是可以改变的，我们要客观地分析过去对现在可能存在的限制，善用自己的能力和机会，就可突破这种限制，使自己的现在与未来充满希望与生机。

（10）一个人应该关心别人的困难与情绪困扰，并为此感到不安与难过。艾利斯认为，关心别人是人的一种美德，但我们无须为别人的困难与不安感到难过，需要做的是帮助他们面对自己的困难与情绪困扰，并早日走出阴影。

（11）碰到的每个问题都应该有一个正确而完美的解决办法，如果找不到这种完美的解决办法，那是莫大的不幸，真是糟糕透顶。艾利斯认为，世界上有些事物根本没有答案，凡事都要完美地解决是不可能的，完美主义者只会使自己徒增烦恼。

（二）理智的归因

归因是社会生活中一种十分普遍的心理现象。其过程是个体对他人或自己的行为的原因进行推测、解释和说明的过程。20 世纪 60 年代，心理学家用因果关系推论的方法从行为的结果寻求行为的内在动力因素。

弗里茨·海德（Fritz Heider）认为，个体的任何行为都是内外两方面原因共同作用的结果，然而，在每个特定的时刻，行为的内部原因和外部原因中总有某一种起主要作用。依据每个人归因时“控制点”的不同，海德把人分为内控型和外控型两种：内控型的人认为成败是自身原因造成的，外控型的人认为成败是外部原因造成的。归因的不变性原则：如果某个特定原因在许多不同条件下总是与某个结果相联系，而当这一特定原因不存在时，相应的结果也不出现了，就可以把这一特定结果归于那个特定原因。用这种方法，人们可以找到某种行为或后果的关键原因。

拓展阅读：
归因理论

（三）提高挫折耐受力

面对挫折应该分析失败的原因，以便日后面对新的挑战和困难。但是一个人如果总是遇到失败和挫折，无疑对他的自信心是一个沉重的打击。是屡战屡败，还是屡败屡战，不仅仅是一个意志和信念的问题，更是一个挫折耐受力的问题。

挫折耐受力是指当个体遇到挫折时，能积极主动摆脱困境并使其心理和行为免于失常的能力。积极的挫折耐受力来源于个体的心理韧性。而所谓的心理韧性是指个体认准一个目标并长期坚持向这一目标努力。在此过程中，做事不虎头蛇尾，不半途而废，不达目的绝不罢休。

挫折耐受力从挫折中来，人在挫折的磨炼中可以造就坚强的性格，培养积极的心理承受力。有意识地在平时加强自己的能力，尽可能挖掘自己的潜能，这样就为自己的成功打下了良好的基础，而每一次成功的体验，不管大的成功还是小的成功，都会增强自己的信心，这样人就会去尝试更具有挑战性的事情，在更为激烈的竞争中和面临更大的困难时，锻炼和提高自己的能力，于是就形成了一个良性循环。

二、大学生面对挫折的应对方式

（一）正确认识挫折

人生犹如天气，有阳光灿烂，也有狂风暴雨；有风和日丽，也有雾霭风沙。挫折是不可避免的。雨果说：“尽可能少犯错误，这是人的准则；不犯错误，那是天使的梦想。”一个在生活中充满幸福感的人，不是他在生活中不遭遇挫折，而是能坦然面对挫折，并能客观地分析挫折产生的根源，尽可能避免犯同样的错误。

案例分享：
地上的泥土与
天上的星星

事实上，任何事情都有两面性，既有积极的一面，也有消极的一面，挫折也是如此。从消极方面看，一个人在遭遇挫折时，就挫折事件而言，是令人痛苦的。从积极方面看，人在挫折面前若能冷静下来，沉着面对，挫折就有可能成为激发人上进的力量，在与挫折抗争的过程中，使自己的性格和意志得到很好的历练，从而使自己在挫折中成熟起来，挫折就可能成为事情的转机。相反，一个人总是生活在顺境中，虽然安逸，但在真正遇到困难时反而会措手不及。因此，挫折虽是一种困境，但也是一个机会，只要能坦然面对，并树立起战胜挫折的信心，就能从困境中解放出来。正所谓，不经历风雨，怎能见彩虹？

（二）客观分析挫折原因

正确认识挫折，只是战胜挫折的心理基础，要想战胜挫折，还必须对挫折产生的原因进行客观分析。如前所述，挫折的产生，既有客观原因，也有主观原因。若不能正确分析挫折产生的原因，找不到挫折的根源所在，就很难做出有针对性的应对策略，就会使人深深地陷入挫折的泥潭而不能自拔。

大学生在挫折的归因问题上常会出现两种倾向：极度的外部归因和极度的内部归因。极度的外部归因是指把挫折归因于外部的、不可控制的因素，而不考虑自身的因素。极度的内部归因正好相反。例如：有的大学生考试失败后，认为是老师出题太难，评分过于严格，而不去努力克服困难和改变失败的处境，这就是极度的外部归因；有的大学生则往往把失败归因于自己，认为是自己能力有限、学习不够努力、太笨等，过于责备自己。这两种归因如果得不到纠正，可能会导致大学生自我效能感的丧失，进而对其学习产生严重的负面影响。因此，大学生在遇到挫折后，要冷静分析挫折产生的原因：是客观原因还是主观原因，是可控原因还是不可控原因，或者兼而有之。只有找到造成挫折的真实原因，才能找到症结，才能战胜挫折。

（三）根据实际情况调整抱负水平

抱负水平是指人在从事活动之前，对自己要达到的目标所规定的标准。从本质上说，目标只是一种愿望，与活动的实际结果不一定是相符合的，但若抱负水平不当，则可能会引发挫折感。抱负水平不当所引发的挫折感通常有两种情况。一种情况是抱负水平过高。抱负水平过高的人，对自己的目标追求常常力求尽善尽美，但目标的实现往往并不取决于个人因素，还有许多不可控制因素。虽然我们为实现目标倾尽了全力，最后的结果可能还是远远低于自己的预定目标，这样就会产生挫折感。要知道，希望越大，失望也就越大。另一种情况是抱负水平过低。抱负水平低的人，目标容易实现，似乎不会出现挫折感，其实不然。抱负水平过低，虽然容易实现目标，但这些目标的实现不会给他带来真正的满足感，对他的自信心、自尊的增强没有太大的帮助，反而会埋没他的潜能，压抑他的个性。当前不少大学生感到郁闷，往往是抱负水平过低造成的。

抱负水平过高或过低都不行，是不是意味着折中的目标是最好的呢？其实不然。抱负是个人对未来发展的一种期盼，应体现出个人的特点。因此，在确立抱负水平之前，个人首先应对自己的情况和从事的活动进行审慎的分析，了解自己的所长和所短，了解所从事活动的性质和特点，根据自己的特点和活动的实际情况来确定目标。知己知彼，方能百战不殆。例如：大学生在确定自己的学业成绩目标时，就要充分考虑自己的情况和学科的特点，如果你的能力特点是擅长记忆，动手能力稍弱，而学科突出的是程序性知识，那么你在学习目标的确定上就不应过高；相反，如果学科是以描述性知识为主，你就可把目标定得高些。抱负水平切合实际，既可增强事情的成功率，又能发挥抱负水平应有的激励作用，从而减少因目标不能实现而引发的挫折感。

（四）合理运用心理防御机制，缓解心理压力

挫折不可避免。人在遭遇挫折时，原有的平衡心理必然会遭到破坏，这时会出现焦虑、烦躁、痛苦、郁闷等负面的心理反应，这都是正常的心理现象。在没有找到克服失败的方法之前，适度的宣泄是有必要的。为了避免挫折给自己带来更大的伤害，这时就要适当运用心理防御机制。

心理防御机制有积极的，也有消极的，但无论是积极的还是消极的，心理防御机制不一定能针对引发挫折的根源，用心理防御机制来寻求解脱，多少会有些自欺欺人的色彩。但它对个体缓解心理压力、减轻焦虑和紧张情绪、维护个人的自尊、保持心理的相对平衡是有很大价值的。例如：遇到情感挫折时大哭一场；在与人交往发生矛盾时去打一场球；在情绪激动时去听一段优美的音乐；在心中有烦恼自己又无法排解时去找人倾诉；等等。这些心理防御机制的运用，可以使自己的焦虑情绪得到一定的宣泄，对心理压力的缓解是有帮助的。相反，如果这些不良情绪不能得到合理的宣泄，在过度焦虑的状态下，人的注意范围会变窄，思维的灵活性会降低，这时反而会使事情变得更糟，甚至会越陷越深，不能自拔。

遇到挫折，不要过于自责、自残。当自己控制不住地责备自己、埋怨自己时，给自己一个内在对话指令。一定要学会给自己一个限度，保护自己不被伤害。

但我们应该清楚，心理防御机制只是“止痛药”“麻醉剂”，不是根治挫折的“良药”。要使自己从挫折的困扰中彻底解放出来，在用一些积极的心理防御机制进行宣泄后，自己就应冷静下来，客观地分析挫折产生的原因，找到症结所在，从而找到出路、轻装前行。

（五）注重自身修养，提高思想境界

孔子说：“君子坦荡荡，小人长戚戚。”君子之所以“坦荡荡”，是因为君子心怀高远，修养高，对名利淡泊；小人之所以“常戚戚”，是因为小人对蝇头小利也不放过，对鸡毛蒜皮的小事也耿耿于怀。这说明，一个修养高的人，对挫折的耐受力也较高。郑板桥有两幅很有名的条幅：一幅是“难得糊涂”，另一幅是“吃亏是福”。“难得糊涂”说明一个人要生活得自在，对一些小事不应太过于精明，该糊涂时就糊涂。“吃亏是福”说明一个人做事别斤斤计较，别怕吃亏，要勇于吃亏、善于吃亏，在吃亏中展精神，在吃亏中长智慧。

较高的修养和思想境界是增强挫折抵御能力的重要法宝，为了提高挫折耐受力，就必须提高自身的修养。个人修养的提高来源于两条基本途径：一是学习书本知识，二是积极参加各种社会实践。

《哈利·波特》的作者J. K. 罗琳在哈佛大学毕业典礼上演讲时说：“我经历过‘彻彻

底底的失败’——短暂的婚姻结束了，失业了，我成了除无家可归的乞丐以外当代英国最穷的人。但一天我突然发现，我还活着，而且我还有一个我喜爱的女儿、一台旧打字机和一个大理想。”对于你的生存能力以及你和朋友的友情，只有经过挫折的考验，你才能真正认识自己，认识友情的力量……生活是艰难的、复杂的，任何人都不能完全控制。谦逊地懂得并接受这一点，会帮助你安然度过生活中的风浪。“自古英才多磨难，从来纨绔少伟男。”只有经得起磨难，才能使自己成为英才。

心理训练

在挫折中站立

操作方法：开始时，大家都处在“蛋”的状态，然后，每两人一组，进行猜拳，赢的升为“小鸡”，输的继续在“蛋”的状态。接着，赢了的队员再两两一组，进行猜拳，赢了的升为“小鸟”，输了的回到“蛋”的状态，和同样处在“蛋”的状态的队员猜拳……以此类推，直到连赢五次，经历完从“蛋—小鸡—小鸟—猴子—人”的五部曲，才算胜利。

这个游戏内容简洁，规则和方法都很简单，却意味深长。如果把人生比作五步的话，我们开始都是平等的“蛋”，但一轮过去了，赢的长成“小鸡”，输的仍然是“蛋”。做“小鸡”的想继续升级，做“蛋”的想变成“小鸡”。每个人都在盘算着自己的下一步，竞争无处不在。在游戏中最郁闷的莫过于在“猴子”变“人”的那一关被打回“蛋”的状态。因为只差一步就成功了，到最后却又得从头再来，真有种前功尽弃的感觉。

然而，差别出现了，有的人放弃了，有的人却心有不甘，继续“抗战”……

这个游戏象征人生的曲折、坎坷。我们正是在不断的挫折中成长、进步。人生中有许多进进退退，正如这个游戏的进化过程，很多时候，当我们付出很多努力，却不得不从头再来时，你是否依然有勇气？

命运完全掌握在你手中，抱怨和嫉妒只会让你意志消沉，萎靡不振；信心和勇气才会让你成功。

其实，人的一生就是一个不断地寻找、认识、完善自我的过程。每一次挫折，都能帮助我们找到自己独特的位置和价值。

没有永远的赢者，也没有永远的输者。人在一生中，只有不断拼搏，才能成为生活的强者。

知识拓展

心理学名词：升华

升华（sublimation）是指一个人将受挫后的心理压抑向符合社会规范的、具有建设性意义的方向抒发的心理反应。

“升华”一词是弗洛伊德最早使用的，他认为将一些本能的行动如饥饿、性欲或攻击的内驱力转移到自己或社会所接纳的范围内，就是“升华”。弗洛伊德之女——安娜·弗洛伊德，于 1936 年出版了《自我与心理防御机制》一书，并于书中将心理防御分成十种类型。她认为其中九种心理防御常见于神经质的成人与正常的儿童，唯“升华”不管在成人或儿童阶段，都是正常健康的。

一生命运多舛的西汉文史学家司马迁，因仗义执言而得罪了当朝皇帝，被判处宫刑，在狱里，他撰写了《史记》。《少年维特之烦恼》的作者歌德在失恋时创作了此书。他们都是悲恼中之坚强者，将自己的忧思升华，为后世开创一个壮观伟丽的文史境界。

升华是一种很有建设性的心理作用，也是维护心理健康的必需品。在现实生活中，个体的某些行为和欲望是与社会规范不相符合的，如果直接表达出来，就可能因产生不良后果而受到责罚。因此，必须改头换面，以迂回曲折的方式表现出来。采取社会较能接受的方式，同样可以发泄自己本来的情感，而不会引起内心的焦虑与紧张。如果将这些冲动和欲望，导向比较崇高的方面，使其以有利于社会和本人的形式出现，无意识欲望即得到满足，这个过程就是升华。升华不仅能使原来的动机冲突得到宣泄，消除焦虑情绪，保持个人心理上的安定与平衡，还能满足个人创造与成就的需要。这对于社会和个人均有积极意义。

经典故事

鹰的寿命

据说鹰是寿命最长的鸟类，它可以奇迹般地活到 70 岁，超过世界上绝大多数的动物。然而，有一部分鹰却在 40 岁时就会死亡，只有大约 3 成可以活到 70 岁高龄，这是为什么呢？原来，当一只鹰活到 40 岁，它的喙会变得弯曲、脆弱，不能一击而制伏猎物；它的爪子会因常年捕食而变钝，不能抓起奔跑的兔子；双翅的羽毛也会粗大而沉重，不再能够自由飞翔。这个时候，鹰有两个选择：一是回到巢穴，静静等死；一是通过 150 天的漫长煎熬，获得重生。如果一只鹰选择了重生，那么它必须艰难地飞到山崖顶端，在那里筑巢。然后，它要忍受饥饿和疼痛，在岩石上日复一日地敲打它的喙，直到脱落。等到新的喙长出来，鹰必须更为决绝地用新喙将磨钝的爪子一个个拔出，直到长出新的锋利的爪子。在这两项工作完成后，鹰还要把那些粗壮而沉重的羽毛从翅膀上一根根拔掉，好让新的羽毛长出来。当这 150 天痛苦的历程过去，鹰可以重获 30 年的新生，再次翱翔在天空。

每一次辉煌的背后肯定都有一个凤凰涅槃的故事，世上没有平坦的道路，人间没有常开的花，挫折原本是生命旅途中一道不可或缺的风景。生命，总是在挫折和磨难中茁壮成长的。如果 40 岁的鹰选择逃跑，那么等待它的就是生命的枯萎。唯有选择经历，生命才得以再生。

心理测试

应对方式评定量表

应对方式评定量表

在社会生活中，每个人都会面对不可避免的各种压力情境，对个体的心理产生一定的影响。但相同的压力水平对不同的人的影响有很大的差别，这种影响差别主要取决于个体的应对方式。

这里选用的应对方式评定量表（CSQ）由肖计划等参照国内外应对研究的问卷内容以及有关“应对”的理论，根据我国的文化背景编制而成。该量表包括 62 个条目，共分为 6 个分量表，分别为解决问题、自责、求助、幻想、退避、合理化。大家不妨测一测。

复习巩固

测试题

模块五　学海无涯，学无止境

内容提示

本模块主要讲解学习的含义与学习理论、大学生学习的特点与任务、大学生学习心理的调适，旨在使大学生在理解学习理论的基础上，培养正确的学习观，学会学习，掌握正确的学习方法与策略，把握大学学习的实质，学会调适大学学习过程中遇到的心理问题。

学习目标

1. 了解什么是学习
2. 掌握学习的基本理论
3. 把握大学学习的特点与任务
4. 学会调适大学学习过程中遇到的心理问题

单元一
学习心理概述

金玉良言

百工居肆以成其事，君子学以致其道。

——《论语》

孔子曰：“吾十有五而志于学，三十而立，四十而不惑，五十而知天命，六十而耳顺，七十而从心所欲，不逾矩。”可见，学习对我们的一生而言非常重要。那么，究竟什么是学习呢？

情境导入

在读大学的时候，最让人担心的事情之一就是我们正在洗淋浴时有人冲厕所。厕所在浴室的隔壁，如果有人冲厕所，就会使自来水管中冷水的压力下降，这样一来，从淋浴器中出来的水就会突然变得特别烫，正在淋浴的人会被烫得大叫，本能地跳起来。不久后，我们又发现，如果有几个人同时冲厕所，淋浴器中出来的水就会更烫。

冲厕所的声音不过是世界上最普通的听觉刺激之一，原本是一种中性刺激。但是，凡是在我们公寓楼里住的学生，在淋浴时只要一听到冲厕所的声音，就会马上从喷头下跳出来。这种对冲厕所的声音的警觉反应就是一种条件反射。这也是经典条件反射形成的一个例子。

大学里还有一件让人担心的事情。有时，我们突然感到非常饿，就会去自动售货机那里买点吃的东西。可经常发生的事是，当我们把自己口袋里仅有的硬币都投进售货机并按过按钮后，什么东西也不出来。开始时，大家都很文明，并且能够很好地控制自己的情绪。我们试着按别的按钮，或找人帮忙，希望自动售货机起码能把硬币退出来。但是，售货机仍然不把硬币退出来。此时，大家饥肠辘辘，再也无法保持绅士风度了。我们愤怒地踢了售货机几脚。然而，正当我们自认倒霉并要悻悻离去时，售货机突然响起来，不但食品掉了下来，还找给我们一枚硬币。

以后如果再发生类似情况，我们很可能会再踢一脚；如果自动售货机每每如此，不踢不行，我们就可能会养成以后总踢一脚的习惯。在这一个例子中，我们的学习是建立在操作性条件反射基础上的，也称工具性学习。

经典条件反射和操作性条件反射都是人类学习的基础。事实上，条件反射在我们的生活中时时处处都在发生。

资料来源：（美）丹尼斯·库恩．郑钢，等译．心理学导论：思想与行为的认识之路（第13版）[M]．北京：中国轻工业出版社，2014。

思考：

学习到底是怎样发生的？

理论讲坛

一、学习的概念

“学习”一词在我国古代就已经出现，早在2 000多年前，孔子就说过：“学而时习之，不亦说乎？”心理学界认为学习是人和动物共有的活动，从这个意义上来说，最广义的学习应该指人和动物在生活过程中，凭借经验而产生的行为或行为潜能相对持久的变化。

二、学习理论

学习是如何发生的？学习有哪些规律？学习是以怎样的方式进行的？近百年来，教育学家和教育心理学家围绕这些问题，从不同的角度、运用不同的方式进行了各种研究，试图回答这些问题，也由此形成了各种学习理论。

微课：关于学习理论

（一）桑代克的试误说

美国实证主义心理学家桑代克用科学实验的方式来研究学习的规律，提出了著名的联结学说。

案例分享

猫的迷笼实验

桑代克的“猫的迷笼实验”的实验对象是一只可以自由活动的饿猫。他把猫放入笼子（见图5-1），然后在笼子外面放上猫可以看见的鱼、肉等食物。笼子中有一个特殊的装置，猫只要一踏笼中的踏板，就可以打开笼子的门闩出来吃到食物。一开始被放进去以后，猫在笼子里上蹿下跳，无意中触动了机关，于是它就非常自然地出来吃到了食物。桑代克记录下猫逃出笼子所花的时间，然后把它放进去，进行又一次尝试。桑代克认真地记下猫每一次从笼子里逃出来所花的时间，他发现随着实验次数的增多，猫从笼子里逃出来所花的时间在不断减少。到最后，猫几乎是一被放进笼子就去启动机关，即猫学会了开门闩这个动作。

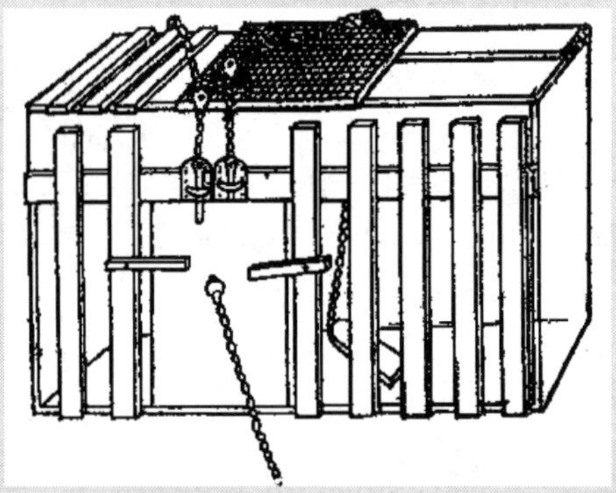

图5-1 桑代克在猫的迷笼实验中使用的迷笼

资料来源：https：//baike. baidu. com/item/桑代克/1762751？fr=aladdin.

通过这个实验，桑代克认为所谓的学习就是动物（包括人）通过不断尝试形成刺激-反应联结，从而不断减少错误的过程。他把自己的观点称为试误说。桑代克根据自己的实验研究得出了三条主要的学习定律。

1. 准备律

在进入某种学习活动之前，如果学习者做好了与相应的学习活动相关的预备性反应（包括生理和心理的），就能比较自如地掌握学习的内容。

2. 练习律

对于学习者已形成的某种联结，在实践中正确地重复这种反应会有效地增强这种联结。因此，重视练习中必要的重复是很有必要的。另外，桑代克也非常重视练习中的反馈，他认为简单机械的重复不会促进学习的进步，告诉学习者练习正确或错误的信息有利于学习者在学习中不断纠正自己的学习内容。

3. 效果律

学习者在学习过程中所得到的各种正或负的反馈意见会加强或减弱学习者在头脑中已经形成的某种联结。效果律是最重要的学习定律。桑代克认为学习者学习某种知识以后，即在一定的结果和反应之间建立了联结，如果学习者遇到一种使他心情愉悦的刺激或事件，那么这种联结会增强，反之会减弱。他指出，教师应尽量使学生获得感到满意的学习结果，这一点尤为重要。

（二）经典条件反射理论与学习

经典条件反射理论是俄国生理学家、诺贝尔奖获得者巴甫洛夫在一系列动物实验的基础上提出的。

案例分享

条件反射实验

条件反射形成的实验中，巴甫洛夫用狗作为实验对象。实验前，将狗固定在架子上，在它的脸颊上做了个手术，安插上导管，并用试管来收集狗的唾液。实验时，先使用一个与食物无关的中性刺激作用几秒钟，如呈现铃声或灯光几秒钟，然后给狗一个无条件刺激，即喂狗食物，并使两者共同作用一定的时间，这样多次结合后，中性刺激（铃声）单独作用，狗也能分泌唾液。这时，条件反射就形成了。在这一过程中，本来与分泌唾液无关的铃声或灯光成了喂食的信号，即成为条件刺激，起到了和无条件刺激物（食物）一样的效果，使狗分泌唾液。图 5-2 为巴甫洛夫的条件反射学习实验装置。

图 5-2　巴甫洛夫的条件反射学习实验装置

经典条件反射的建立需要一定的条件：首先，条件反射的建立要以无条件反射为基础；其次，条件刺激（铃声）必须与无条件刺激（食物）在时间上多次结合，这种结合次数越多，形成的条件反射越稳固；最后，实验动物必须是健康的，而且实验时要排除强烈的额外刺激的干扰。图 5-3 为条件反射形成示意图。

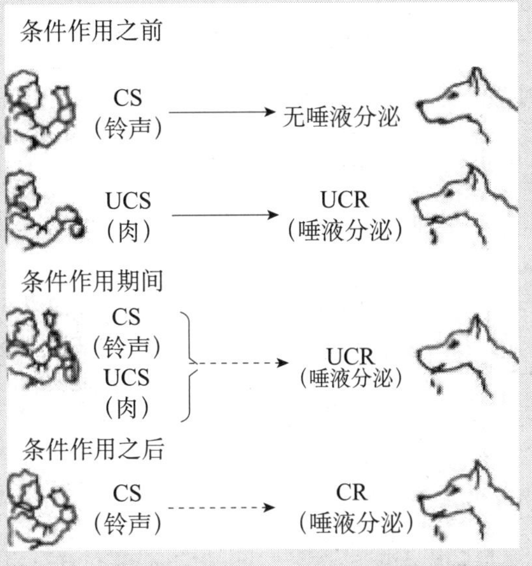

图 5-3　条件反射形成示意图

资料来源：https：//baike. baidu. com/item/经典条件反射/4319391.

经典条件反射在日常生活中的应用较为广泛，“望梅止渴”“一朝被蛇咬，十年怕井绳”等都是经典条件反射。经典条件反射作用包含许多重要的学习规律，其中最重要的就是学习的消退律以及学习的泛化律和分化律。

1. 消退律

如果条件刺激出现多次而没有无条件刺激的强化，则已经建立的条件反射将逐渐减弱甚至消失。但条件反射的消退带有暂时性，在某一种情况下，条件反射没消失多久就自行恢复了；而在另一种情况下，为了要达到恢复的目的，就必须再次使用条件反射和无条件反射结合或别的办法，不同的条件反射又会有不同的消退速度。

2. 泛化律和分化律

条件反射一旦确立，其他类似最初条件刺激的刺激也可以引起条件反射，称为泛化。两个条件刺激的相似程度越高，反应强度就越大。在实际学习过程中，为了避免有机体所形成的条件反射的泛化，需要在条件反射建立过程中或建立后进行分化活动，分别向有机体呈现条件刺激和与之类似的无关刺激，对条件刺激给予强化，对无关刺激不给予强化，这样就可以使有机体对条件刺激与相似的无关刺激产生分化，对前者做出反应，对后者不予反应。

（三）操作性条件作用理论与行为塑造

美国心理学家斯金纳是操作性条件作用理论的创始人。他认为，学习行为可以分为两种：一种是经典条件作用所代表的应答性学习，比如学生听到上课铃声后迅速安静坐好的学习过程；另一种则是操作性条件反射作用所代表的操作性条件学习，比如学生的书写、讨论、演讲等自发性的学习过程。

案例分享

斯金纳对动物学习的实验研究

斯金纳通过对动物学习的实验研究，来探讨操作性行为的学习过程。他将饥饿的白鼠置于箱中，白鼠在箱中自由活动，偶然踩到杠杆，一粒食丸就落入食盘。白鼠经过几次尝试，会不断按压杠杆，直到吃饱为止。此时可以说白鼠学会了按压杠杆以取得食物，而在此过程中，强化起着关键性的作用（见图5-4和图5-5）。

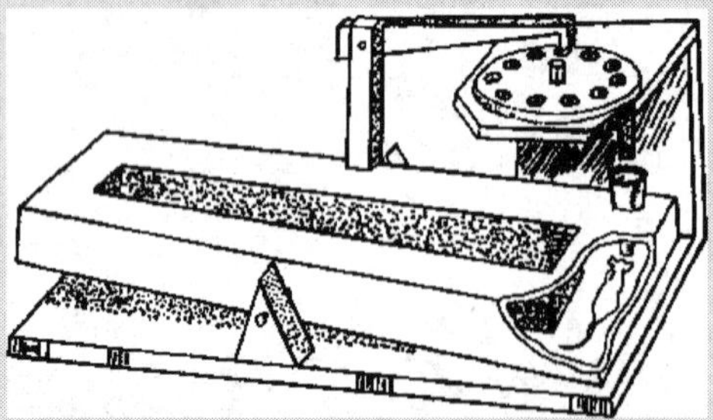

图5-4　早期的斯金纳箱

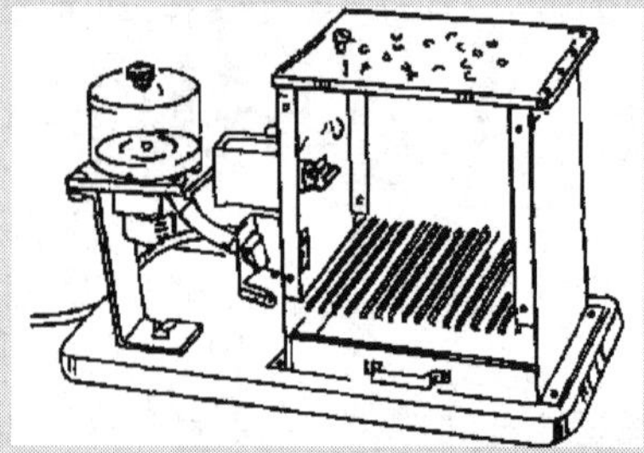

图5-5　20世纪30年代后的斯金纳箱

资料来源：https：//baike.baidu.com/item/伯尔赫斯·弗雷德里克·斯金纳/6009791？fr=aladdin.

斯金纳认为，强化物是指使反应发生的概率增加或维持某种反应水平的任何刺激，而强化则是利用强化物使某一操作反应的概率增加的过程。可以说，食丸的出现强化了白鼠按压杠杆的行为。斯金纳按照强化的性质将其分为正强化和负强化。如果呈现某一后继刺激物，有机体的操作性反应概率增加，那么该刺激所产生的作用称为正强化；如果撤走某一刺激物，有机体的操作性反应概率增加，那么该刺激所产生的作用称为负强化。比如，在白鼠按压杠杆获取食物的实验中，食丸就可以作为正强化物，电击则可以作为负强化物。斯金纳认为，正强化和负强化都是人类学习中经常使用的方法。比如给予微笑、赞扬、奖品以及提供学生喜欢的活动等，都可以对教师希望学生学会的某种行为或本领进行正强化，而收回批评、停止打骂、取消学生不感兴趣的活动等都是在对上述行为进行负强化。

惩罚与负强化是两个不同的概念，前者导致反应概率降低，后者导致反应概率增加。

（四）班杜拉的社会学习理论

“社会学习”这个概念是由班杜拉第一次提出来的。班杜拉认为，个体可以通过观察他人的行为学到新的行为反应，强化并非增强行为出现的频率，而是为个体提供了信息和诱因，使他认识到什么样的行为会导致什么样的后果。例如：某个学生看到别的同学因撒谎而被老师批评，就懂得撒谎行为是错误的，是不能学习的行为；看到别的同学因乐于助人而得到老师的表扬，就知道助人行为是可以模仿的、有价值的行为。班杜拉的社会学习理论强调观察学习和替代性强化。

案例分享

班杜拉的波波玩偶实验

在波波玩偶实验中，班杜拉和他的同事进行了一系列模仿行为实验。他通过该实验证实了观察和模仿在学习中的作用，并依此提出了社会学习理论。

案例分享：
班杜拉的波波玩偶实验

（五）认知学习理论——布鲁纳的发现学习理论

布鲁纳认为学生的知识学习，主要是通过类别化的信息加工活动，积极主动地形成认知结构或知识的类目编码系统的过程。学习的结果是形成认知结构，认知结构即反映事物间稳定联系的内部认知系统，是用来感知和概括新事物的一般方式，它是在过去经验的基础上形成的，并在学习过程中不断变动。因此，学习是一个主动形成和发展认知结构的过程。学生学习的核心内容，即教学的最终目标，是理解各门学科的基本结构。

布鲁纳认为应该采用发现式的学习，即学生独立获得知识的方式，是指学生通过独立地阅读书籍和文献资料，独立地思考而获得对于自己来说是新知识的过程。布鲁纳认为，发现学习的方式有利于学生直觉思维、批判性思维、创造性思维的发挥，有利于使外在动机转化为内在动机，提高学习的积极性，有利于发现最优方法和策略，有利于信息的保持和检索。

（六）认知学习理论——沃尔夫冈·柯勒的顿悟学习理论

1917年，沃尔夫冈·柯勒在《猿猴的智力》一书中发表了他的顿悟学习理论。

柯勒在非洲沿海的西班牙属地特纳里夫岛对黑猩猩的行为进行了深入的研究。他发现，当猩猩看到房顶上悬挂的一串香蕉时，试图跳起来抓取香蕉，但是失败了。以后，它就不再跳了，而是在房间中走来走去，仿佛在观察房间里的东西。过了一段时间，猩猩突然走到了地上散落的箱子面前，站着不动，过了一会儿，它把箱子挪到了香蕉的下面，跳到了箱子上，拿到了香蕉。柯勒发现，猩猩并不是通过尝试错误的方法来学习如何拿到香蕉的，而是突然学会了如何解决问题，这就是“顿悟”。人类在学习中也常常出现顿悟现象。在顿悟学习中，个体学到的东西不是刺激-反应间的一种特定的联系，而是手段和目的间的一种认知关系。

柯勒认为学习并不是简单的刺激-反应的联结，而是通过对学习情境中事物的理解构成一种完形来实现的，是通过有目的的主动了解而组织起来的一种完形。

（七）认知学习理论——托尔曼的认知地图理论

托尔曼认为外在的强化并不是学习产生的必要因素，不强化也会产生学习。

托尔曼以小白鼠学习方位的迷宫实验证明了自己的理论。迷宫有1个起点、1个食物箱和3条长度不等的从起点到达食物箱的途径。其中，途径1最短，途径2次之，途径3最长（见图5-6）。经过一系列的实验后，小白鼠学会了选择最短的那条途径。然后，托尔曼在最短的途径1的中途设立了阻塞点A，小白鼠只能通过最长的途径3才能取得食物。按照行为主义的理论，当小白鼠发觉途径1不通时，应绕回来再尝试途径2，但实际上小白鼠却立即选择了最长的那条途径。小白鼠能顿悟阻塞点将途径1与途径2同时关闭起来了。这说明小白鼠是根据对情境的“认知地图”来行动，而不是根据盲目的习惯，也不是依据途径的次序而形成的机械的奔走习惯来行动的。

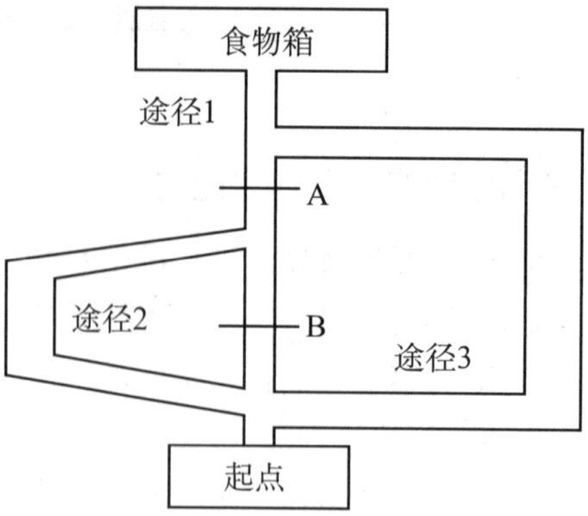

图5-6 托尔曼的三路迷津示意图

资料来源：陈红英、潘丽红．大学生心理健康教程［M］．武汉：武汉大学出版社，2008。

根据这一实验及许多类似的实验，托尔曼认为：(1) 学习是有目的的行为，而不是盲目的。因为有机体在达到目的的过程中，会碰到各种各样的情境和条件，它只有对这些情境和条件因素进行认知，才能学会达到目的的手段，并利用掌握的手段去达到学习的目的。(2) 托尔曼用"符号"来代表有机体对环境的认知，并且认为，学习者在达到目的的过程中，学习的是能够达到目的的符号及其所代表的意义，是形成了一定的"认知地图"，这才是学习的实质。(3) 在外部刺激 (S) 和行为反应 (R) 之间存在中介变量 (O)。他主张将行为主义 S-R 公式改为 S-O-R 公式，O 代表机体的内部变化。

(八) 人本主义学习理论

人本主义心理学是 20 世纪五六十年代在美国兴起的一种心理学思潮。其主要代表人物是马斯洛和罗杰斯。

人本主义心理学家认为，人的成长源于个体自我实现的需要。自我实现的需要是人格形成、发展与成熟的驱动力。所谓自我实现的需要，马斯洛认为是"人对于自我发挥和实现的欲望"，也就是一种使它的潜力得以实现的倾向。通俗地说，自我实现的需要就是"一个人能够成为什么，他就必须成为什么，他必须忠于自己的本性"。正是由于人有自我实现的需要，才使得有机体的潜能得以实现、保持和增强。

罗杰斯则把学习分为两类：一类是有意义的学习，一类是无意义的学习。无意义学习，是与学生的生活经验无关、无用的学习。学生要记住那些对自己毫无意义的内容，是一项很困难的任务。因为它们没有生气，枯燥乏味，无关紧要，是一种"在颈部以上"发生的学习。这类学习只涉及心智，不涉及感情或个人意义，与完整的人无关，因而很快就会忘记。罗杰斯提出，学校的教育和教学，对学生来说，应该是有意义的学习。有意义学习，是指一种使个体的行为、态度、个性以及在未来选择行动方针时，发生重大变化的学习。有意义的学习，是在真实情境下的学习。真实情境由于与学习者发生切身关系，会在学习兴趣和动机方面对学习过程产生较大的影响，可能促成较为有效的学习。真实情境学习也是一种体验性的学习。学习者在真实情境中去感受、去做、去行动，所学的东西对他有切实的个人意义，具有生存和发展作用，他的智力活动和情感活动交织在一起，全部身心都投入学习之中。因此，它是高效率的，是不容易忘记的。

拓展阅读：
奥苏贝尔的认知同化论

人本主义心理学家认为，人人都有学习的潜能。人生来就对世界充满了好奇心，总是怀着一种渴望发展和学习的心理。而教师的主要任务，就是激发学生的学习意识，降低学生的学习困难和痛苦，唤醒学生的潜在能力。

知识拓展

贾德：水下打靶实验

贾德曾做过一个著名的水中打靶实验，他把十一二岁的小学高年级学生分成 A、

B两组练习水中打靶。对A组被试者先教以光在水中的折射原理，而后进行练习，B组则只进行练习、尝试，而不教原理。当他们达到相同的训练成绩以后，增加水中目标的深度，结果继续打靶时，学过原理的A组的练习成绩明显优于未学过原理的B组。贾德认为这是因为学过原理的A组已经把折射原理概括化，从而对不同深度的靶子都能很快做出调整和适应，把原理运用到了不同深度的特殊情境中去。贾德认为："理论（指折射原理）曾经把有关的全部经验——水外的、深水的与浅水的经验——组织成整体的思维体系。他们（被试者）知道靶子在水中的移动速度不同，因而遇到第二种深度的水的时候就能有效地应对了。换言之，他们在理论的高度上把握和理解了实际情况后就能利用概括了的经验去迅速地解决需要按实际情况做分析和调整的新问题。"

根据迁移的概括化理论，对原理了解和概括得越好，对新情境中学习的迁移就越好。后来，亨德里克森等人曾改进了贾德的实验。他们把被试者分成三组而不是两组：第一组未进行任何的原理指导；第二组学习物理学的折射原理，知道水、陆之间物体的位置有折光差异，目标不在眼睛所见的位置；第三组则进一步加以指导，向他们解释水越深目标所在位置离眼睛所见的位置越远。第一次实验时靶在水深6英寸处，第二次靶在水深2英寸处。实验结果表明：在学习打靶时，由于第二组和第三组被试者了解原理，因此成绩优于第一组的机械练习；而第三组的成绩优于第二组更说明了对解决问题的学习与应用于新情境中的迁移，在了解原理原则与其实际应用情境的关系时，效果会更好。他们不仅进一步证实了贾德的理论，而且指出，概括化不是一个自动的过程，它与教学方法有密不可分的关系，如果在学习上注意如何概括、如何思维，就会增加正迁移出现的可能性。

资料来源：https：//baijiahao. baidu. com/s? id=1573496523421849&wfr=spider&for=pc.

经典故事

罗森塔尔实验

1968年的一天，美国心理学家罗森塔尔和助手们来到一所小学，说要进行7项实验。他们从一至六年级各选了3个班，对这18个班的学生进行了"未来发展趋势测验"。之后，罗森塔尔以赞许的口吻将一份"最有发展前途者"的名单交给了校长和相关老师，并叮嘱他们务必保密，以免影响实验的正确性。其实，罗森塔尔撒了一个"权威性谎言"，因为名单上的学生是随便挑选出来的。8个月后，罗森塔尔和助手们对那18个班级的学生进行复试，结果奇迹出现了：凡是上了名单的学生，个个成绩有了较大的进步，并且性格活泼开朗，自信心强，求知欲旺盛，更乐于和别人打交道。

显然，罗森塔尔的"权威性谎言"发挥了作用。这个谎言对老师产生了暗示，左右了老师对名单上的学生的能力的评价，而老师又将自己的这一心理活动通过自己的情感、语言和行为传递给了学生，使学生变得更加自尊、自爱、自信、自强，从而使各方面得到了异乎寻常的进步。后来，人们把因他人（特别是像老师和家长这样的"权威他人"）的期望和热爱而使自身的行为发生与期望趋于一致的变化的情况，称为"罗森塔尔效应"。

资料来源：https：//baijiahao. baidu. com/s? id=1573496523421849&wfr=spider&for=pc.

心理测试

成功倾向测试

成功倾向测试

这个测验不是向你提出什么难题，而是对你的成功倾向做出判断，使你对自己有个正确的评价和估计。二维码中的测试可以帮你了解自己的成功倾向大概处于什么水平。

复习巩固

测试题

单元二
大学生学习的特点与任务

金玉良言

百川东到海，何时复西归？少壮不努力，老大徒伤悲。

——《长歌行》

博学之，审问之，慎思之，明辨之，笃行之。

——《礼记·中庸》

大学阶段的学习与中学阶段相比，无论是学习的方法和内容，还是学习的目的和任务，都有了很大的不同。面对向往已久的大学生活，很多大学生感到茫然而不知所措，如何尽快从高中学习的惯性模式中解脱出来，适应大学学习的变化，成为大学生的当务之急。那么，大学生的学习究竟具有哪些特点？大学又有怎样的学习任务呢？

情境导入

有一位表演大师上场前，他的弟子告诉他鞋带松了。大师先点头致谢，然后蹲下来仔细将鞋带系好。等到弟子转身后，大师又蹲下来将鞋带解松。有个旁观者看到了这一切，不解地问："大师，您为什么又将鞋带解松呢？"大师回答道："因为我饰演的是一位劳累的旅者，长途跋涉让他的鞋带松开，可以通过这个细节表现他的劳累和憔悴。""那你为什么不直接告诉你的弟子呢？""他能细心地发现我的鞋带松了并热心地告诉我，我一定要保护他这种热情的积极性，及时给他鼓励。至于为什么要将鞋带解开，我将来还有更多的机会教他表演，可以下一次再说啊。"

人在一时只能做一件事，懂得抓重点，才是真正的人才。大学之于大学生来说，首要的事情便是学习。

资料来源：何冬梅，王丽娜．大学生心理健康教育教程［M］．北京：中国电力出版社，2010。

思考：

大学的学习有哪些类型？大学生学习的特点又是什么？

理论讲坛

一、学习的类型

学习是一种非常复杂的现象，学习内容广泛、形式多样，学习的深度和层次也不尽相同。因此，心理学中对学习的分类也是多角度的。

（一）我国学者对学习的分类

我国学者将学习分为三类，即知识学习、技能学习（包括智力技能的学习）和道德品质或社会规范的学习。这种分类比较笼统，是我国学者依据过去教育工作的实际需要和教育内容的特点提出的一种分类方法，它已随着学习分类研究的发展逐渐被新的分类取代。

（二）布鲁姆对学习的分类

布鲁姆根据学生在课堂上发生的学习进行划分，将学生的学习分为认知、情感和动作技能三大领域，每一领域的学习又由低级到高级分成若干层次。认知学习分为六个层次，即知识、领会、运用、分析、综合和评价；情感学习分为五个层次，即接受（注意）、反应、评价、组织和价值的性格化；动作技能学习分为四个层次，即整个身体的运动、细致动作的协调、非言语沟通和言语行为。

（三）加涅对学习的分类

加涅根据学习结果，将学习分为言语信息的学习、智慧技能的学习、认知策略的学习、态度的学习和动作技能的学习五种类型。

（四）安德森对学习的分类

安德森认为在信息加工过程中人们获得了两类知识：陈述性知识和程序性知识。陈述性知识是关于事物及其关系的知识，或者说是关于“是什么”的知识，它包括事实、规则、发生的事件、个人的态度，对这类知识的学习就是陈述性知识的学习。程序性知识是关于“如何做”的知识，它是一种经过学习自动化了的关于行为步骤的知识，表现为在信息转换活动中进行具体操作，对这类知识的学习就是程序性知识的学习。

二、大学学习的特点

微课：
关于大学的学习

大学学习与中学学习相比，表现出明显的不同：

（一）学习内容的专业性

中学属于基础教育阶段，中学生是不区分专业的，学生主要是按年级划分的。各年级开设的主要课程基本相同，只是程度有差异，学生对开设的各门课程都必须学习。而大学则不同，大学是专业教育阶段，学生首先是按专业划分的，大学生在入校前或入校后一段时间内必须根据自己的兴趣、爱好以及特长选择一定的专业。各专业在课程设置、教学内容、教学安排以及培养目标上存在较大差异。大学生一旦选定了专业，确立了主攻方向，就必须对该专业知识有较深入的了解和掌握，以适应学校培养专门人才的目标需要。同时，大学生只有在侧重本专业知识学习的同时，广泛涉猎各学科领域，才能扩大自己的知识面，才能实现“一专多能”，以便更好地适应社会对人才的需求。

案例分享

白娜的大学学习生涯

白娜是天津美术学院中国画系2006级本科生。2008年，她创作的中国画作品《奥运之光》参加了由国际奥组委和中国文化部共同主办的“2008奥林匹克美术大会”，获得了“青年艺术贡献奖”。作品被国际奥组委永久收藏并在美国、希腊等地进行国际巡展。国际奥委会主席罗格和名誉主席萨马兰奇为获奖者颁发奖杯，白娜是获奖者中唯一的在校大学生。另外，她的中国画作品《仲夏夜之梦》、篆刻作品《风·雅·颂》（系列），也受到了国内外专家和各界的好评。专家们对作品中的中国文化内涵和艺术精神给予了高度评价。白娜说，天津美术学院是一所百年名校，深厚的内涵和学术传统熏陶着自己。在校期间，她系统地学习专业知识，广泛阅读经典名著，学好每门课程，认真完成作业。为了提高专业水平和学识，她经常利用业余时间和假期到各地的博物馆、美术馆观摩和学习历代名品真迹，北京、上海、浙江、陕西、河南等很多地方都留下了她的足迹。在观摩历代藏品及国外优秀艺术品时，她学习临摹，做考察笔记，认真总结研究，汲取古代智慧用于当代创作。除了在艺术上不断追求，她还尽自己所能回报社会、奉献爱心，积极参加捐款、献血活动。大学时期是人生观、艺术观、价值观、理想和信念形成的关键时期。白娜注重学习古典哲学、艺术哲学和美学，注重吸收学科前沿知识，注重学习中国古代艺术的精华，全面提高了自己的综合人文素质。

资料来源：王晓春，王国炎．大学生心理健康教育［M］．北京：中国商务出版社，2009。

（二）学习途径的多样性

大学学习的途径是多种多样的，课堂教学虽然仍是主要的学习途径，但已不像中学那样几乎是唯一的途径。除课堂教学以外，大学生可以通过各种途径和渠道开展多方面的学习，如专题讨论、社会调查、参观考察、文献资料查阅等。丰富多彩的学习活动为拓宽大学生的知识面、提高大学生的实践能力提供了良好的条件。

案例分享：
大学生熊猛的学习方法

（三）学习活动的探索性

探索性是指大学生在学习过程中对书本结论之外新观点的寻求和钻研。大学学习具有研究和探索的性质。大学的课堂教学已从阐述既定结论，逐步转变为介绍各学派理论的争论、最新学术动态等。学生的学习方式和思维方式从死记硬背、正确回忆教学内容逐渐向汇集众家之长、确立个人见解的方向转变。这就要求大学生不但要掌握所学的知识，而且要掌握知识的形成过程，了解学科和专业发展状况、存在的问题以及解决这些问题的可能性，把握学科的研究方法，培养独立思考、探索创新的精神。死记硬背、墨守成规、缺乏灵活性和创造性的大学生将会较多地感到压抑和不适应。

（四）学习过程的自主性

学习的自主性主要表现在自觉性和能动性两个方面。大学生自主支配的时间较多，并且在教学以外的时间，授课教师和班主任或辅导员一般不对学生学习什么和怎样学习做出具体规定，学生可以根据自己的需要、兴趣、特点自主安排，并且可以自由选择教室、阅览室、图书馆或者宿舍进行学习，老师也不再跟班检查督促。这就需要大学生具有高度的学习自觉性，否则大量的时间就会白白浪费。此外，大学生自由支配的时间较多，这就需要其充分发挥主观能动性，统筹规划，合理安排自己的学习内容，选择适宜的学习方式，以便在有限的时间内获得较高的学习效益。

案例分享：
清华双胞胎学霸姐妹

三、大学学习的任务

大学学习的主要任务是学会学习。美国心理学家莫里斯·比格指出："学校的效率大半依学生们所学材料的数量和质量而定。因此，学习迁移是教育最后必须寄托的柱石。"我国著名的教育家叶圣陶也曾说："教是为了不需要教，就是说咱们当教师的人要引导他们，使他们能够自己学，自己学一辈子，学到老。"这些观点说明，教师在教学过程中应教会学生如何学习，不仅要使学生掌握知识、形成技能，还要使学生能够在新问题或新情境中应用知识，在掌握学习迁移技巧和学习策略的基础上自主学习。

（一）学习迁移及其培养

学习是一个连续的过程，任何学习都是在学习者已有的知识经验、认知结构、动作技能及习得的态度等基础上进行的。而新的学习过程及结果又会对学习者的原有知识、经验、技能和态度乃至学习策略等产生影响，这种新旧学习之间的相互影响就是学习迁移。简单地说，学习迁移就是指一种学习对另一种学习的影响，或习得的经验对完成其他活动的影响。例如：学会骑自行车有助于学习驾驶摩托车。迁移广泛存在于各种知识、技能与社会规范的学习中。日常生活中的动作技能、知识、态度都可以产生迁移。

有意识地教大学生一些学习策略将有助于其学会如何学习，从而促进学习的迁移。学习方法的学习大致包括以下方面，即学习为课题或解决问题制订方案，有效观察、分类、记忆、归纳、概括等的策略和方法，图标阅读、工具书使用的方法，在学习过程中的自我调节与自我监控。在学习方法的学习和训练过程中，大学生应不断地总结自己的学习经验，在同学之间开展学习方法和经验的交流，多参加座谈会、报告会等，以便尽快掌握能促进积极迁移的学习方法。

（二）学习策略及其训练

学习策略是学习者为了提高学习的效果和效率，有目的、有意识地制订的有关学习过程的复杂的方案。心理学对学习策略的研究时间还不长，但大量的研究结果却表明，学习策略对学习起着积极的促进作用。掌握一定的学习策略，如复述策略、精加工策略、组织策略和思维与解决问题策略等，有助于提高学习效果。

1. 复述策略

复述策略是指在工作记忆中为了保持信息，运用内部语言在大脑中反复重复学习材料或刺激的策略。例如：为了将一个电话号码保持在短时记忆中，我们会口头重复这个号码，这是对所需记忆材料的维持性复述。

2. 精加工策略

精加工策略是一种深加工策略，是指人们为了更好地记住所学的知识而对学习材料作充实意义性的添加、构建和生成。即把所学的新信息和已有的知识联系起来，以此来增加新信息的意义。精加工策略可以分为两类：一类是当学习材料本身意义性不强时，可以采用人为联想策略，牵强附会地赋予意义，以帮助记忆；另一类是用于意义性较强的学习材料，称为生成策略或内在联系策略。形象联想法、谐音记忆法、歌谣口诀法等都是人为联想策略，而在学习过程中做摘录或画线、列提纲与标题、提问、记笔记等都适用于意义性较强的学习材料，是常用的生成策略。

3. 组织策略

组织策略是指整合所学新知识之间、新旧知识之间的内在联系，形成新的知识结构的策略。组织实质上也是一种编码过程，只不过它比编码更深、更复杂，层次更高，是对信息进行的深加工。组织策略主要由叙事策略、关联策略（包括部分、类别、类比、特征、证据等联系）、聚类策略和概括策略组成，运用这些策略有助于学生对学习材料的理解和形成较为清晰的知识网络。

4. 思维与解决问题策略

思维与解决问题策略是指一般性的较普遍使用的思维方法，它不同于解题思路，但它指引着具体的解题思路。根据国内外研究，可以将思维与解决问题的过程分为表征问题、解答问题、思路总结三个阶段。

知识拓展

与名人一起探讨学习方法

一、孔子谈学习方法

我国古代伟大的教育家孔子在学习方法上主张“学而时习之”“温故而知新”。他要求学生在学习时将学与思结合，提出“学而不思则罔，思而不学则殆”。就是说，如果光学习而不积极思维，就会迷茫而不知方向；如果思维不以学习为基础，就会流于空想，带来知识上的危机。因为学习是人类独特的活动，是人类知识的继承性活动。这种继承不能只是简单地照搬和模仿，只有独立思考、学思结合，才能在接受前人知识的基础上，有所创造、有所发展。

二、祖冲之的学习方法

我国南北朝时期的数学家祖冲之的学习方法是“搜烁古今”。搜是指搜索，博采众长，广泛地学习研究；烁是指销熔，把各种主张拿来研究，经过自己的消化，并有所提炼。他自己就是用这样的方法进行学习和研究的，最后创立了自己的学说。因为他的几代祖先都在中国的南方做官，而且有几代人研究历法，其祖父掌管土木建筑，又懂得一些科学技术，故祖冲之从小就有机会接触家传的科学知识。他除了思维敏捷、勤奋好学外，还有好的学习方法，所以博览群书，广采各家精华。同时，他不因循古法、墨守成规，而是主张在实践中去检验理论的正确性，遂在天文历法、机械和数学三个方面取得了杰出的成就。

三、朱熹提倡的学习方法

朱熹是宋代著名的理学家，是中国历史上著名的哲学家和教育家。他总结历史上一些名家的治学经验，并结合自己的深刻体会，提出了一些重要的学习方法。

一是学习要有志向才能学而有成。朱熹曾说：“立志不定，如何读书。”也就是说，没有远大的志向和抱负，就会失去学习的动力。这也是学习中最为关键的。那么，读书人应该立下什么样的志向呢？他认为：“凡人须以圣贤为己任。”即使是普通人也要把自己的读书志向定在成为圣贤上。为什么要定这么高呢？因为一个人如果没有成为圣贤的志向，就不可能是真正求学的人。这种高标准、严要求的思想是值得我们重视的。

二是学习时要注意找源头。朱熹说：“学须先理会那大底。理会得大底了，将来那里面小底自然通透。”也就是说，只要掌握了学习的要领，理清知识的源头，就能把知识学深、学透。他说：学习就像盖一座大房子一样，一定要先打好基础，然后才能在基础上盖房子。如果没有基础，即使是买来的梁、檩再粗、再大也没用，在别人的基础上盖起来的房子终归不是属于自己的。如果找到了知识的源头，那么做学问将是一件很容易的事。到这一步时，“问学如登塔，逐一层登将去。上面一层，虽不问人，亦自见得”。

三是要过好开头关。读书最难的是开头，如果突破了这个难关，后面的困难会越来越少，慢慢就会进入一帆风顺的境界。朱熹曾这样说：“读书之法……始初一书费十分工夫，后一书费八九分，后则费六七分，又后则费四五分矣。”当读书经过一段时间的积累后，将会变成越来越容易的事。

四是读书要从每一个小问题、每一本书入手。他认为：“圣人教人，不是理会一件，其馀自会好。须是逐一做工夫。”也就是说，对每一件事、每一本书都要认真地去学习、去研究，从而掌握完整的知识，以便从已知的知识中学会未知的知识，进而理解万事万物的道理。

朱熹把自己读书的心得归纳为六个字：心到、眼到、口到，即“读书三到”。每个做学问的人都应该认真体会朱老夫子的这套理论。

四、爱因斯坦的学习方法

爱因斯坦少年时智力发展迟缓，小学和中学时，老师认为他是“笨头笨脑的孩子”。也许是他 12 岁时第一次读到欧氏几何的书，书中严密的逻辑推理给他留下了深刻印象，激发了他对数学的学习兴趣。1896 年，17 岁的爱因斯坦进入瑞士联邦理工大学学习理论物理，1902 年到伯尔尼专利局工作。这段时间里，他经常和伯尔尼大学哲学系的学生索洛文等 5 人在一起阅读各种书籍，自由讨论各种问题。他们阅读了休谟、马赫、庞加勒、黎曼、狄更斯等许多名家的作品，有时只念半页甚至只念了一句，就争论起来。他们亲切地称这种聚会为“奥林匹亚科学院”。这种“疯子式”集会，使他的思维十分活跃。1902 年，他发表了第一篇论文。1905 年，年仅 26 岁的爱因斯坦发表了 5 篇极为重要的论文，提出了光量子假说和狭义相对论，并通过对布朗运动的研究证明了原子的存在。1916 年，他完成了广义相对论，取得了巨大的成就，被科学界誉为“人类历史上一颗明亮的巨星”。

经典故事

阿基米德与皇冠

公元前 3 世纪，希腊国王交给一位工匠一些黄金，让他做一顶皇冠。皇冠做好之后，国王看了总感觉有些不对，怀疑工匠可能偷工减料。国王称了一下皇冠的重量，发现重量并没有比他给工匠的黄金少。但国王还是不放心，猜想可能是工匠在皇冠里掺入了白银。于是国王就请来当时的大科学家阿基米德来帮助他检查一下皇冠里是否掺杂了其他金属。阿基米德很为难。他知道每一单位体积的黄金和白银各有多重，并且他也知道皇冠的重量，现在他如果知道皇冠的体积，那跟黄金和白银对比一下，马上就可以判断出皇冠到底是不是纯金的，但是他如何才能知道皇冠的体积呢？他总不能把做好的皇冠熔化了之后再测量吧。就这样，阿基米德想了好些天，还是没有好办法。有一天，他去洗澡，当他看到自己的身体进入浴盆后，浴盆里的水溢了出来，他马上就想到该如何测量皇冠的体积了。他兴奋得连衣服都忘了穿就跑了出来，高喊着：“我发现了，我发现了！”

在这个故事里，阿基米德究竟是如何发现测量皇冠体积的方法的？思维及思维的规律会帮助我们去认识事物和解决问题。

资料来源：http://baijiahao.baidu.com/s?id=1602941439554994032&wfr=spider&for=pc.

心理测试

测测你的自学能力

自学是一种获取知识的重要能力。据考察，人一生的知识，有 3/4 是在离校以后靠自学得来的。一个人自学能力的强弱，关乎他的志向、毅力、情趣和气质，能决定他的知识水平和工作能力的高低。同学们，你的自学能力如何呢？你了解自己的自学能力吗？你可以扫描二维码，测测自己的自学能力。

测测你的自学能力

复习巩固

测试题

单元三
大学生学习中的心理困扰及调适

金玉良言

未来的文盲不再是不识字的人，而是没有学会怎样学习的人。

——埃加·富尔

在大学里，有相当数量的大学生存在程度或轻或重、持续时间或长或短的学习困难。导致学习困难的原因虽有很多种，但研究结果表明，心理障碍是主要的原因。常见的心理障碍有缺乏学习动力、学习动机过强、学习焦虑、学习疲劳等。因此，认识大学生学习中的各种心理困扰并适时地进行调适，对大学生来说是至关重要的。在本单元，我们将围绕大学生学习中常见的心理困扰以及调适的方法展开论述。

情境导入

王某，男，19 岁，某高校大二学生，优秀班集体班长。学习能力强，学习不吃力，但总感觉学习“没劲”。目前，他所选的各门课程都不用上课，只需临近考试时花个两三天就可考出较好的成绩，剩下的时间没事可干，只能找朋友、同学聊天，现在对聊天他也不感兴趣了。

资料来源：陈红英，潘丽红．大学生心理健康教程［M］．武汉：武汉大学出版社，2008。

思考：

王某出现了什么心理问题？是什么原因让他感觉学习“没劲”？

理论讲坛

微课：如何面对学习中的心理困扰？

一、大学生学习常见的心理困扰

大学生在学习中，有许多与学习有关的心理问题与困扰，我们将针对大学生中普遍存在的学习动机不当、注意力不集中、考试焦虑的问题进行分析。

（一）学习动机不当

学习动机不当包括学习动机不足和学习动机过强，这二者都会影响大学生的学业效能感。学习动机不足主要表现在：无明确的学习目标，为学习而学习，甚至厌倦学习和逃避学习。学习动机过强主要表现为：成就动机过强，奖励动机过强，学习强度过大。

大学生学习动机不足的原因主要有：学习动机不正确，社会责任感不强，价值观念不强，学习态度不端正，学习毅力不强，对专业不感兴趣，对自我的学业期望不足，学业自我效能感低，等等。

大学生学习动机过强的原因主要有：个体学业期望过高，自尊心强，对自己的学习能力缺乏恰当的估计，因而造成学业自我效能感下降，心理压力大，渴望学业成功而又担心学业失败，受表面的学业动机的驱使，渴望外在的奖励与肯定，特别是由于学业优秀带来的心理满足使学生更看重自己的学业优势，因而造成学习强度过大，引起心理疲劳。

案例分享

小王的学习困惑

某财经大学三年级学生小王，各方面都非常优秀，对自己要求很高。在大学里，他进行了认真细致的职业生涯规划：成绩要拔尖，二年级通过大学英语六级考试和托福考试，三年级加入中国共产党，与此同时锻炼自己各方面的能力。于是，他像一只陀螺飞速运转着，珍惜大学时光的分分秒秒。他相信，付出总有回报。可是不久他发现自己离目标越来越远，感到自己在学习上的优势正在慢慢消失，自信心也受到了打击，他开始为未来担忧。他该怎么办？

资料来源：陈红英，潘丽红．大学生心理健康教程［M］．武汉：武汉大学出版社，2008。

（二）注意力不集中

注意力是心理活动对一定对象的指向，具有指向性、选择性和集中性。注意力是人类学习的前提，在大学生学习过程中具有极其重要的意义。

大学生注意力不集中的主要表现有：上课不能专心听讲，常常开小差，眼睛盯着黑板却心猿意马；易受环境的干扰，教室外的小动静都能引起注意力的转移，并且长时间不能静心；等等。

大学生注意力不集中的主要原因有：青年时期由于发展任务多，导致压力与心理冲突加剧；生活事件导致心理应激，如考试失败、家庭发生重大变故、经济困难、评优失败、失恋、宿舍关系失和等造成的思想负担重、精力分散；学习动机不足，缺少压力与紧迫感；等等。

案例分享

小杨的学习困惑

小杨考上了自己喜欢的会计专业，但是在高手如云的大学里，他逐渐失去了中学时的学习优势，仅成为会计专业的一名普通学生。他不甘心，事事都争取第一。于是，他不遗余力地投入学习。按理说这是好事，但是他一遇到看不懂的内容就烦躁不安、焦虑无比，学习成绩非但没有提高反而下降了不少。他开始整夜不能入睡，每天不能专心地上课，严重影响了学习。这是学习动机过强造成的不良后果。

资料来源：宋保萍．大学生心理健康教育［M］．西安：西安电子科技大学出版社，2007。

（三）考试焦虑

据调查，10%～15%的大学生对考试存在不同程度的焦虑，而学习基础比较差、性格比较内向、学习方法不够灵活的大学生最容易出现考试焦虑问题。

考试焦虑的具体表现有：情绪上表现为担忧、焦虑、烦躁不安；认知上表现为注意力不集中、记忆力下降、看书效率低、思维僵化；行为上表现为坐立不安、手足无措；身体上表现为头痛、食欲下降、恶心、心慌、睡眠不好；等等。具有高度考试焦虑心理的学生在考前还会出现明显的生理和心理反应，如过分担忧、恐惧、失眠、健忘、食欲减退、腹泻等症状；在临考时心慌气短、呼吸急促、手足出汗、发抖、频频上厕所、判断力下降、大脑一片空白；个别学生在考场上出现看不清题目、看错题目、漏题、动作僵硬、手不听使唤、笔误等情况。

案例分享

小敏的学习问题

大二女生小敏的父母都是国家干部，她自幼受到比较严格的教育，对自己的要求一向很高。从小到大她由于一直严于律己，学习上刻苦努力，因此成绩一直名列前茅。进入大学以后，父母对她寄予了很高的期望，她也给自己立下了学习成绩必须进前三名的军令状。可面对日益临近的期末考试，小敏开始变得紧张不安、心烦意乱，并且晚上经常失眠，学习效率明显下降。同学们经常安慰她，但她的焦虑状况并没有得到改善，反而愈演愈烈，并且严重影响了自己的情绪，以致经常无缘无故发脾气或哭泣。显然，小敏现在的状况与她不当的学习动机和考试焦虑心理有关。

资料来源：孙英华．大学生心理健康教程［M］．北京：北京理工大学出版社，2012。

二、大学生学习心理困扰的自我调适

（一）学习动机不当的自我调适

学习动机不足的自我调适方法：一是正确认识学习的价值与目标，重新规划学业与人生；二是调整心态，以积极的心态对待学习特别是学习中遇到的挫折与困难，用自身的意志战胜惰性；三是改进学习方法，提高学习效率与学业自我效能感，提高学业的自我价值与社会价值。

学习动机过强的自我调适方法：一是正确认识自己的潜质，制定恰当的学业目标与学业期望，调整成就动机，与此同时，脚踏实地，循序渐进，不好高骛远；二是将表面的学习动机转变为深层的学习动机，淡化外在奖励特别是学业成就的诱因，正确对待荣誉与学业成绩；三是端正学习态度，树立远大理想，保持旺盛的学习热情，坚持不懈。

（二）注意力不集中的自我调适

一是学会转移注意力，遇到生活应激事件与挫折，能够尽快从中解脱出来；二是适当强化学习动机，保持适当的学习压力与学习焦虑，并进行积极的自我激励与自我暗示；三是养成良好的学习习惯与生活习惯，保持旺盛的精力；四是选择理想的学习环境，减少与学习无关的活动，并进行适当的自我监控。

拓展阅读：正念疗法的6种简短练习

（三）考试焦虑的自我调适

1. 充分的复习准备

80%的人的考试焦虑是由复习准备不充分引起的，因此，牢固掌握知识是克服考试焦虑的根本途径。

2. 正确评价自我，确立恰当的学业期望，培养自信心

正确对待考试结果，不以一次成败论英雄。过于担心、焦虑非但于事无补，反而会影响自身水平的正常发挥。

3. 学会放松

放松的方法有很多，例如：(1) 以舒适的姿势坐好，保持身体两边的平衡；(2) 用鼻子深深地、慢慢地吸气，再从口中慢慢地呼气；(3) 想象身体各部位的放松，放松的顺序：脚、双腿、背部、颈、手心。可以放一些轻音乐，想象自己正赤脚走在轻柔的海滩上，暖暖的阳光照在身上，感受着海风的轻轻吹拂，听着海浪拍打海岸的声音，从而达到放松的目的。

知识拓展

动机强度定律

人们常常认为，学习动机越强，对学习活动越有推动作用，但事实却并非如此。有时，超过一定强度的学习动机，反而会导致学习效率下降。心理学家耶克斯

(R. M. Yerkes) 与多德森 (J. D. Dodson) 的研究表明，任何任务或活动都有其“最佳动机水平”，活动效率在此水平上达到最高。在最佳动机水平范围之内，效率随动机的增强而提高，超过最佳水平，效率反而随动机的增强而下降。研究还表明，对于不同难度的活动，其动机的最佳水平是不一样的。容易或简单的活动及任务，譬如背诵英语单词、抄写课文、练习打字，所需要的动机要强一点；而困难或复杂的活动及任务，譬如解答数学难题，需要的动机就要弱一点，过强的动机会导致焦虑，从而降低学习效率。图 5-7 为耶克斯-多德森定律图。

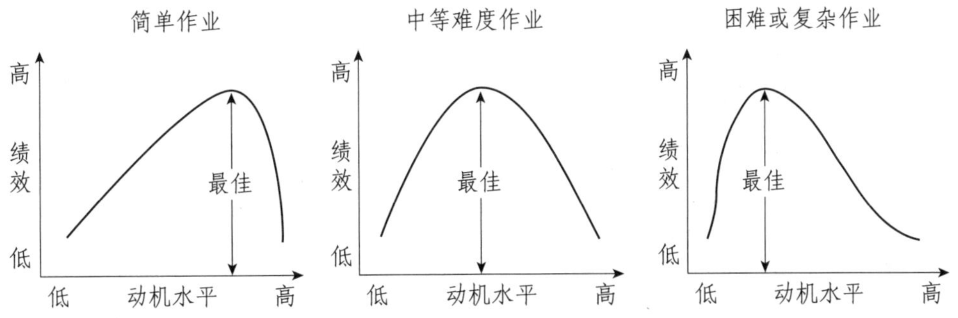

图 5-7 耶克斯-多德森定律

资料来源：黄小梅．大学生心理健康教育［M］．北京：人民邮电出版社，2014。

经典故事

关于学习的小故事

孔子学琴

孔子学琴，锲而不舍，学习一首琴曲，不但要会弹，还要进入更深的层次里。即使师襄说可以了，要教孔子别的，但孔子认为自己还不算真正学会。

于是，孔子不断深入，从会弹，到掌握技巧，再到了解它的意趣，进而去领会曲子所描述的人物。看到孔子如此专心致志、刻苦钻研的学习态度与锲而不舍的求学精神，真是让我们深受感动。

这个故事告诉我们：学习需要用心专一，深入其中。倘若停留在表面，或是深入得不彻底，就很难领悟其中更深的道理。

学习不是为别人学，是为我们自己学，为更好地掌握知识、提升能力、服务社会而学。因此，真正有志于学习的人，会用心投入、深入下去，不会轻易带过或是半途而废。

以渔夫为师

一天，孔子与学生在树林里休息，孔子听到河边的渔夫说的话很有深度，立刻走到渔夫面前，尊敬地拜了拜他，说：“我从小就开始求学，现在都 69 岁了，还没听过如此高深的教导，因此来向您请教。”

渔夫毫不客气地阐述了自己的见解。孔子听了很受启发，不断地点头。最后，孔子谦卑地对渔夫说：“遇到先生真是我的幸运，我愿意做您的学生。”

学而不厌，诲人不倦

孔子以好学著称，对于各种知识都表现出浓厚的兴趣，因此他多才多艺，知识渊博，在当时是出了名的，几乎被当成无所不知的圣人，但孔子自己不这样认为，孔子曰：“圣则吾不能，我学不厌而教不倦也。”

孔子学无常师，谁有知识，谁那里有他所不知道的东西，他就拜谁为师，因此他说：“三人行，必有我师焉。”

学习与人为善

孔子创立了以仁为核心的道德学说，他自己也是一个很善良的人，富有同情心，乐于助人，待人真诚、宽厚。“己所不欲，勿施于人”“君子成人之美，不成人之恶”“躬自厚而薄责于人”等，都是他的做人准则。

子曰：“吾十有五而志于学，三十而立，四十而不惑，五十而知天命，六十而耳顺，七十而从心所欲，不逾矩。”这是孔子对自己一生各阶段的总结。

拜见老子

老子见孔子千里迢迢而来，非常高兴。问孔子：“你已经得道了吧？”孔子说：“我求了二十七年，仍然没有得道啊。”初次会话之后，老子又引孔子访大夫苌弘，并且引领孔子观祭神的典礼，察宣教的地方和庙会的礼仪，使孔子感叹不已、获益不浅。

孔子说：“我见到老聃，觉得他的思想境界就像遨游在太虚中的龙，使我干张嘴说不出话，舌头伸出来也缩不回去，弄得我心神不定，不知道他到底是人还是神啊。老聃，真吾师也！”

资料来源：https：//zhidao. baidu. com/question/552169078. html.

心理测试

考试焦虑自测

考试焦虑是人因面临考试而产生的一种心理反应，它是在应试情境刺激下，受个人的认知、评价、个性、特点等影响而产生的以对考试成败的担忧和情绪紧张为主要特征的心理反应状态。你的考试焦虑水平是什么样的？你可以扫描二维码进行测试。

考试焦虑自测

资料来源：许德宽，朱俊梅．大学生心理健康教育［M］．北京：清华大学出版社，2009。

复习巩固

测试题

模块六　学会交往，沟通无限

内容提示

本模块主要讲解人际交往、人际关系的含义，帮助大学生理解在人际交往和人际关系中可能出现的困扰。通过学习，大学生应掌握人际交往的基本原则、方法和策略，建立和谐的人际关系。

学习目标

1. 了解人际交往、人际关系的含义
2. 了解人际交往困惑
3. 掌握人际交往的技巧和方法
4. 建立和谐的人际关系

单元一
人际交往与人际关系概述

金玉良言

喜欢孤独的人如果不是野兽，那么就是神灵。

——亚里士多德

人是社会性动物，正如马克思所言：“人的本质不是单个人所固有的抽象物，在其现实性上，它是一切社会关系的总和。”进入大学之后，大学生面临新的环境、新的群体，如何适应新的生活环境，建立新的人际关系，恰当处理各种人际冲突，是每一个大学生需要面临的首要问题。良好的人际关系不仅是大学生心理健康水平、社会适应能力的重要指标，也是其今后事业发展与人生幸福的重要基石。

情境导入

人到底能承受多少孤独呢？1954 年，美国心理学家沙赫特·斯坦利曾经做过这样一个实验：以每小时 15 美元的酬金聘人到一间没有窗户，但有空调的房间里面住，房内有一桌、一椅、一床，此外别无他物。三餐由人送至门底下的小洞口，住在里面的人伸手就可以拿到食物。一个人住进这个房间后与外界完全隔离。有 5 名大学生参加实验。其中，1 人只待了 20 分钟就要求出来，放弃了实验；3 人待了 2 天；最长的一位待了 8 天。这个待了 8 天的人出来后说：“如果让我在里面再多待 1 分钟，我就要发疯了。”

资料来源：https：//www. shangxueba. com/ask/8321855. htm.

思考：

这个实验说明了什么问题？什么是人际交往？

理论讲坛

一、什么是人际交往

国外有的学者估计，人们在日常生活中，除 8 小时的睡眠时间以外，其余 16 小时中约 70%（10 小时左右）都在进行人际交往。那么，究竟什么是人际交往呢？

“交际”在英语中使用“communication”一词表达，其含义有通信、传达、交流、意见的交换等。

人际交往是指人与人之间相互传递信息、沟通思想和交流感情的联系过程，是人类活动最基本的一种形式。人际交往包括人际沟通、人际认知和人际互动。人际沟通是指交往主体之间的心理和行为的信息传达与接受；人际认知是指在沟通的基础上，通过信息交流达到互相了解和理解；人际互动是指双方在心理上和行为上的互相影响。

二、什么是人际关系

（一）人际关系的基本含义

从狭义上讲，人际关系即心理关系，是指在人际交往的基础上为了满足某种需要，依据不同的交往程度在心理上产生的情感体验和心理距离。

从广义上讲，人际关系是指人与人之间的一切关系，如政治关系、经济关系、文化关系、血缘关系、同学关系、同事关系等。

人际关系包括对交往对象的认知、情感和行为这三大心理要素。

（二）人际关系发展的四个阶段

1. 定向阶段

定向阶段涉及注意、选择交往对象，与交往对象进行初步沟通等方面的心理活动和行为。

2. 情感探索阶段

在情感探索阶段，彼此探索在哪些方面可以建立情感联系，使情感相互融合，以及建立安全感和信任。随着双方共同情感领域的发现，彼此间的沟通越来越广泛。但情感卷入程度不高，交往仍然很正式。

3. 情感交流阶段

在情感交流阶段，双方关系的性质发生了重要的变化，表现更为亲近和信任，共同的情感领域也不断扩大，沟通和交往的内容更多涉及私密内容。情感卷入较深，相互都有较大的投入，交往的模式超出正式访问，常常可以坦诚相待、直言相告。

4. 稳定交往阶段

稳定交往阶段表现为高度的心理相容和相互接纳程度很高。自我表露更深、更广，其心扉几乎向对方完全敞开，毫不掩饰；关系牢固，可以允许对方进入自己高度私密的个人领域。

（三）人际关系破裂的五个阶段

人际关系从融洽走向破裂，通常会经历五个阶段：

1. 分歧

人际关系的融洽度是由双方共同情感领域的广度决定的，而分歧正是共同情感领域缩小乃至消失的开端。

2. 收敛

沟通过程中的轻松和愉快开始消失，双方都开始注意沟通内容的选择，试图避免触及对方的敏感话题，交往开始存在压力。

3. 冷漠

交往双方开始放弃增进沟通的努力，交往的氛围冷淡，言语和非言语沟通都缺乏热情。

4. 逃避

随着关系的进一步恶化，双方尽可能相互回避，尤其是两人的单独相处，以避免尴尬和困窘，从状态来看就是相互疏远。此时，人们往往感到很难判断对方的情感状态和预测对方的行为反应，这也意味着双方的信任已经不存在了，因而交往更加小心翼翼。

5. 终止

这是冷漠、逃避和疏远的必然结果，因为此时，结束这段关系是让双方解除心理负担、减轻痛苦的唯一选择。

三、大学生人际交往的意义

（一）人际交往是大学生个性发展的需要

微课：人际交往重要吗？

心理学的研究结果表明，儿童与其照看者之间通过积极的交往形成稳定的亲密关系，是其心理乃至身体正常发展不可缺少的条件。与此同时，如果儿童缺乏与成人的正常交往及由此建立起来的亲密关系，不仅性格发展会出现问题，连智力也会出现明显障碍。

交往是个性发展与人格健全的必经之路。个体只有通过与其他个体发生联系，才可能学习社会知识、技能与文化，才能取得社会生活的资格。离开社会的交往环境，离开与他人的合作，个体是无法成为一个合格的社会人的。

案例分享

狼孩的故事

1919年，一个印度人在狼窝内救出了两个小女孩。小的约2岁，大的约8岁。

小的不久就死去了，大的却活下来，人们给她取名卡玛拉。卡玛拉刚开始被救出来之后，生活习性和狼一样，她像狼那样用四肢爬行，吃扔在地上的肉；害怕光亮、水、火；不穿衣服，给她衣服就把衣服撕破；白天睡觉，夜间活动，深夜时经常发出狼一样的号叫。

狼孩由于失去了与他人交往的最佳时期，失去了其作为“人”的成长环境，因而即使后来被发现，也已经很难成为一个正常的“人”了。“物以类聚，人以群分”，人有交往的需要，有合群的倾向。人生在世，需要与他人交流信息、沟通情感。当你有困难时，他人一句温暖的话语、一个真诚的拥抱，会令你倍感亲切、慰藉；当你取得成功时，与他人分享你的快乐与喜悦亦会令你开心、畅快。

（二）人际交往是大学生身心健康的需要

新精神分析学家卡伦·霍妮认为，神经症是人际关系紊乱的表现。人类的心理病态，主要源自人际关系失调。也就是说，人际关系紧张的人，不但事业会受阻，而且心情也不好，容易陷入极大的痛苦之中。

案例分享

南北差异带来的人际矛盾

小李从北方来到南方某省城的一所大学读书。临行前，在一家企业做人事主管的父亲反复告诫儿子：在大学里首先要和寝室的同学搞好关系，这样你的生活环境才会愉快，你在心理上才有归属感。进校后，小李时刻告诉自己父亲的话肯定有一定的道理，但是由于和同寝室的一名南方同学在对爱情的看法上相差甚远，经常斗嘴，导致彼此不服气，互相看不起，矛盾时有发生。而那位南方同学，用小李的话说，比自己更会处理人际关系。到最后，同寝室的其他同学都站到了自己的对立面，自己与寝室同学的关系开始变得紧张起来，其他人都不理解他，不信任他，少数同学甚至奚落他。小李对他们也充满怨恨和不信任，进而引发猜疑和反感，最后发展为只要有两位同学当着他的面嘀咕几句，他就认为他们是在说自己的坏话，心里十分苦闷。而那位南方同学却好像整天都过得很开心、很快乐。看到这一切，小李感到无能为力的同时又十分伤心，心胸开始变得狭窄，一度产生了退学的念头。学校老师对小李在人际交往技巧和艺术方面进行了辅导，小李对南方同学开始变得宽容，并试着改变和寝室其他同学的关系，慢慢地，小李的脸上又出现了灿烂的笑容。

从小李和南方同学的对比来看，可见人际交往对大学生心理健康的重要影响。小李因人际交往的紧张，使自己的心里充满了猜忌、嫉妒和对他人的不信任。

研究表明，如果一个人长期缺乏与别人的积极交往，缺乏稳定而良好的人际关系，那么这个人往往有明显的性格缺陷。在心理健康教育实践中，我们也注意到，绝大多数大学生的心理危机与缺乏正常的人际交往和良好的人际关系有关。在同一个宿舍里，同伴之间的心理交往状况，往往决定了一个大学生对大学生活的满意度。那些生活在没有形成友好、合作、融洽的人际关系的宿舍中的大学生，常常表现出压抑、敏感、自我防卫、难以合作的特点，情绪的满意度较低。在融洽的宿舍里生活的大学生，则以快乐、注重学习与成就、乐于与人交往和帮助别人为主。可见，人的心态与性格状况，直接受到人际关系状况的影响。

心理学家曾从不同角度做过大量研究，结果表明：健康的个性总是伴随健康的人际交往。心理健康水平越高，与别人的交往就越积极，越符合社会的期望，与别人的关系也越深刻。美国心理学家高尔顿·奥尔波特发现，个性成熟的人都同别人有良好的交往与融洽的关系，他们可以很好地理解别人，容忍别人的不足和缺陷，能够对别人表示同情，具有给人以温暖、关怀、亲密和爱的能力。

（三）人际交往是大学生成长成才的需要

大学时期是每个人成长过程中的关键时期，也是面临各种各样复杂人际关系的时期，大学生在这一时期的交往经验将会对其今后的成长产生重要影响。

中国特色社会主义新时代是人才辈出的时代，对于一个事业成功的佼佼者来说，若想在人才竞争中脱颖而出，靠得不仅是出众的才华，而且在于良好的适应社会生活的能力和人际协调的能力。在科技发展日新月异的时代，知识的更新换代极为频繁，每个人都需要不断地进行知识的补充与更新。但是，单个人的能力是有限的，光靠书本上的知识很难适应社会发展的实际需要，而积极的人际沟通与交往，是其获取新知识的有效途径。“独学而无友，则孤陋而寡闻。”对于青年大学生而言，他们虽然思想活跃、成就动机强，但是，由于社会经验的不足、知识的局限，他们在看问题时难免会出现偏差。因此，大学生彼此间的畅所欲言、互通有无，将会使他们在思想碰撞中产生新的火花，增长其对事业、人生、成功的积极看法。纵观科学发展史，不难发现：科学家之间的彼此合作，很有可能创造科学的奇迹。“控制论之父”诺伯特·维纳，在建立控制论早期，曾组织过一个科学方法讨论班，参加的人有数学家、物理学家、工程师、医生等。他们分别从不同角度对新理论进行发难、质疑、补充、完善，结果使原来的许多问题得以澄清。在现代社会，各门学科间的相互渗透越来越强，单靠一门学科的知识很难有大的成就。对于大学生来说，应该学会与不同学科的人才进行交流，从而在心灵上相互沟通、行为上相互协调，共同促进、共同提高。

知识拓展

感觉剥夺实验

1954年，加拿大麦克吉尔大学的心理学家进行了“感觉剥夺”实验：实验中，他们给被试者戴上半透明的护目镜，使其难以产生视觉；用空气调节器发出的单调声音限制其听觉；手臂戴上纸筒套袖和手套，腿脚用夹板固定，限制其触觉。被试者单独待在实验室里，几小时后开始感到恐慌，进而产生幻觉……在实验室连续待了三四天后，被试者会产生许多病理心理现象：出现错觉、幻觉，注意力涣散，思维迟钝，表现出紧张、焦虑、恐惧等。实验后需数日方能恢复正常。

这个实验表明：大脑的发育、人的成长和成熟是建立在与外界环境广泛接触的基础之上的。只有通过社会化的接触，更多地感受和外界的联系，人才可能更多地拥有力量，更好地发展。

资料来源：http：//www. 360doc. com/content/18/0302/07/49495457_733587385. shtml.

经典故事

六度分隔实验

1967 年，美国哈佛大学的心理学教授斯坦利·米尔格兰姆为了描绘一个联结人与社区的人际联系网而做了一个著名的连锁信实验。他招募了一批志愿者，随机选出其中 300 多名，请他们邮寄一封信函。信函的最终目标是米尔格兰姆指定的一名股票经纪人。由于几乎可以肯定信函不会直接寄达目标，米尔格兰姆就让志愿者把信函发送给他们认为最有可能与目标建立联系的亲友，并要求每一个转寄信函的人都回发一封信件给米尔格兰姆本人。出人意料的是，有 60 多封信最终到达了目标股票经纪人手中，并且这些信函经过的中间人的数目平均只有 5～6 个。也就是说，陌生人之间建立联系的最远距离是 6 个人。这就是著名的“六度分隔”假说，即最多通过 6 个人你就能够认识任何一个陌生人。

资料来源：http：//blog. sina. com. cn/s/blog_afa651e50102wc0s. html.

心理测试

你是个受欢迎的人吗？

请你根据自己的实际情况，如实回答二维码中的问题，然后对照分数统计表计算分数，再看分数对应的评语，你就会知道自己是否善于交朋友，以及人缘如何。

你是个受欢迎的人吗？

复习巩固

测试题

单元二
大学生人际交往中的心理障碍

金玉良言

要想得到别人的友谊，自己就得先向别人表示友好。

——爱默生

在大学生人际交往中，总是伴随着种种心理因素，其中：有些对人际交往是起积极促进作用的，如对自我和他人的正确认知、开朗乐观的性格、宽容大度的胸怀等；有些对人际交往是起阻碍作用的，如羞怯、猜疑、孤僻心理等。只有了解阻碍人际交往的心理因素产生的原因，并自觉消除这些心理障碍，才能有效地进行人际交往。

微课：
大学生人际交往中的心理障碍

情境导入

小磊开始了这样的叙述：我是个很内向的人，家住在农村，从小因为学习成绩好，所以父母就一心一意供我读书。我自己也很努力，整天就顾着学习，也不跟其他同学出去玩。

我们村里人都说我很乖，不贪玩，学习勤奋。后来我不负众望考上了大学，来到了离家很远的这座大城市。

可是开学后不久，我考上大学的喜悦和兴奋就荡然无存了。对于城市生活我很陌生，开始的时候我还小心地向同学提问，虽然同学们都会解释给我听，但是他们诧异的反应，比如“你连这个也没有听说过吗”之类的话语，让我心里很不舒服。后来，我就不敢再问了，与同学们的关系也渐渐疏远。有时候同学们主动邀请我参加活动，我也推托不去，因为我不想再出去丢人。

慢慢地，我的活动范围越来越小，从不出校门到不出宿舍，我开始自我封闭起来。同时，我感到心中的孤独感也变得越来越强烈，既不敢跟家里人诉说自己的孤独，也不知该如何摆脱自己的困扰。

我现在总觉得无法和舍友交流，就连平时吃饭、自习都是自己一个人，看着别人三五成群很是羡慕，而自己的心事和压力却越来越大，总觉得自己很孤独，后来发展到不想去上课、不想见人，每天都在宿舍里看书、睡觉，饿了就随便点一些外卖来吃，几乎是足不出户，我都想退学回家了。

思考：

小磊面临什么样的困扰？原因是什么？

理论讲坛

一、自卑心理

（一）自卑心理的含义

自卑感是一种因个人认为不如人而产生的轻视自己的不良心理，平常的表现是忧郁、悲观、孤僻。社交自卑感严重的人，大多性格内向，感情脆弱、多愁善感，常常自惭形秽，经受不住刺激，处事多采用回避的方式。

案例分享

我比你有钱，我来买单

小军和小强是大学同窗好友，毕业后来往密切，经常在一起聚餐。小强的家境、工作等都比小军好，每次吃饭都抢着付钱，时间长了，小军竟然认为是小强故意炫富。于是，心理失衡的小军起了杀心，残忍地杀害了小强，最后被法院以故意杀人罪判处死刑。

案例中的小军有着严重的自卑心理，同时自尊心也很强，不愿意接受别人的帮助，如此就很容易走向极端，仅仅因为同学比自己过得好，就要了同学的命。自卑是一种很软弱的复杂情感，有自卑感的人轻视自己，认为自己无法赶上别人。这种心理表现为对自己缺乏一种正确的认识，在交往中缺乏自信，办事无胆量，畏首畏尾，没有自己的主见，一遇到有错误的事情就认为是自己不好，这导致他们失去了交往的勇气和信心。

（二）自卑心理形成的原因

1. 自我认识不足

每个人总是以他人为镜来认识自己，如果他人对自己的评价过低，就会影响自己对自己的认识，从而过低评价自己，产生自卑心理。心理学家研究表明，性格内向的人往往容易接受别人的低评价而不愿意接受别人的高评价。在和别人的比较中，有些人往往容易用自己的短处去比他人的长处，而且越比越感觉不如人。这些人不认同自我的形象，觉得自己长得不好，或者是怀疑自己的能力，认为自己没有赢得别人尊重的本钱，于是产生了极强的失落感，原有的优越感一下子就成了自卑感。

2. 家庭经济条件较差

家境贫寒、生活拮据，容易使人感到卑微不如人。在大学里，部分学生出身贫寒、生活困难，往往因为自己家庭经济条件太差而感到自卑。近些年来，这方面引起自卑的大学生人数有增加的趋势。

3. 个体性格内向

气质抑郁、性格内向者大都对事物的感受性强，对事物带来的消极后果有放大倾向，并且不容易将其消极体验及时宣泄和排解。因此，外界因素对他们心理的影响往往要比对其他气质、性格类型者的影响大，他们产生自卑心理的可能性也相应增大。有自卑心理的大学生在经过一番努力后若无效果，便会泄气，认为自己不行，于是变得自卑起来，并对社会产生恐惧感，无法正常接触社会上的人。

（三）自卑心理的主要表现

大学生自卑心理的主要表现是对自己能力、品质的评价过低，同时可能伴有一些特殊的情绪体验。

1. 敏感

过分敏感，自尊心强。非常希望得到别人的重视，唯恐被人忽略，过分看中别人对自己的评价，任何负面的评价都会导致内心激烈的冲突，甚至扭曲别人的评价，别人不经意的一句话，都会在其内心引起波澜，导致其胡乱猜疑。

2. 失衡

各种原因造成的弱势地位，使得他们在社会的方方面面都体验不到自身价值，甚至还会遭到强势群体的厌弃。自我价值感是一个人安身立命的根本，丧失自我价值感的体验，会使他们心态失衡，陷入恶性的心理体验之中。如果走不出这个心理阴影，就很难摆脱现实的困境。受到别人欺负时，他们也认为是正常的，非常认同自己的弱势身份，这种强烈的自卑心理极易导致自杀行为。

3. 情绪化

有着自卑心理的人在表面上好像逆来顺受，然而过分压抑恰恰集聚了随时爆发的能量。由于缺少应对能力，因此失业、患病、失恋等很容易导致心理压力，当受到不公平的待遇时，他们难以忍受别人瞧不起自己，往往产生过激言行。

（四）自卑心理的调适

1. 正确认识自己，提高自我评价

每个人都有各自的优点和缺点，有自卑心理的人，首先要正确认识自己，提高自我评价水平，善于发现自己的优点，肯定成绩，以此激发自己的自信心，不要因为自己某些缺点的存在而把自己看得一无是处。

2. 善于自我满足，消除自卑心理

有此心理的人，要善于自我满足，知足常乐，无论生活还是工作或者学习的目标都不要定得过高。这样，就容易达到目标，避免遭受挫折。

3. 坦然面对挫折，加强心理平衡

自卑的人心理防御机制多数是不健全的，在遭受挫折与失败的时候，既不要怨天尤人，也不要轻视自我，只有客观地分析环境与自身条件，才能达到心理平衡，才能发现人生处处是机会。

4. 参与社会交往，增强生活勇气

自卑者通过广泛参与社会交往，可以感受他人的喜、怒、哀、乐，丰富生活体验；通过社会交往，可以抒发被压抑的情感、增强生活的勇气、走出自卑的泥潭，还可以增进相互间的友谊、情感，使自己的心情变得开朗，自信心得到恢复。

二、自负心理

（一）自负心理的含义

自负心理就是盲目自大，过高地估计个人的能力，失去自知之明，自认为很了不起，或者恃才傲物。和别人交往时，不顾别人的感受，甚至会伤害别人的自尊心。

案例分享

你真是太笨了！

蓝风是一名大三学生，是学生干部，学习成绩优秀，但人际关系较紧张，不仅与寝室同学相处不好，而且与班上的许多同学也无法正常交往。在同学们心目中，他是一个清高、傲慢的人，实在不好接近。他虽然优秀，但其他方面则不敢恭维。他成绩好，可每当班上同学向他求教时，他要么说不知道，要么就在给别人讲完之后，将别人奚落一顿，嘲笑别人笨。有时还要加上一句：“拜托你上课时认真听讲，下次不要再来问我这么简单的问题。”时间一长，同学们再也不愿意问他问题，都不愿意与他交往，人际关系越来越差。蓝风也对自己的人际关系状况十分不满意，感到孤独，没有归属感。有时孤独感令他窒息，他焦虑甚至恐惧，但不知要如何入手改善现状。他自己也纳闷：我究竟有什么问题？

资料来源 http：//www.360doc.cn/article/1682244_50043042.html.

案例中的蓝风所面临的问题就是自认为学习能力比别人强，自己又是学生干部，有一种优越感，以此为资本，恃才傲物，最后导致别人都远离他。

（二）自负心理形成的原因

1. 过分娇宠的家庭教育

家庭教育是一个人自负心理产生的第一根源。对于自负的大学生来说，他们的自我评价首先取决于周围的人对他们的看法，家庭则是他们自我评价的第一参考系。父母宠爱、夸赞、表扬，会使他们觉得自己“相当了不起”。

2. 生活中的一帆风顺

人的认识来源于经验，生活中遭受过许多挫折和打击的人，很少有自负的心理，而生活中的一帆风顺，则很容易让人养成自负的性格。现在的大学生大多是独生子女，是父母的掌上明珠，如果他们在学校既出类拔萃，老师又宠爱他们，就容易养成自傲和自负的个性。

3. 片面的自我认识

自负者通常会缩小自己的短处，夸大自己的长处。此外，自负者也同样缺乏自知之明，把自己的长处看得十分突出，对自己的能力评价过高，对别人的能力评价过低。

（三）自负心理的主要表现

1. 自视过高

自视过高的人认为自己非常了不起，别人都不行。经常看不起别人，总认为自己比别人强很多。这种人固执己见，唯我独尊，总是将自己的观点强加于人，在明知别人正确时，也不愿意改变自己的态度或接受别人的观点。总爱抬高自己，贬低别人，把别人看得一无是处。

这种人很少关心别人，与他人关系疏远，时时事事都从自己的利益出发，从不顾及别人，对人没有丝毫的热情，似乎人人都应为他服务，结果落得个门庭冷落。

2. 目无尊长

不尊重师长，喜欢抵触师长的意见，不愿意听取家长、教师、朋友的批评。同时，喜欢批评同学或朋友，不断挑同学或朋友的毛病。

3. 孤芳自赏

在学习、文体等方面拥有专项特长，或者家庭环境比较优越。常常自我中心，不关心集体利益和集体荣誉，在别人谈论到名人或事的时候，往往会流露出“不过尔尔”的态度。

（四）自负心理的调适

1. 学会接受批评

自负者的致命弱点是不愿意改变自己的态度或接受别人的观点。接受批评即针对这一特点提出的方法，它并不是让自负者完全服从他人，只是要求他们接受别人的正确观点，通过接受别人的批评，改变过去固执己见、唯我独尊的形象。

2. 学会与他人平等相处

自负者视自己为上帝，无论在观念上还是行动上都无理地要求别人服从自己。平等相处就是要求自负者以一个普通社会成员的身份与他人平等交往。

3. 提高自我认识

全面认识自我，既要看到自己的优点和长处，又要看到自己的缺点和短处，要认识到每个人生活在世上既有自己的独到之处和他人所不及的地方，又有不如人的地方。与别人比较不能总拿自己的长处去比别人的短处，把别人看得一无是处。

三、嫉妒心理

（一）嫉妒心理的含义

在人际交往中，人总会自觉地在多方面与他人比较，当发现自己在某些方面不如他人时，如身材、容貌、才智、荣誉、地位、成就、财产、威望等，就会产生一种羞愧、抱怨、憎恨、愤怒相混合的复杂心理。

案例分享

因嫉妒而破灭的友情

李媛和王莉是北京某艺术院校的学生，同在一个宿舍生活，大学开学不久，两个人就成了形影不离的好朋友。李媛活泼开朗，爱说爱笑，担任学生干部，很受同学们的欢迎，又深得老师的喜爱；王莉性格内向，沉默寡言，在学院表现平平。慢慢地，王莉的心里很不是滋味，她认为李媛处处比自己强，把风头占尽。大学二年级，李媛参加了学院组织的话剧大赛，并得了奖，王莉得知这个消息后，先是痛不欲生，而后妒火中烧，趁李媛不在宿舍，将李媛的荣誉证书撕得粉碎。李媛发现后，不知该怎样面对王莉，更想不通为什么她要遭受这样的对待。

李媛和王莉从形影不离到反目成仇的变化令人十分惋惜，究其根源，关键在于两个字——嫉妒。

资料来源：http：//www.xuexila.com/shenghuo/jiankang/1633955.html.

（二）嫉妒心理产生的原因

1. 嫉妒源于同一领域的竞争

通过观察，我们可以发现，嫉妒心理是具有等级性的。只有处于同一竞争领域的两个竞争者才会有嫉妒心理和嫉妒行为。一个男子的多个配偶之间，一个女子的多个追求者之间，一个职位的两个竞争者之间，为了争取考试排名第一的同班同学之间，同一竞争领域里经常接触的两个人之间，往往会爆发强烈的嫉妒心理。人只会嫉妒与自己处于同一竞争领域表现比自己强的人，而不会嫉妒处于与自己不在一个领域的人，也不会嫉妒处于同一竞争领域表现比自己弱的人。周瑜嫉妒诸葛亮是由于诸葛亮和他同处一个领域并且能力比他强；周瑜不嫉妒刘备、曹操、孙权，是因为他们不在同一竞争领域。白雪公主之所以被后母嫉妒，是因为在“谁的容貌更美”这一问题上白雪公主比后母更胜一筹。

2. 嫉妒源于某种被破坏的优越感

有人说：嫉妒乃是一种被破坏的优越感。人只有在自己具有优越感并被别人超越时，才会产生嫉妒心理。如果不具有优越感，其只会表现为自卑和羡慕，而不会有任何的嫉妒。比如，我们经常见到这样一种情形，小孩看到别人的父母抱他们自己的孩子时会产生羡慕心理，但不会嫉妒。可是当其看到自己的父母抱着别人的孩子而不是自己时就不乐意了。为什么呢？因为其在别人的父母面前不具有任何优越感，可在自己的父母面前却具有绝对的优越感，这是小孩身上最明显的嫉妒心理。同样，一个一无所有的乞丐绝不会嫉妒皇帝的权力、地位、财富，以及获取皇位的机遇，与皇帝相比，其从未在这些方面产生过个人优越感，没有个人优越感也就不可能产生嫉妒心理。只有那些可以对皇帝产生优越感的人才会嫉妒皇帝，如皇帝的兄弟和手握重权的大臣等。

（三）嫉妒心理的主要表现

1. 憎恶

具有嫉妒情绪的人，内心深处希望别人不如自己。假如别人比自己强，就在背后说坏话。别人受到表彰，他嫉妒；别人评上了高职称，他嫉妒；别人的衣服穿得好，他也嫉妒；别人得到提拔，他更是嫉妒……通常还会指桑骂槐，愤愤不平，有时也郁郁寡欢。

2. 诋毁

嫉妒情绪严重的人，除了心理上的嫉妒外，在行动上也会采取许多措施。别人找到称心如意的恋人，他要说三道四、造谣诬蔑，挑拨人家的感情；别人提拔了，他就散布谣言，说人家如何巴结领导，送了多少礼；别人出版了专著，他无中生有地说人家剽窃、占用他人成果。凡此种种，不一而足。

3. 对比

在自私心理的支配下，什么都与别人对比。子女升学、就业，平常的衣着打扮，爱人的职务、工资等都是对比的对象。对比的根本目的是满足自己的虚荣心，比别人强就高兴，比别人差就不舒服。

（四）嫉妒心理的调适

1. 正确看待人生的价值

大学生要彻底摆脱私心杂念，心胸开阔，不计较眼前的个人得失。培根说："一个埋头于自己事业追求的人，是没有功夫去嫉妒别人的。"作为大学生，要努力使自己充实起来，在每一个学期都给自己设定一个奋斗目标，为实现目标而努力奋斗，要不断挖掘自身潜能，提升自己的综合素质，这是避免嫉妒的有效方法。

2. 发挥自我优势，正确对待自己

大学生既要正确认识自己，也要客观评价他人。常言道："尺有所短，寸有所长。"每个人都有自己的优势和长处，事事都要求出人头地是不可能的，要全面地认识自己，正确地认识自己的不足，努力改善现状。

3. 要有豁达的人生观

人生是一个大舞台，每个人都在扮演自己的角色，每个人都各得其所、各有所归，应该正视对方在有的地方比自己强、比自己高明，从而重新认识自我，寻找最佳的位置。

4. 加深相互了解

许多嫉妒心理的产生都是误解造成的，嫉妒者认为对方的优势会对自己造成损害，从而耿耿于怀。对于这种情况，正确的做法是：敞开心扉，主动接近，加深了解，相互沟通，避免误会。

知识拓展

人际交往中的刺猬法则

为了研究刺猬在寒冷冬天的生活习性，生物学家做了一个实验：把十几只刺猬放到户外的空地上。这些刺猬被冻得浑身发抖，为了取暖，他们只好紧紧地靠在一起，而相互靠拢后，又因为忍受不了彼此身上的长刺，很快就各自分开了。可天气实在太冷了，它们又靠在一起取暖。然而，靠在一起时的刺痛又使它们不得不再度分开。挨得太近，身上会被刺痛；离得太远，又冻得难受。就这样反反复复地分了又聚、聚了又分，不断地在受冻与受刺的过程中挣扎。最后，刺猬们终于找到了一个适中的距离，既可以相互取暖，又不至于被彼此刺伤。

在人际交往中，我们正是这样一类带刺的动物，想要靠近同类，从别人那里获得温暖和支持；可距离缩小，却因为太小的距离觉得胁迫和压力。这其实是因为在人际交往中，每个人都需要独占一定的空间，这个空间就叫作人际空间。

正所谓：喝酒七分醉，吃饭八分饱。人际交往也需要处处给人留有余地。热恋中的情侣或是交好的朋友，总是喜欢不分昼夜地腻在一起，恨不能上厕所都像学生时期一样同往同行。殊不知，这正是人际交往的大忌。一是容易丧失新鲜感，二是容易产生依赖心理，三是心灵上容易感到压力。

没有人能容忍他人闯入自己的空间。人与人之间需要保持一定的空间距离，即使最亲密的两人之间也是一样。任何一个人，都需要在自己的周围有一个能掌控的自我空间，如果两只气球靠得太近，互相挤压，最后的结果必然是爆炸。这也是为什么两个本来关系密切的人，越是形影不离就越容易发生争吵。

对人际距离的把握应注意以下几个方面。首先要尊重别人的隐私。不论多么亲密的人际关系，也应彼此保留一块心理空间。这种尊重表现为不随便打听、追问他人的内心秘密，也不随便向别人吐露自己的隐私。其次要有容纳意识。容纳意识要求我们尊重差异、容纳个性及对方的缺点，谅解对方的一般过错。最后要懂得运用距离效应，距离的存在能够给人以美的存在。

人际交往的合适距离

美国心理学家爱德华·霍尔经过研究将人际交往的距离划分为四个区域：

亲密距离（15 厘米之内）。这是人际最亲密的距离，只能存在于最亲密的人之间，彼此能感受到对方的体温和气息。就交往情境而言，亲密距离属于私下情境。即使是关系亲密的人，也很少在大庭广众之下保持如此近的距离，否则会让人不舒服。

个人距离（46～76 厘米）。这是人际稍有分寸感的距离，较少有直接的身体接触，但能够友好交谈，让彼此感到亲密的气息。一般来说，只有熟人和朋友才能进入这个距离。

社交距离（1.2～2.1 米）。这是一种社交性或礼节上的人际距离，也是我们在办公室中经常见到的。这种距离给人一种安全感，处在这种距离中的两人，既不会害怕受到伤害，也不会觉得太生疏，可以友好交谈。

公众距离（3.7～7.6 米）。一般来说，演说者与听众之间的标准距离就是公众距离，还有明星与粉丝之间也是如此。这种距离能够让仰慕者更加喜欢偶像，既不会遥不可及，又能够保持神秘感。

经典故事

人际交往中的人际吸引

休斯顿和布尔于1994年做过一个实验，让化妆师为一个实验助手化妆，使得实验助手的脸上看起来有一道明显的疤痕，或青肿，或像胎记。在格拉斯哥客运地铁线上，当这位助手以丑陋的面貌出现时，不管是男性还是女性，都不愿意坐在他旁边。研究者还发现，就像成人喜欢有吸引力的成人一样，小孩之间的喜爱也受到外表吸引力的影响。通过考察婴儿注视他人的时间，研究者发现，即便是婴儿也偏爱漂亮的面孔。

西格尔等人曾于1969年通过一个巧妙的实验，证实了美貌对交往的影响。实验以有魅力和无魅力的女性为助手，对男性被试者的个性特点做临床心理学的评价。对被试者的评价有肯定和否定之分。实验结果表明，当女助手无魅力时，男性被试者不太看重评价的结果，对实验助手的喜欢水平都是中等。但当女助手很有魅力时，男性被试者很看重评价的结果。在他们得到肯定性评价时，他们对女评价者的喜爱程度最高。而当他们得到否定性评价时，他们对女评价者的喜欢水平最低。在研究者询问他们是否继续参与研究时，他们表现出非常愿意再与有魅力的女评价者发生交往的意愿。可见，有魅力女性的否定对被试者非常重要，被否定者希望自己有机会改变有魅力女性对自己的评价。

这个实验结果表明，有魅力的女性比无魅力的女性更能影响男性的交往行为。大量的社会心理学实验都表明，外貌魅力会引发明显的辐射效应，使人们对高魅力者的判断具有明显的倾向性。有吸引力的人被认为拥有与外貌毫不相干的优秀品质，如健康、智力等。与普通教师相比，学生们评价吸引力大的美女教师是更好的老师，讲课也有趣。

大学生要想提升吸引力，就要努力打造自我。虽然不能改变容貌，却可以重塑形象。虽不能天生丽质，却可以修炼气质。纵然不是白富美、高富帅，也可以修炼自身的魅力。

心理测试

人情世故你懂多少？

人情世故你懂多少？

在学校也好，进入职场也好，不仅仅要做好自己的本职工作，更要学会怎样去与人打交道，懂得人情世故。你的人际关系到底如何呢？做个测试看看吧。

复习巩固

测试题

单元三
大学生人际交往的艺术

金玉良言

一个人的成功，只有15%是靠其专业技术，而85%则要靠他的人际关系和为人处世的能力。

——戴尔·卡耐基

在现实生活中，为什么有的人在人际交往中能如鱼得水、左右逢源，而有些人却举步维艰、进退两难呢？在大学校园中，大学生只有学会克服人际交往中的认知偏差，努力提升自己的人际吸引力，掌握人际交往的艺术，才能构建和谐的人际关系。

情境导入

李墨是某大学一年级的辅导员。开学之初，她在学校大门口接待前来登记报到的新生。有一位名叫林子云的新生，报到时衣冠不整，头上的帽子也歪在一边，他站在桌前报出自己的名字时，左腿还一抖一抖地制造着"人造地震"。林子云留给李老师的印象可以说是糟透了。李老师想：这个学生肯定是一个调皮捣蛋、不爱学习的学生。于是，李老师带着不悦的心情，非常严肃地对林子云道："请把你的帽子戴好，腿如果没有病的话，请不要抖动！"

面对吊儿郎当的林子云，李老师自然特别留意：他是否有逃课的坏毛病？是不是常在班上拉帮结派、打架闹事？在选班干部的时候，林子云根本不在李老师的考虑范围之内。几个月过去了，李老师才发现林子云并不像自己所想象的那么坏，他既不旷课也不打架，而且遵守学校纪律，热心为班上做好事，课余时记日记、写文章，还在校报上发表了几首小诗呢。李老师决定找林子云谈一次话。经过交流，李老师又了解到：林子云性情温和，待人有礼貌，与同学相处得十分友好融洽。他在报到那天之所以衣冠不整、歪戴帽子、左腿抖动，是因为他那天感冒了，又在长途汽车上颠簸了大半天，头昏脑涨的。行车时，他把脑袋伸出窗外呕吐，为了安全起见，他把帽檐儿拉向了一边。下车后，他又没注意自己的“光辉形象”，因而给李老师留下了糟糕的印象，并还成了她密切“关注”的对象。

资料来源：https：//www.sanwen8.cn/subject/dblehhi.html.

思考：

林子云为何在开学初就成为辅导员重点监督的学生？他的哪些行为给李老师留下了糟糕的印象？这一糟糕的印象会影响他的人际交往吗？

理论讲坛

一、克服人际交往中的认知偏差

大学生的成长和发展离不开人际交往，但人际交往中的认知偏差却往往容易影响人际交往的效果和质量。因此，认清并了解人际交往中的认知偏差有助于大学生建立良好的人际关系，提高大学生的人际交往能力。

微课：
善用首因效应，
塑造自身形象

（一）首因效应

1. 首因效应的含义

在心理学中，首因效应也称优先效应、第一印象效应。第一印象是指在很短的时间内以片面的感觉和知觉线索为依据，对人与事物形成的心理反应。心理学研究发现，与一个人初次会面，45 秒内就能产生第一印象。也就是说，两个人初次见面，在 45 秒之内，就可以决定是否喜欢、欣赏乃至信任对方。

首因效应是人对客观事物形成的最初印象，这种印象一旦形成，就会在人的头脑中形成并占据主导地位，而且不会轻易改变。即使后来的印象与最初的印象有差距，很多时候我们也会自然地服从于最初印象。

2. 首因效应的启迪

首因效应告诉我们，人们根据最初获得的信息所形成的印象不易改变，甚至会左右对后来获得的新信息的解释。实验证明，第一印象是难以改变的。而第一印象主要是依靠性别、年龄、体态、姿势、谈吐、面部表情、衣着打扮等，判断一个人的内在素养和个性特征。因此在日常交往过程中，尤其是与别人初次交往时，一定要给别人留下美好的印象。做到这一点，首先，要注重仪表风度，一般情况下，人们都愿意同衣着干净整齐、落落大方的人接触和交往；其次，要注意言谈举止，言辞幽默，侃侃而谈，不卑不亢，举止优雅，一定会给人留下难以忘怀的印象。首因效应在人们的交往中起着非常微妙的作用，只要准确地把握它，一定可以为自己建立良好的人际关系。

（二）近因效应

1. 近因效应的含义

近因效应是指当人们识记一系列事物时对末尾部分项目的记忆效果优于中间部分项目的现象。在人际认知活动中，最近的印象对人的特性的评价起重要作用。

案例分享

小林的面试

毕业生小林是个相貌平平的小男孩，到一个单位参加面试。进考场后，考官只轻描淡写地问了他是哪个学校毕业的和是哪个地方的人等几个问题后，就说面试结束了。正当他要离开考场时，主考官又叫住他，说："你已回答了我们所提出的问题，评委觉得不怎么样，你对此怎么看?"小林立刻回答："你们并没有提出可以反映我水平的问题，所以，你们也并没有真正地了解我!"考官点点头说："好，面试结束了，你出去等通知吧。"结果是录取通知书如期而至。

最近、最后的印象，往往是最强烈的，可以冲淡在此之前产生的各种因素，这就是近因效应。其实，考官第一次说面试结束，只是做出的一种设置，是对毕业生的最后一考，想借此考查一下应聘者的心理素质和临场应变能力。如果这一道题回答得精彩，大可弥补首因效应的缺憾；如果回答得不好，可能会因这最后的关键性试题而使应聘前功尽弃。

2. 近因效应的启迪

根据观察和研究，近因效应在大学生的人际交往中是普遍存在的。如有的大学生平时一贯表现得很好，可最近却做了一件错事或犯了一点错误，就很容易给别的同学留下很深的负面印象。

案例分享

近因效应的负作用

现实生活中，近因效应的心理现象相当普遍。张林与李萌是小学同学，从那时起，两个人就是好朋友，彼此非常了解。可是近阶段，李萌因家中闹矛盾，心情十分不快，张林与他说话，他动不动就发火，而且受一个偶然因素的影响，李萌卷入了一宗盗窃案。张林认为李萌过去一直在欺骗自己，于是与他断绝了友谊。这就是近因效应在起负面作用。

还有的同学平时表现一般，但一到评优或选班干部时，就刻意表现自己，做一点表面文章，以迎合一部分同学的好感；有的大学生之间长期交往密切、关系融洽，但往往因为最近发生的一件小事就反目成仇，完全不考虑平时的愉快交往；等等。这些都是近因效应所带来的影响。为了防止这种偏差，大学生在人际交往中应把"近因"与"远因"放在一起，进行综合分析，要用动态的、历史的、发展的眼光看待他人，看待人际交往。

（三）晕轮效应

1. 晕轮效应的含义

晕轮效应又称光环效应、成见效应、光晕现象，是指在人际相互作用过程中形成的一种夸大的社会印象，常表现为一个人对另一个人（或事物）的最初印象决定了他的总体看法，而看不准对方的真实品质，形成一种好的或坏的成见。因此，晕轮效应也称以点概面效应。中国的俗语“情人眼里出西施”，就是一种晕轮效应。

2. 晕轮效应的启迪

大学生在人际交往中，对于自己，一旦形成了某一点好的印象后，就要善于运用晕轮效应，弥补自己其他方面的不足。但在看待他人和评价他人时，又不能因为其优点，就把这个优点的光圈扩大，认为这个人什么都好，从而对交往对象产生以偏概全的认知偏差，应该对交往对象进行全面而长期的了解，再做出正确的判断。

（四）刻板效应

1. 刻板效应的含义

刻板效应又称刻板印象、社会定型，是指对某人或某一类人产生的一种比较固定的、类化的看法。例如：我们一般认为山东人豪爽正直、吃苦耐劳，江浙人聪明伶俐、随机应变；教师文质彬彬，商人唯利是图……诸如此类的看法都是类化的看法，已在人脑中成为刻板、固定的印象。在实际与人交往时，如果我们不分时间、地点、条件而把这些看法套在某人身上，就可能出现识人的偏差。

2. 刻板效应的启迪

人们的生活环境、世界观和价值观有所不同，难免对事物产生不同的观点，站在自己的角度考虑问题，便会对别人的观点和做法产生不认同感，这是矛盾产生的根源。并且，人们对一个群体通常会存在一个概括而模糊的印象，从而运用脑海中的这种刻板印象来界定这个团体中的每个人，形成了“一竿子打翻一船人”的行为效果。有时候这种刻板印象也会阻挠人们并使他们陷于偏见之中，这个时候，理解和宽容才是维持良好关系的支撑。

大学生在人际交往中要想纠正这种偏见，就要学习新知识，不断扩大视野，拓展思路，更新观念，以逐步清除刻板效应的影响。

二、努力提升人际吸引力

人际吸引是指人与人出于彼此间的注意、欣赏、倾慕等心理上的好感，进而彼此接近、建立感情关系的历程。人际吸引在人际交往和人际决策中具有重要的作用，是人与人之间建立感情关系的第一步。

在大学校园，有些大学生虽为别人所吸引，在心理上产生倾慕，但自己缺少足以吸引对方的条件，在与对方接近时遭到冷落或排斥，就会感受到孤独、寂寞的痛苦。因此，了解和掌握影响人际吸引的因素并灵活运用，可以提升大学生的人际吸引力。影响人际吸引的因素主要有以下几个：

微课：
善用邻里效应，
学会热情交往

（一）接近因素

接近性吸引是指因空间距离的接近而产生人际吸引的现象。生活中经常接近的人们比较容易相互吸引，如邻居、同学、同事等，因经常接触而使吸引力增加，因接近机会多而相识，因相识而彼此吸引、建立友谊，甚至彼此相爱。

案例分享

费斯廷格的心理学实验

美国心理学家利昂·费斯廷格于1950年调查了由两幢独立二层楼组成的居民区的居民友谊状况，研究他们之间的吸引力与彼此居住距离的关系（见图6-1）。调查方式是问住户："在该区域的社交活动中，你最亲近的是哪三个人？"结果发现，相互沟通的多少与彼此居住距离的远近有关，41%的人选择隔壁邻居，22%的人选择隔一个门的邻居，只有10%的人选择同一幢同一层最远的邻居，而选择不同楼层或选择不同楼的人微乎其微。

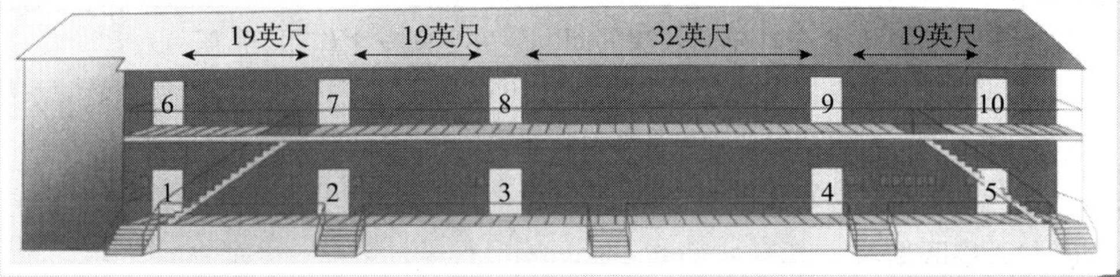

图6-1　费斯廷格实验中的居民区示意图

因此，接近因素对建立人际关系是重要的，并且对维持和发展人际关系也很重要。人们总是随着自己生活空间的不断变化，不断地在邻近的人中选择、结交新的朋友。

（二）相似因素

相似性是人际吸引的一个重要因素。人们常说：物以类聚，人以群分。在日常生活中我们也可以看到，很多情况的相似都能引起不同程度的人际吸引。通常年龄、性别、社会背景、教育水平、职业、经济收入等方面的相似性都会影响个体间的相互喜欢。社会心理学家的大量实验研究也都证明了相似性对人际吸引的影响。

案例分享

纽科姆的心理学实验

美国社会心理学家西奥多·纽科姆在1961年曾以大学新生为对象进行过一项实验。实验为参加研究的17名大学新生免费提供普通学生公寓住房，交换条件是他们接受调查和参加研究工作必需的面谈（并非真实目的）。实验前对被试者的态度进行了考量。根据测验和问卷获得的结果，分配一部分态度相似的学生住在一起，而将另外一部分态度相异的学生安排在一起居住。此后，研究者不再干预这些被试者的正常生活。结果，一起居住的态度相似的学生，倾向于彼此相互接受和喜欢，并成为好友。而一起居住但态度相异的学生，虽然同样朝夕相处，却难以相互喜欢并建立友谊。

相似性产生了满足感，当人们发现别人的观点与自己相近时，会造成一种“我是正确的”奖励效果，从而使人更喜欢与自己意见相同或相似的人。而他人与自己的观念不同，会让人们觉得自己可能是错误的。这是一种惩罚，因而人们不喜欢与自己意见不一致的人。

（三）互补因素

互补性吸引是指交往双方在需求利益、能力特长、性格气质、思想观念等方面相辅相成而形成人际吸引，即双方在交往过程中获得互相满足的心理状态。当双方的需求或个性能互补时，就能形成强烈的吸引力。例如：一个有支配性格的人容易和被动性格的人相处，外倾型性格的人往往和内倾型性格的人建立友谊关系，活泼健谈的人则喜欢与文静寡言的人结成亲密伙伴。这是因为彼此之间可以取长补短，互相满足对方的需求。这种人际吸引中的互补因素，往往会在感情较深的朋友、夫妻间发生作用。

美国心理学家奥古斯特·柯克霍夫等人于 1962 年研究了一些已经建立恋爱关系的大学生。研究结果表明，对短期的恋爱关系来说，熟悉、外貌以及价值观的相似，是形成人际吸引的主要因素；而对长期恋爱关系来说，互补是发展密切关系的一个非常重要的因素。

（四）人格因素

人格因素主要是指性格与人品中的特质。外表美是一时的，而心灵美才是经久不衰的。比起容貌，个性品质具有无与伦比的吸引力，而且这种吸引力持久、稳定、深刻。在实际的生活中我们也有这样的体会，只有那些心灵美的人才会真正受人欢迎和喜爱。随着人际交往的深入，外在的因素变得越来越不重要，而交往者的内在品质却变得越来越重要。但是人的个性品质有多种，究竟哪些品质在人际交往中最受重视呢？

案例分享

安德森的心理学实验

心理学家约翰·安德森在 1968 年进行的一项研究中，将 550 个描写人个性品质的形容词列成表格（见表 6-1），其中既有值得喜欢的形容词，也有不值得喜欢的形容词。安德森让大学生们指出他们所喜欢的品质。统计结果表明，评价最高的人格品质是“真诚”。在其他 8 个评价最高的形容词中，有 5 个与真诚有关，即诚实、忠诚、真实、可信赖和可靠；而评价最低的品质是说谎和虚伪。

表 6-1　影响人际吸引的人格因素

最积极品质	中间品质	最消极品质
真诚	固执	古怪
诚实	刻板	不友好
理解	大胆	敌意
忠诚	谨慎	饶舌
真实	易激动	自私

续前表

最积极品质	中间品质	最消极品质
可靠	文静	粗鲁
智慧	冲动	自负
可信赖	好斗	贪婪
有思想	腼腆	不真诚
体贴	易动情	不善良
热情	羞怯	不可信
善良	天真	恶毒
友好	不明朗	虚假
快乐	好动	令人讨厌
不自私	空想	不老实
幽默	追求物质	冷酷
负责	反叛	邪恶
开朗	孤独	虚伪
信任	依赖别人	说谎

三、人际交往的艺术

（一）学会微笑

微笑是一种令人愉快的表情，它在人际交往中有很重要的作用。微笑可以瞬间缩短人与人之间的心理距离。生活中，没有什么比一个灿烂的微笑更能提升个人魅力、更能打动人心的了。

微笑是人类最美的表情，大学生在学习与生活的道路上如果多一些微笑，就会少一些坎坷，就能看到比别人更多、更美丽的风景。有时候，一个不经意的微笑会让人生就此改变。大学生应当以微笑展现自身的魅力和信心。

（二）学会倾听

苏格拉底说："老天给我们两只耳朵一张嘴巴，本来就是让我们多听少说的。"

案例分享

倾听等于尊重

小红到一家公司应聘，面试临近尾声时，考官正在给小红的表现给予评价，言语之中多有欣赏之意。也许是考官的心情特别好或是小红是最后一个面试者的缘故，考官竟开始谈起自己在假期滑雪时的经历。小红没有猜透考官此时的心理，觉得这与面试“风马牛不相及”，因而没有认真听考官的讲话，而且心里默默祈祷“快快结束面试吧”。看到她心不在焉的样子，考官的自尊心受到了伤害，心里很不舒服。末了，考官问她对这次滑雪经历有何感想。小红只好敷衍说：“好极了！”考官说：“我在这次滑雪中摔断了一条腿，好极了？”小红的工作因此告吹。

倾听是对他人的一种尊重、一份理解，是真心的接纳、情感的传递。大学生在人际交往中只要认真倾听，就会赢得尊重、赢得友谊。

（三）学会赞美

赞美和鼓励是推动一个人进步的重要力量，也是一个人内心深处的需求。在这个世界上，人人都需要赞美，正如西方的一句谚语：“赞美好比空气，人人不能缺少。”每个人都有被重视、被赞美的需求，大学生如能掌握一定的赞美技巧，就能改善人际关系，在生活中也会受益匪浅。

案例分享

德国某公司对员工的一项要求

德国一家公司对员工有一项要求，说起来很有趣，它要求什么呢？它要求：员工每天在工作岗位上要养成一个习惯，赞美自己所见到的第一个人。它的基本理念是什么呢？就是当你把快乐传递给别人时，你令别人愉快，别人也会给你回馈，也会把快乐反馈给你。那样一来，大家都很开心，都很愉快。

赞美是人与人相处最巧妙的方法，它是人际交往中最美的语言，它能让说者增光、听者得意。拥有赞美的习惯，生活会充满五彩阳光；得到赞美，世界会变得更有光彩。

（四）学会幽默

幽默是一种非常有力的武器，在交往过程中恰当地使用幽默，不仅可以展示个人的才华和魅力，还能避开与他人的冲突，建立良好的人际关系。

案例分享

阿芳的高情商

有一位叫阿芳的姑娘，虽然没有出众的容貌和迷人的身材，但性格开朗、为人正直、幽默风趣。很多人在和她交往之后，都会被她的幽默吸引，不知不觉地感受到她的魅力。有一次，阿芳参加同学聚会，和同学回忆着大学生时代的美好生活，不料服务员在招呼客人时，一不小心将一盆水打翻，全洒在了阿芳的脚上，把她那双新皮鞋泼湿了。服务员不知所措，显得十分尴尬，阿芳却不慌不忙地说："一般情况下是洗脚之前先脱鞋的。"一句话，使满屋的人都笑了起来，不快也一扫而空，大家更加佩服她了。

幽默总会令人忍俊不禁，启齿而笑。当与他人发生冲突时，幽默无疑是化解冲突最好的润滑剂。幽默应文雅得体，态度应谨慎和气，不伤害对方。只有幽默风趣且不失分寸，才能促使人际关系协调融洽。

知识拓展

人际交往理论之社会交换理论

社会学家霍曼斯采用经济学的概念来解释人的社会行为，提出了社会交换理论。他认为人和动物都有寻求奖赏、快乐并尽可能少地付出代价的倾向。在社会互动过程中，人的社会行为实际上就是一种商品交换。人们的付出往往是为了获得某种收获，或者逃避某种惩罚，希望能够以最小的代价来获得最大的收益。人的行为服从社会交换规律，如果某一特定行为获得的奖赏越多的话，个体就越会表现这种行为；而某一行为付出的代价很大，获得的收益又不大的话，个体就不会继续从事这种行为。这就是社会交换。

霍曼斯指出，社会交换不仅是物质的交换，还包括赞许、荣誉、地位、声望等非物质的交换，以及心理财富的交换。个体在进行社会交换时，付出的是代价，得到的是报偿，利润就是报偿与代价的差值。个体在社会交往中，如果给予别人的多，他就会试图从双方的交往中多得到回报，以达到平衡。如果他付出了很多，但得到的却很少，他就会产生不公平感，就会终止这种社会交往。相反，如果一个人在社会交往中，总是付出的少，得到的多，他就会希望这种社会交往继续保持，但同时会产生内疚感。只有当个体感到自己的付出与收益达到平衡时，或者自己在与他人进行社会交往时，自己的报偿与代价之比相对于对方的报偿与代价之比是同等的时候，才会产生满意感，并希望双方的社会交往继续保持下去。

当然，个体在进行社会交往时，对报偿和代价的认识并不是固定不变的，也不一定是根据物质的绝对价值来估计的，这完全是一个与心理效价有关的问题。因此，当个体对自己的报偿与代价之比的认识大于他人的报偿与代价之比时，也许无法被别人理解或认可。这就是为什么在人们的社会交往过程中，有时会出现在有些人看来根本不值得做的事情，当事人却觉得很有趣，而有时在别人看来是值得做的事情，却为另一些人所不齿。可见，社会交换过程中，包含深层的心理估价的问题。

经典故事

微笑的价值

号称美国“旅馆之王”的希尔顿，是世界上非常有名气的酒店业者，是国际酒店的第一个管理者，也是最长久的一个。

1919—1976年的57年时间里，美国希尔顿旅馆从1家店扩展到70家店，遍布世界五大洲的各大城市，成为全球最大规模的旅馆之一。50多年间，希尔顿旅馆生意如此之好，财富增加得如此之快，其成功的秘诀之一，就在于服务人员微笑的魅力。希尔顿实行了微笑服务这一独创的经营策略。每天他对服务员说的第一句话是：“你对顾客微笑了没有?”他要求每个员工不论多么辛苦，都要对顾客报以微笑。

1930年西方经济爆发全面危机，该年也是美国经济严重萧条的一年。在这一年，全美旅馆倒闭了80%。希尔顿旅馆也一家接一家地亏损不堪，曾一度负债50亿美元。困难时期，希尔顿旅馆的老板希尔顿并不灰心，而是充满信心地对旅馆员工说：“目前正值旅馆亏空靠借债度日时期，我决定强渡难关，我请各位记住，千万不可把愁云挂在脸上，无论旅馆本身遭遇的困难如何，希尔顿旅馆服务员的微笑永远都是属于顾客的阳光。”因此，经济危机后幸存的20%的旅馆中，只有希尔顿旅馆服务员的脸上带着微笑。经济萧条期刚过，希尔顿旅馆就率先进入新的繁荣时期，跨入黄金时代。

心理测试

测测你的社交能力

测测你的社交能力

对于人际关系，相信同学们都明白它的重要性。很多时候，一个人的人际关系可以通过某些人际测试来反映。让我们一起做一个简单的社交能力的测试吧。

复习巩固

测试题

模块七　走出迷茫，追逐梦想

内容提示

通过几年大学生活的历练，大学生在知识、能力与人格方面有了显著发展，有着强烈的就业意愿和积极的就业动机，而就业岗位和就业方式的多样化也为大学生就业提供了更多的机遇和更大的自由度。但是在就业过程中，大学生又难免出现各种各样的心理问题。每一个大学生都应正确认识和看待这些心理问题，保持择业期间良好的心态，适时调整自己的行为，促进顺利就业，进而实现自己的人生理想。

学习目标

1. 了解大学生择业期间常见的心理问题
2. 了解大学生择业心理问题产生的原因
3. 掌握大学生择业心理问题的解决和调适方法

单元一
大学生择业心理问题概述

金玉良言

当代大学生要志存高远、脚踏实地，转变择业观念，坚持从实际出发，勇于到基层一线和艰苦地方去，把人生的路一步步走稳走实，善于在平凡的岗位上创造不平凡的业绩。

——习近平

就业是大学生走出校门走向社会的第一步，是他们人生中的一次重大选择。面对纷繁复杂的社会，面对日趋严峻的就业形势，面对日益激烈的就业竞争，面对国家需要、个人意向、有限的供职岗位、多样的工作环境等多元因素组合的选择，如何做出正确的抉择，是让每一个涉世不深、缺乏社会经验的大学生最为困惑的难题。

情境导入

学生张某，女，来自外地农村家庭，法学专业大四学生，性格较为内向，少有朋友，人际关系不佳。刚入学时成绩处于中等水平，随着专业课的开设及专业课难度的不断增加，她发现自己对这个专业不是很感兴趣。张某曾向已毕业的学长咨询就业方向和未来发展方面的问题，但发现专业对口的工作竞争激烈，外地人在上海的就业形势严峻，很多毕业生签约的工作和专业方向大相径庭，于是对是否要学习产生了怀疑，对未来发展感到迷茫。张某经常假想如果毕业以后找不到合适的工作该怎么办，自己到底要做什么工作，在剩余的大学时光里，是应该顺其自然还是应该做些准备。这种对未来的迷茫使张某的思想进入不稳定期，她焦躁不安，处于进退两难的抉择中，不知路在何方。

微课：
就业，你准备好了吗？

思考：

大学生在择业中会遇到哪些心理困扰？

理论讲坛

为数不少的大学生在各种选择和诱惑面前无所适从：或职业期望过高，不切实际；或希望尽快落实就业单位，急于求成；或幻想无须付出太大的努力就能得到称心如意的工作。而实际生活中往往事与愿违。

一、大学生择业过程中常见的心理问题

大学生在求职过程中普遍会出现一些心理问题，主要表现在以下几个方面。

微课：
就业心理问题知多少？

（一）焦虑心理

面对就业的诸多压力和矛盾，不少大学生会表现出过度的焦虑情绪。这种焦虑，使大学生毕业时精神上负担沉重、紧张烦躁、心神不宁、萎靡不振；学习上得过且过、穷于应付、反应迟钝；生活中意志消沉、长吁短叹、食不甘味、寝不安席。

（二）自卑心理

在求职过程中，一些大学生过分低估了自己的知识和能力水平，缺乏自信和勇气，过于拘谨，不能向用人单位充分展示自己，因而坐失良机。有的大学生在求职过程中遭遇挫折之后，更是一蹶不振，对自己评价过低，丧失了应有的自信心，认为自己一无是处，从而产生自卑心理。在择业时，大学生如果缺乏主动争取和利用机遇的心理准备，不敢主动、大胆地与用人单位交谈，就不能很好地表现自己，越是躲躲闪闪、胆小、猥琐，越不容易获得用人单位的好感。这种心理严重妨碍了一部分毕业生正常的就业竞争，使得那些原本在某些方面比较出色的毕业生也陷入“不战自败”的困境。

（三）自负心理

自负心理也是大学生就业过程中常见的心理表现，自我评价过高，高估了自己的知识和能力水平。在这种心理的支配下，不少大学生的择业观念不正确，好高骛远，眼高手低，不够踏实，心理定位偏高，结果造成高不成、低不就的局面，失去很多就业机会。

案例分享

自负心理导致的招聘失败

某位现代财务管理专业的毕业生在通过某集团公司的面试考核后，终于进入签约阶段。首先由毕业生本人签署应聘意见，该生在“应聘意见”一栏中写下了以下6条要求：

(1) 从事财会工作；

(2) 每周工作五日，每日采用八小时工作制；

(3) 解决户口，提供单身住房；

(4) 五险一金均由公司负担；

(5) 每半年调薪一次；

(6) 公司不限制员工的个人发展，如考研等。

用人单位不能完全答应以上条件遂将协议书退回并建议修改后再签，最终该生因坚持自己的意见而未被录用。

该生未被用人单位录用的根本原因在于其过高估计了自己的能力和水平，对用人单位所提的要求过于苛刻。尽管这位同学各方面条件不错，但最终还是被用人单位拒绝了。

（四）从众心理

大学生正处于人格发展逐渐成熟的阶段，易受环境的影响。在择业时表现为缺乏主见和竞争意识，择业观念为他人所左右，为舆论所左右，不顾自己的主观条件和客观现实，随波逐流。

（五）嫉妒心理

所谓嫉妒，就是在求职过程中对他人的成就、特长或优越的地位既羡慕又敌视的情感。在求职过程中，嫉妒心理表现为看到别人某些方面求职条件好，或找到比较理想的工作时，产生羡慕又不甘心的心态，甚至采取不良的手段，不让别人超过自己。嫉妒心理会影响人际关系，同时让人内心痛苦和烦恼，进而影响求职的顺利进行。

（六）攀比心理

一些大学生在择业时，会有一种攀比心理。他们往往以身边同学寻找的就业单位为参照来定位自己的择业标准，而忽视自我的特点，对自我缺乏客观公正的分析，不从自身实际出发，不考虑所选单位是否适合自己，只是盲目攀比，其根源在于他们的虚荣心。虚荣心和攀比心在某种程度上成为影响大学生求职的重要障碍。

（七）依赖心理

部分大学生在就业时还存在较强的依赖心理，主要表现在两个方面。一是缺乏独立意识，在择业时缺乏应有的分析和解决问题的决策能力。他们缺乏主动参与和竞争的意识，信心和勇气不足，在选择职业时总是依照父母师长之意、师兄师姐之言进行取舍，缺乏独立行动的能力。二是依靠关系就业。在就业过程中，总是依赖于学校的安排或家长的四处奔波，缺乏择业的主动性，依赖心理严重，从而使自己在择业中处于劣势。

案例分享

招聘会上的无奈

在学校举办的小型招聘会上，毕业生小李的父母在招聘会尚未开始时就早早地到会场打听用人单位的情况。招聘会开始很久了，小李才姗姗来迟，并由家长陪同前往用人单位摊位前面谈。面谈过程中，小李发言的时间还没有父母多，结果谈了一家又一家，最终仍一无所获。

择业过程中过分依赖别人是难以找到一份满意的工作的。现在的大学生，独生子女占比较大，他们的生活一帆风顺，没有经历过什么挫折，加上父母的百般呵护，客观上纵容了他们的依赖心理。他们缺乏主见，自我意识模糊，在择业中常会茫然不知所措。

大学生在择业的过程中，因面临种种剧烈的心理冲突，而产生种种矛盾的心态。他们希望自主择业，但又不愿意承担风险；渴望竞争，又缺乏竞争的勇气；胸怀远大理想，却不愿意正视眼前现实；注重专业能力的发展，但又互相攀比、爱慕虚荣；重事业、重才智的发挥，又在实际价值取向上重物质、重利益；对自我抱有充足的信心，但在遭遇挫折之后又容易自卑；既崇尚个人奋斗、自我实现，又有较强的依赖心理。职业目标上理想和现实存在反差，自我认知上自负与自卑并存，职业选择上独立性和依赖心理错位，使得部分大学生在就业中感到迷茫和困惑。

二、大学生择业过程中心理问题产生的原因

微课：

就业心理误区

（一）客观原因

1. 社会环境的影响

由于新的就业制度还有不完善的地方，社会上的一些不正之风影响并渗透到大学生就业领域，以至于出现了优等生不一定有好单位，差等生凭借关系同样能找到好单位的情况。这些现实存在的因素影响了大学生就业的公平竞争，造成部分大学生心理上的不平衡，从而产生了一些心理问题。

随着社会经济体制、人事制度、产业结构等不断地调整和发展，大学生的就业形势日渐复杂，增加了毕业生的心理压力，从而引发了心理问题。

2. 家庭因素的影响

一些家长在传统思想和观念的支配下，为上大学的子女设计了一幅理想的就业蓝图，并千方百计地帮助子女安排工作，希望自己的子女选择的职业工作环境好、社会地位高、报酬高、无风险而又稳定。这种按照自己的想法给子女安排一切的做法，往往不考虑子女的主观愿望、个性特点和能力特长。家长和子女的思想得不到统一，或者家长的行为与学校的教育相矛盾，往往会导致大学生择业的矛盾心理。

3. 学校就业指导工作的滞后

一些学校只注重专业知识技能的学习与传授，放松了对毕业生的思想教育，忽视了就业指导工作，对大学生择业中出现的心理问题缺乏分析和研究，对就业观念、择业技能和技巧缺乏系统的指导，就业指导工作明显滞后于大学生就业心理的发展变化，导致大学生产生了就业心理问题。

4. 用人单位的要求高

一些用人单位在大学招聘人才时，不切实际地要求毕业生有实际工作经验，强调身高、仪表、口才、实际操作能力等，导致不少毕业生被挡在门外，并使一些大学生产生了自卑心理和畏难情绪。

（二）主观原因

大学生毕业时一般是在23周岁左右，处在这个时期的青年多幻想、好冲动，接受事物快，自我意识强，相当一部分大学生心理发展还不成熟、不稳定。其具体表现在以下几个方面：一是大学生对职业的了解存在局限性和片面性，缺乏全面了解职业的渠道和信息，对职业的认识仅靠舆论导向，什么职业“热”就向往什么职业。二是大学生对社会的了解存在较多的想象成分，对影响择业的因素认识不足，在择业的思维过程中，对社会的就业形势、就业环境、就业政策等缺乏全面、正确的了解，致使其个人的择业期望值往往过高。三是一些大学生自身素质不高，他们或者心理发展不成熟，承受不起挫折与失败；或者由于不努力，学习成绩差，动手能力不强，缺乏实践经验；或者由于放松对自己的要求，道德修养差，胸无大志，只考虑眼前利益；或者由于缺乏对自己的正确认识，不能正确地评价自己。这些素质的欠缺导致他们竞争实力欠缺，直接影响就业，并激发了求职过程中的一些心理问题。

知识拓展

影响大学生择业的主要心理误区

误区一：一蹴而就

当前“大学生就业难”的现状，与许多大学生在找工作时想“毕其功于一役”的心理有很大的关系。一步到位地选定自己理想的、喜欢的终身性职业、岗位，以发挥专业所长、体现人生价值和追求，这种想法没有什么不对，但最优选择总是稀缺的，何况一些大学生的理想工作又是那么高不可攀——工资要高、单位要体面、工作不要太累、上班要方便——各种要求使学生错过了许多好机会。

误区二：好高骛远

某些大学毕业生走出校门时往往踌躇满志、心比天高，认为参加工作就是要干一番大事业，而不愿脚踏实地地从日常的平凡工作做起。如有的单位准备先让毕业生到基层锻炼两年再调回机关工作，之前跃跃欲试的毕业生立即就心灰意冷、犹豫不决了。一部分毕业生，特别是一部分从所学专业到自身条件都自我感觉良好的毕业生，往往用一种错误的方式和方法处理就业问题——他们从不急于与用人单位签订就业协议，而是一拖再拖，目的是落实一个自己认为各方面条件都十分完美的单位，但结果往往事与愿违。

误区三：心高气傲

有些大学生往往对自己估计过高，自认为出类拔萃、高人一等，表现为傲慢自大、目空一切。他们在与用人单位洽谈时，往往表现出一种“舍我其谁”的态度。有的大学生被专业对口、工作条件不错的单位看中，但却不屑一顾、挑三拣四，看不起这个部门，瞧不起那个岗位。殊不知，用人单位对这种学生往往很是忌惮，大多避而远之。

误区四：实利主义

部分毕业生择业时片面追求实惠，过于看重工资收入、住房待遇，而对自己所学专业是否与所用对口，是否能发挥自己的特长则考虑得较少。他们图的是生活安逸，工作没有压力。须知，随着我国市场经济的发展，行业之间、人与人之间的竞争也已越来越激烈。那种不思进取、只图安乐享受的人，注定会被社会淘汰。有关调研结果表明，职业发展已成为驱动员工敬业度的首要因素，员工对自己的职业发展的关注度已经超过了对薪酬的关注度。因此，大学生在择业过程中应该顺势而为，调整“收入第一”的观念，转而关注单位的发展潜力，关注自己在单位的发展前途。

误区五：作茧自缚

目前，我国高等教育的人才培养与经济发展的客观现实不匹配、专业设置与市场需求不匹配的问题是明显存在的。有的大学生在择业时坚持把专业对口视为头等大事，缺乏与时俱进的精神。大学生应该调整自身心态：能够实现就业专业对口、发挥所学之长，那最好；若情况不允许，可以考虑在能够把握的范围内摒弃“专业对口、死守本行”的观念。一个大学生的优秀应该体现在综合能力上，即使专业不对口也要能尽快进入角色，在工作岗位上保持旺盛的积极性，做出突出的贡献。

误区六：盲从攀比

大学毕业生大多血气方刚、争强好胜、虚荣心强，对前途怀有较高的心理期望值，在就业选择上容易形成盲从攀比心理。有些毕业生虽然接受了高等教育，但在很多事情上还缺乏应有的独立分析问题、解决问题的能力。这种盲从攀比心理表现在求职择业时不按自身具体条件独自思考、分析，盲目效仿。部分毕业生因缺乏正确的自我认识和对社会的认识，无法适应新形势下就业市场和就业政策的挑战，始终处在被动和盲从的地位，稍遇挫折便畏缩不前，甚至心灰意冷，听天由命，自暴自弃。

经典故事

福特求职

美国福特公司是全世界都家喻户晓的知名汽车公司，它不仅使美国汽车产业在世界范围内独占鳌头，甚至改变了整个美国的国民经济状况。然而，谁又能想到该奇迹的创造者福特当初进入公司的“敲门砖”竟是“捡废纸”这个简单的动作呢？

刚刚从大学毕业的福特，曾经到一家汽车公司应聘，一起参加应聘的几个人学历都比他高，福特面试成功的概率很小。当福特敲门走进董事长办公室的时候，发现门口地上有一团纸，他很自然地弯腰把它捡了起来，然后扔进了垃圾篓里。

当福特刚刚坐下，准备把之前准备好的自我介绍向公司董事长说出的时候，董事长就发出了邀请："很好，福特先生，你很棒，你已经被我们录用了。"此时的福特当然不知道这个令他无法相信的录用通知竟是源于他那个不经意的动作。而此后，福特的表现也并没有让董事长失望，甚至最终将公司改名，让福特汽车闻名全世界。

福特的成功看上去很偶然，但实际上却是必然的，他下意识的动作是习惯、品质和修养的体现，而这种习惯的养成却来源于他的积极态度。正如心理学家威廉·詹姆斯所说："播下一个行动，你将收获一种习惯；播下一种习惯，你将收获一种性格；播下一种性格，你将收获一种命运。"

心理测试

公司入职心理测试

公司入职心理测试

本心理测试是由中国现代心理研究所以著名的美国兰德公司（战略研究所）拟制的一套经典心理测试题为蓝本，根据中国人的心理特点加以适当改造后形成的心理测试题，目前已被一些著名的大公司作为对员工进行心理测试的重要辅助试卷。同学们，来测一测吧！

复习巩固

测试题

单元二
大学生择业心理问题调适

金玉良言

对所有创业者来说，永远告诉自己一句话：从创业的第一天起，你每天要面对的是困难和失败，而不是成功。我最困难的时候还没有到，但有一天一定会到。

——马云

船在汹涌的波浪中行驶，固然是危险的事，但只要掌舵者善于应付，未尝不可化险为夷，渡过大洋，安登彼岸。一个年轻人的就业，也是如此，四周都为困难所包围，你得镇静应付，把层层障碍打破，便发现你的康庄大道。你须知道，老天绝不辜负有心人的上进志向，除非你畏难苟安，无毅力应付，结果才会失败。

——戴尔·卡耐基

心态决定命运。求职择业既是实力的竞争，也是心态的考验。面对当前复杂而严峻的就业形势，大学生只有树立正确的求职观念，培养良好的心理素质，排除心理障碍，解决心理问题，才能迎接求职择业这一人生重大的选择。

情境导入

性格内向的张刚从大学毕业后就做了一个重大的决定：找一份可以改变自己性格的工作。张刚性格内向，在校园里没有和太多的人交往，每当看到别的男生在演讲台上侃侃而谈，看到别的男生与女生幽默、风趣地交谈，自己就羡慕得不得了。因此，张刚下定决心通过一项与别人多交流的工作来改变自己内向的性格。大学毕业后的张刚选择从事保险推销的工作。张刚开始时的热情很高，克服了自己见生人羞于说话的焦虑，推销了几份保险。可是做了一年多以后，张刚感觉特别累，这种累不仅因为这份工作需要经常出差，更来自这份工作对自己性格的挑战。张刚想拥有一份稳定的工作。学习汽车专业的张刚与在汽车制造厂的同学联系，在同学的帮助下，进入汽车制造厂做流水线装卸工。可是工作了一段时间后，张刚觉得这个工作太过枯燥，还经常加班，做了不到两年的装卸工，他就辞职了。张刚又通过一个亲戚的介绍进入一家商场当了一段时间的理货员，后来出于种种原因，张刚又回到了保险公司。毕业10年后的某次同学见面会上，张刚还是一位普通的保险推销员。

思考：

你怎么看待张刚毕业时的决定？你认为导致张刚毕业10年后又回到起点的原因是什么？

理论讲坛

一、择业过程中正确的自我认知

微课：
正确的自我认识

大学生在择业过程中出现自卑、自负心理及焦虑等不良情绪，很大程度上是自我认知不客观、不全面造成的。不少大学生在求职前还不知道自己适合什么职业，对什么职业感兴趣，能够从事什么职业，对即将面对的择业过程感到担心、忧虑，对职业前景感到茫然不知所措，甚至产生更多的心理问题。

因此，在择业过程中进行正确的自我认知和分析非常重要。这种认知就是对自己的职业价值观、职业兴趣和倾向性、职业个性等特征的了解和认识，有助于自己进行适当的自我评价，自信地面对求职和就业。

自我认知不是一件十分困难的事情。择业前，我们可以通过一定的心理测验，在较短的时间内分析出自己的职业价值观、职业兴趣爱好、能力倾向和气质等，从而清楚地认识到自己究竟适合从事什么样的职业。

（一）澄清自我职业价值观

大学生的职业价值观是指大学生对不同职业进行评价的心理倾向体系，它探讨的是大学生在职业选择和职业生活中，在众多的价值取向里，优先考虑哪种价值。

在职业选择中，有的大学生在求职时追求高职高薪，有的追求安逸的工作环境，有的考虑自我价值的体现，还有的选择良好的职业人际氛围，这些都是个人职业价值观取向的不同所带来的差异。由于大学生的身心条件、受教育状况、家庭影响、兴趣爱好等方面的不同，每种职业也有各自的特性，因此不同的大学生对职业特性的评价和取向是不同的，这就形成了大学生职业价值观的差异。由于这种差异，他们在就业方向和具体职业岗位的选择上，乃至在具体工作的投入上，都会受到影响。

小练习

请按照自己的想法如实回答以下问题。

1. 你希望从工作中得到____________________________。

（1）财富；（2）快乐；（3）独立性；（4）成就感；（5）权力；（6）健康；（7）爱和家

庭；（8）人际关系；（9）安全感；（10）自我成长；（11）道德感；（12）社会地位和声望；（13）其他。

2. 请列出你最想从职业中获得的三种价值，并按照程度高低排序。

我最想获得的是：________________________________。

排序：____。

可以通过以上的小练习，澄清自己的价值观。在职业选择过程中，优先考虑自己最想从工作中获得的价值。

（二）明确自己的职业兴趣和倾向

微课：职业兴趣面面观

在进行职业选择时，需要考虑职业兴趣爱好。对于面临就业的大学生来说，如果所学专业和自己的兴趣爱好正好一致，那么与自己兴趣爱好相符的职业则是最佳的选择，这样可以使自己在工作中找到快乐和满足感，也更容易获得成功。研究表明，如果一个人对某种工作感兴趣，就能发挥他全部才能的 80%～90%，并且能长时间保持高效率而不感到疲劳；如果对某种工作不感兴趣，则他的才能只能发挥 20%～30%，并且容易疲劳。因此，大学生在择业的时候，应该尽量选择与自身兴趣相匹配的职业类型和职业环境。

很多人会面临“如何接纳一个不喜欢的职业状态”的挑战，有不少大学生所学的专业和自己的兴趣爱好不太符合。如果对所学专业并不是特别感兴趣，但自己的专业非常有意义，也愿意从事相应的职业，那么就不要过分强调兴趣爱好而放弃自己的专业。因为，兴趣的形成虽然有先天的因素，但也是可以通过不断的社会实践慢慢培养的。

（三）了解自己的职业个性

在职业选择的过程中，个性特征也是重要的参考因素之一。个性特征虽然不能决定一个人社会价值和成就的高低，但它往往能够影响一个人的工作性质和效率，影响个体与职业的适应性程度。

例如：气质涉及一个人的行为方式，会影响一个人在自己的职业中以何种方式、格调或节奏来从事与适应工作。气质在预测工作满意度与工作绩效的时候，不是决定性因素，却是影响因素之一。它对工作绩效的影响是间接的、缓慢的，是个人与职业匹配时的缓冲因素，是一种较难改变的个人特征。因此，它的影响是长期的、弥散的，会随着时间的增加产生越来越强烈的影响。

在适应的职业种类中，人们往往能抑制自己气质的不足，发挥气质的优点。

（1）胆汁质的人：较适合从事反应迅速、动作有力、应急性强、危险性较大、难度较高的工作。这类人可以成为出色的导游、营销员、节目主持人、外事接待人员等，但不适宜从事稳重、细致的工作。

（2）多血质的人：较适合从事社交性、文艺性、多样化、要求反应敏捷且均衡的工作，但不太适合从事需要细心钻研的工作。他们可从事的职业范围广泛，如外交人员、管理者、律师、运动员、新闻记者、服务员、演员等。

（3）黏液质的人：较适合从事有条不紊、刻板平静、耐受性较高的工作，但不太适合从事激烈多变的工作，如可从事的职业有外科医生、法官、管理人员、财务人员等。

（4）抑郁质的人：能够兢兢业业干工作，适合从事持久细致的工作，如技术人员、化验员、机要秘书、保管员等，但不适合从事要求反应灵敏、处事果断的工作。

气质并不能决定一个人活动的社会价值和成就的高低，因为在同一领域有杰出成就的人，有各种气质类型的代表。苏联心理学家经过分析认为，普希金属胆汁质，赫尔岑属多血质，克雷洛夫属黏液质，果戈里属抑郁质，他们都成了大文豪。气质不同的人都可以成为高尚的人，都可以成为某一领域人才的杰出代表。

（四）做出合理的自我评价

择业过程中，不少大学生都不能够对自己进行合理的评价。有的人过多看到自己的长处，过高地进行自我评价，认为自己各方面都很优秀，应该受到用人单位的欢迎，导致盲目乐观，难以接受别人的意见和建议。相反地，有的人则更多地关注自己的不足，过低地进行自我评价，认为自己一无是处，没有优势和长处，觉得自己不如别人，对自己悲观失望，有的甚至失去求职的勇气。过高或过低的自我评价都是不合理的自我评价。合理的自我评价需要同时看到自己的优势和不足，进行客观的分析。

二、择业心理调适

（一）择业心理调适的内容

1. 客观评价自己，树立正确的职业观

微课：
择业心理调适

每一个大学毕业生首先要认清自己，有一个适当的自我定位，客观评价自己，明白自己能干什么和不能干什么。其次要认清当前就业形势的严峻性，同时树立职业的社会意识和长远意识。在求职和择业的过程中，既要有对自己正确的评价，也要有对社会长远的认识和判断，从而准确定位自己的职业坐标，规划好自己的职业生涯，将国家利益和个人利益结合起来，把自己的理想和现实结合起来，形成开放的职业观。

2. 客观认识竞争，保持良好心态

良好的心态在竞争激烈的社会中是不可缺少的，因为每个人都有自己的优点和缺点，同时作为社会的一分子，都有自己相应的位置和不同的分工。在求职择业中遇到挫折是正常的，切不可因此自卑。面对求职失败，应该认真反思，吸取经验教训，努力争取新的机会。针对部分成功就业的毕业生的调查显示，绝大多数被调查者都谈到自己在择业过程中，注重发现自己的“卖点”、自身的优点或长处，并设法在应聘时突出自己的“卖点”，最终达到目的。

3. 树立艰苦创业、立志成才意识

习近平 2013 年 5 月在天津考察时勉励当代大学生要志存高远、脚踏实地，转变择业观念，坚持从实际出发，勇于到基层一线和艰苦地方去，把人生的路一步步走稳走实，善于在平凡的岗位上创造不平凡的业绩。他要求有关部门加大对高校毕业生自主创业的支持力度，对就业困难的毕业生进行帮扶，增强学生就业创业和职业转换能力。2015 年 3 月 5 日，第十二届全国人民代表大会第三次会议开幕会上，国务院总理李克强向大会做了《2015 年国务院政府工作报告》，提出了“大众创业、万众创新”的发展理念，要求各级政府简政有力，持续为“大众创业、万众创新”清障搭台，释放中国经济的无限活力，实现中国经济提质增效升级。

成功的事业有时会由于良好的机遇而变得一帆风顺，但是绝大多数必须付出艰苦努力。艰苦创业、自强不息、立志成才不仅是社会主义现代化建设事业对青年一代的要求，也是大学生实现自我价值、实现理想抱负、获得幸福的良方。大学生只有不断努力、不断进取、不断付出，才能获得丰厚的回报；只有从小事做起、从具体事做起、从基层做起，才能最终取得辉煌的成就和业绩。

4. 做好就业技能准备，增强就业竞争实力

大学生一进校门就要自觉把自己的专业与以后的就业联系起来，认真学习，刻苦钻研，建立合理的知识结构，掌握扎实的专业理论知识，培养实践操作能力、科学思维能力、组织协调能力等，只有这样，才能在激烈的竞争中占据有利位置。

（二）择业心理调适的方法

1. 自我暗示法

自我暗示法是利用语言或非语言的手段，对自己施加影响，从而达到心理治疗的一种方法。通过自我心理暗示，大学生可以调整自己的不良情绪。在择业中，大学生可以经常用诸如“沉着”“冷静”“谦虚”“我一定能行”“我是最棒的”等简短而积极的自我心理暗示调节自己的情绪。

2. 自我静思法

自我静思法又称自我反省法，即面对各种矛盾和冲突首先能冷静地、理智地认识自己、评价自己，找到自己的确切位置。积极的心态是正视社会、适应社会，消极的心态是脱离社会、逃避社会。大学生要认清社会需求并根据社会需求选择适合自己的工作，而不应好高骛远、脱离实际。大学生如果脱离社会需求，则很难被社会接纳，甚至难以生存。

3. 适度宣泄法

适度宣泄法是通过某种途径把内心的冲突发泄出来，以使心理得以平衡。当感到紧张或焦虑时可以进行适度宣泄，如向老师、同学、朋友倾诉自己的忧虑和不满，也可以参加一些体育活动以消除心理压力。

4. 松弛练习法

松弛练习法是通过练习学会身心放松的方法。大学生可以利用某一事物来发挥自我想象的能力。在此过程中，使自己的头脑清醒、心情愉悦。该法可以减轻或消除各种不良反应，如焦虑、紧张、头疼等。

5. 注意力转移法

注意力转移法是通过转移注意力，将消极情绪转换为积极情绪的一种方法。为此，大学生可以有选择地参加一些有益的活动，将注意力转移到积极的活动中，使自己没有时间沉浸在各种原因引起的不良情绪中。

总之，大学生的就业问题是一个社会问题。一方面，大学生要确定适合自己的理想和目标，努力提高自身素质，树立竞争意识，克服攀比、焦虑、恐惧、依赖心理，不断完善自己的文化素质、技能素质和心理素质。另一方面，社会、学校、家庭也应为大学生就业创造一个宽松的环境，让大学生能够学以致用、展己所长，更好地为社会服务。

知识拓展

霍兰德职业兴趣理论

约翰·霍兰德是美国约翰·霍普金斯大学心理学教授，美国著名的职业指导专家。他于1959年提出了具有广泛社会影响的职业兴趣理论。他认为，人的人格类型、兴趣与职业密切相关，兴趣是人们活动的巨大动力，凡是具有职业兴趣的职业，都可以提高人们的积极性，促使人们积极地、愉快地从事该职业，且职业兴趣与人格之间存在很高的相关性。霍兰德认为人格可分为现实型、研究型、艺术型、社会型、企业型和常规型六种类型。

1991年，Gati针对霍兰德的正六边形模型中有关相邻职业群距离相等这一假设的局限性，提出了三层次模型。两年后，Prediger在霍兰德六边形模型的基础上加上人和物维度、数据和观念维度，使职业的类型和性质有机地结合起来。美国大学考试中心在Prediger的基础上，将职业群体的具体位置标定在坐标图上，由此得到工作世界图（见图7-1）。

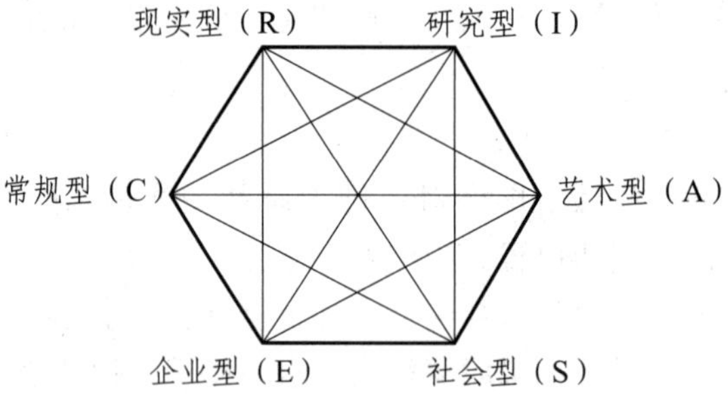

图7-1 工作世界图

霍兰德的类型理论提供了一个重要的生涯辅导理念：把个人特质和匹配这种特质的工作联合起来。生涯辅导（简单说就是职业辅导）强调生涯探索，以及对自我能力、兴趣、价值以及工作世界的探索，霍兰德巧妙地拉近了自我与工作世界的距离。借助霍兰德代码的协助，当事人能迅速地、有系统地，并且有所依据地在一个特定的职业群里进行探索活动。令人称道的是，它提供和个人兴趣相近而内容互有关联的一群职业，而不是仅仅冒险地去建议个人选择一种特殊的职业或工作。此外，在生涯咨询（简单说就是职业指导）中，霍兰德的职业性向论也可以出其不意地引导当事人走向一个主动、积极的行动方向，进行动态探索，得到自己的代码和有关的职业群名称，当事人得以“起而行”地探查和自己将来有可能选择的职业的各种事务，包括工作内容、薪资收入、工作所需条件等。

职业兴趣是职业选择中最重要的因素，是一种强大的精神力量，职业兴趣测试可以帮助个体明确自己的主观性向。

经典故事

乔·吉拉德的故事

乔·吉拉德，1928 年 11 月 1 日出生于美国底特律市的一个贫民家庭。9 岁时，乔·吉拉德开始给人擦鞋、送报，赚钱补贴家用。乔·吉拉德 16 岁就离开了学校，成为一名锅炉工，并在那里染上了严重的气喘病。35 岁那年，乔·吉拉德破产了，负债高达 6 万美元。为了生存下去，他走进了一家汽车经销店。3 年之后，乔·吉拉德以年销售1 425辆汽车的成绩，打破了汽车销售的吉尼斯世界纪录。从此，乔·吉拉德就被人们称为“世界上最伟大的营销员”。

用近乎乞求的方式，乔·吉拉德销售出自己销售生涯里的第一辆汽车，从而迈出了成功的第一步。当时，饱受饥饿折磨的乔·吉拉德很清楚，只要多卖出一辆车，就能换回更多的食物。于是，乔·吉拉德得出了自己销售生涯中的一大结论：顾客就是你的衣食父母，不要得罪任何一个顾客。因为每个顾客身后还有包括亲戚朋友在内的 250 个顾客，你只要赶走一个顾客，就等于赶走了潜在的 250 个顾客。这就是乔·吉拉德的“250 定律”。

多听少说，了解顾客的需求，搜集顾客的各种相关资料。在乔·吉拉德看来，不论推销的是什么东西，如果你每天肯多花一点时间来了解自己的顾客，做好准备，那么你就不愁没有顾客。在乔·吉拉德职业生涯的后期，良好的口碑，让很多人主动来向他买车。

乔·吉拉德有一句名言：“推销活动真正的开始在成交之后，而不是之前。”他深信：在成交之后继续关心顾客，将会既赢得老顾客，又能吸引新顾客。于是，乔·吉拉德每月会给他曾经的顾客寄出他亲笔签名的贺卡，让顾客永远记住乔·吉拉德，永远记住，买汽车只要去找一个人就可以了，那个人就是——乔·吉拉德。

心理测试

霍兰德职业兴趣测试

霍兰德职业兴趣测试

约翰·霍兰德是美国约翰·霍普金斯大学心理学教授，美国著名的职业指导专家。他于 1959 年提出了具有广泛社会影响力的职业兴趣理论。让我们一起来做一下霍兰德职业兴趣测试，看看你适合从事什么工作。

复习巩固

测试题

模块八　理性应用网络，远离网络泥沼

内容提示

网络有无限的使用价值，它能改变个体的生活。对大学生而言，如果迷恋虚拟的网络，就会使人丧失自我，影响正常的学习和生活。本模块主要探讨网络给大学生造成的影响以及如何调适网络心理。

学习目标

1. 了解大学生上网的心理特点
2. 掌握网络成瘾的界定及成因
3. 学会调适网络心理

单元一
大学生网络心理概述

金玉良言

技术每提高一步，力量就增大一分。这种力量可以用于善恶两个方面。

——阿诺德·J. 汤因比

在1994年之前，知道或了解互联网的中国老百姓还屈指可数。然而20多年来，互联网在我国快速普及，成为人们日常生活和工作中越来越重要的交往手段和通信媒介。如今，网络时代的人们除了上网聊天、打游戏，很多事情足不出户就可以在网上办好，如订餐送饭、买衣购物、预约挂号、订购车票……人们的心理环境也随着网络的发展而日渐变化。对于当代大学生而言，他们越来越多地被网络世界吸引，并且满怀激情地走进网络世界，成为这一特殊世界的“公民”，他们在网络世界里寻找精神家园，给自己编织了一个虚拟的精神童话。然而，不可忽视的是，互联网与其他高新科技一样，是一把双刃剑，它带来的并非都是幸福、享乐和希望，也给人们带来了忧愁、痛苦和危机。特别是处于青年时期的大学生，由于他们的心理倾向未定型，认识能力有待提高和发展，世界观、价值观尚在形成中，分辨是非的能力较差，因此容易陷入网络的虚拟世界，并诱发心理问题。正确认识网络对大学生的心理冲击和影响，迎接和回应网络时代的挑战，是当代大学生心理健康教育的重要任务和内容。

情境导入

2015年4月16日，在广州市越秀区法院206号法庭内，一个稚嫩的身影坐在被告人席上。他将头转向旁听席，因没有看到家人而神情失落。他就是公安部“海燕3号”专案的主犯阿叶（化名）。2013年7月以来，全国各地数家商业银行连续发生多起银行卡被莫名盗刷的案件，涉案客户近千名，案发地点跨越全国9个省、自治区的14个市，造成了广泛的社会影响。公安部将此案定为“海燕3号”专案，由广东省挂牌督办。2014年5月到9月，该案犯罪嫌疑人相继落网。令人吃惊的是，制造这起特大信用卡诈骗案的主犯，竟然是个未成年的孩子。这名当时只有17岁的“少年黑客”——阿叶，利用从网络泄密数据库中所掌握的用户数据，成功破译了19万个银行账户资料，可提现金额近15亿元。

阿叶是天才少年，小学三年级就能破解电脑开机密码。上初中之后，阿叶自学黑客技术，很快就学会盗取他人的QQ号，以每个号码几十块钱的价格出售，在网上赚到第一桶金。但他并不知道这是黑金，后来他告诉办案检察官：“我其实不是为了赚钱，而是觉得这是个有难度的事情，能够证明我的技术，让我很有成就感。”这个小学三年级就能破解电脑开机密码的天才少年，凭着自己的天赋学习黑客技术，走上了一条网络迷途。

思考：

是什么心理导致阿叶走上了犯罪的道路？

理论讲坛

一、大学生上网心理扫描

拓展阅读：
2017年和2018年国家在线开放课程一览

（一）积极的心理需求

1. 学习心理的需求

大学生处于精力充沛、思维活跃的发展时期，对知识、信息的需求强烈，而互联网以其信息快、内容丰富、手段先进等优势吸引了大学生的关注。相关调查研究表明，在网络、电视、广播、报纸杂志等几种主要媒体中，网络当之无愧成为大学生获取新闻信息的最主要的途径。同时，网络是一个信息的海洋，各种信息无所不有，内容丰富而新鲜。大学生关注国内外的政治、经济、文化发展，关注人类各种问题，网络可以高效地满足这种需求，使得“手指轻轻一点，世界尽在眼前”的梦想瞬间实现，真正做到了“足不出户知天下”。另外，大学生可以通过“网络远程教学”“慕课”“网络公开课”等直接获取想要学习的知识，可以通过网上图书馆阅读海量图书，可以通过博客和论坛在网上与某领域的专家交流沟通，等等。网络正在以全新的方式渗透大学生学习的各个环节，是大学生学习心理的需要。

案例分享

MOOC来啦

大型开放式网络课程的英译缩写即MOOC（Massive Open Online Courses）。2012年，美国顶尖的大学陆续设立了网络学习平台，在网上提供免费课程，Coursera、Udacity、edX三大课程提供商的兴起，给更多学生提供了系统学习的可能。2013年2月，新加坡国立大学与美国Coursera公司合作，加入大型开放式网络课程平台。2014年5月，中国教育部爱课程网和网易合作推出了拥有中国自主知识产权的MOOC平台——中国大学MOOC。

2. 交往的心理需求

互联网扩大了青年学生的人际交往范围和方式，打电话、写信、见面聊天等传统的方式逐渐被微信、电子邮件（E-mail）、QQ等方式代替。这种网络人际交往方式具有超时空的特性，让大学生能够从以往狭小的生活圈子走出来，突破地域限制，实现“朋友遍天下”的梦想。网络交往以全新的人际互动模式，促使一种全新的人际关系的产生。

3. 缓解压力的心理需求

网络使大学生找到了一个情绪宣泄的突破口，可以让大学生减轻来自学习、生活等多方面的心理压力。由于网络具有隐匿性、开放性、便捷性和互动性等特点，这给大学生适时地宣泄自己的不良情绪提供了机会和场所。通过网络，大学生可以宣泄自己的不良情绪，获得一定的心理自疗效果，让他们从日常的精神紧张中解脱出来。从某种程度上说，网络成为许多大学生躲避孤独和排解心理压力的场所，是他们释放心理压力、放松身心的一种有效方式。大学生可以在QQ上向网友倾诉自己的不快，可以在网络上得到有着相同兴趣和经历的人的支持，或者到对抗型游戏里冲杀一番，从而避开现实中不能与他人交流带来的情绪压力。网络可以帮助他们找到倾诉的空间和对象，有助于缓解压力。

4. 情感表达的心理需求

大学生正处于人生的青年期，情感表达是大学生的一个重要的内在心理需求。通过上网来寻求人与人之间的相互关心、互相理解和互相尊重，是一种潜藏在大学生内心深处的极为深刻的上网动机。通过与网友交往，大学生隐藏于内心深处的对爱的需要可以得到满足。大学生在网络里不会感到孤独，因为无论兴趣爱好是什么，总有许多人在虚拟社区里交谈，互相倾吐秘密。

5. 参与的心理需求

网络平等自由的氛围适应了当代社会大学生渴望自由、平等的需要。在网络的虚拟世界里，身份、地位、收入、相貌等现实的各种限制都消失了，只要你参与进来，就可以发表自己的观点、张扬自己的个性。

（二）消极的心理需求

1. 猎奇的心理需求

在大学生这个群体中，有很大一部分人上网的目的是猎奇，并借以获得感官刺激。大学生往往会出于好奇或冲动的心理刻意去寻找一些色情、暴力信息。

2. 急功近利的心理需求

网络信息的丰富与快捷使许多大学生把上网当作通往成功的捷径和有利条件。在他们眼里，网络就是商机，就是生财之道。同时，一定程度的社会误导（包括网络上基于商业目的的信息误导）也使大学生对“成功”的理解产生了偏差。于是，电子商务、留学资讯、成才捷径、求职之路就倍受一部分大学生的关注。他们渴望凭借这些信息，省一些力气、走一步先棋，成为网络时代的成功人士。

3. 虚拟的自我实现的心理需求

强烈的自我意识是大学生群体的一个显著特征，虚拟的网络可以成为大学生实现自我的一个理想王国。在网络上，大学生可以享受到互联网特有的平等、自由、刺激的感觉，学习与就业的压力、社会与家长的希望造成的心理上的压抑与孤独，在网络上一扫而光；大学生在网络上可以突破社会及他人对自己行为的匡正与评价，轻松地实现从小梦想成为的侠客、富翁，可以在模拟战争中指挥千军万马搏杀疆场……部分大学生上网是为了玩游戏，在获胜后获得一种成就感，这是因为网络游戏能够部分地满足他们的自我实现需要。

虚拟的自我实现心理还会引发一些不道德的行为甚至犯罪行为。有些大学生不能很好地理解自我实现、自我价值的真实含义，往往意图在网络中“大展宏图”，他们为了能展示自己的能力，大胆地制造网络病毒、盗用他人信息、刺探他人隐私、盗用他人信用卡或实施网络诈骗，给社会和他人带来严重的损失。“情境导入”中的阿叶就是为了在虚拟的网络世界中获得成就感而走上了犯罪的道路。

二、大学生上网情况分析

大学生是互联网的忠实追随者，那么，大学生上网都做些什么呢？调查和研究表明，大学生上网主要有以下几种情况：

（一）信息查询

开放性使得互联网如同一个信息的聚宝盆，应有尽有。这些取之不尽、用之不竭的丰富信息赋予网络无穷的魅力，很多大学生把互联网看作一个庞大的信息库，经常上网去寻奇觅宝。

就上网动机而言，张晓平课题组 2018 年在福建省内 6 所高校开展调查的报告显示，在大学生“上网目的（多选题）”调查中，有 67.0％的大学生选择了“欣赏音乐、电影、小说等”，62.9％的大学生选择了“聊天”，21.6％的大学生选择了“网络游戏”，当然也有 55.7％的大学生选择了“查找资料”。这一组数据表明部分大学生上网使用的是网络的聊天、影视、游戏、网上购物等娱乐功能，可见，上网休闲娱乐成为大学生上网的最主要动机。

（二）收发邮件

随着学习生活节奏的加快和互联网的普及，E-mail 作为一种能迅速且及时传递信息、费用低廉的通信方式，正在逐渐取代传统的书信而成为大学生人际交往的重要手段。每天开邮箱收发邮件已逐步成为大学生日常生活的一部分。

（三）网上聊天

随着社会的不断发展、科技的不断进步，人们的通信越来越方便，微信、QQ、微博等一系列通信工具联系着你我他。聊天、交友、网友见面成了一些大学生日常生活的组成部分，并且他们乐此不疲，甚至有些大学生深陷其中而不能自拔。

（四）网上游戏

游戏网站成为大学生经常光顾的地方，有的大学生在游戏网站一待就是七八个小时，甚至逃课逃学，严重影响了学业。随着智能手机的普及，手机上网逐步超越了电脑上网，越来越多的学生使用手机玩游戏，在 00 后的大学生中，安装手机游戏 App 的比例已经超过了 90％。越来越多的大学生把时间消磨在游戏之中，这必然会影响其学业。

案例分享

小军的沉沦

北京某重点大学的大二学生小军，因为逃课、多门科目挂科，不得不面临被劝退的境况。是什么原因导致曾经的尖子生要面临退学的境况呢？原来是小军沉迷于网络，不能自拔。

两年前，小军以优异的成绩考入了北京的一所重点大学。进入大学后，小军发现周围优秀的同学比比皆是，有的同学是省内状元，有的同学多才多艺，而自己和这些同学相比，没有任何优势。小军虽然勤奋努力，成绩却依旧平平，这让他变得情绪低落。为了调节自己的情绪，小军开始和室友一起打网络游戏，在游戏的一次次通关中，他似乎看到了自己优秀的一面。从此，小军沉迷于网络游戏，期望从虚拟的世界中找回自信。他逃课的次数越来越多，最后因为逃课次数过多和多门功课不及格而被退学。

资料来源：仲少华，蒋南牧．新编大学生心理健康教程［M］．上海：上海交通大学出版社，2012。

知识拓展

由网络引发的“六宗罪”

互联网的应用越来越广泛，我们的工作、生活都开始离不开网络。但是，长时间对着电脑，不少人都出现了眼睛疲劳、头痛等问题。以下是网络引发的“六宗罪”。

一、容易动怒

因为互联网的开放性，每天都有很多爆炸性、吸引人眼球的报道不断地进入我们的视野，也有很多不公正之事让人看完十分生气，加之人与人在网上交流时很多时候彼此都不认识，在争吵时也就无所顾忌，这其实可能会导致暴力倾向加重，进而影响人们的身体健康。因此，建议大家用客观平实的心态去看待一些事物，毕竟互联网上的很多消息有相当大的水分，不要轻易相信。

二、眼部疲劳

用眼过度自然会眼部疲劳，眼胀、眼酸、眼干、怕风、流泪、视物模糊，甚至头痛、恶心、眩晕、乏力，使得近距离工作不能持久，这些都与长时间对着电脑有关。上述症状常称为视疲劳综合征。因此，建议你每用电脑几个小时就停下来眺望一下远方，这一方法对于每个人都适用，也简单易行。

三、头痛

过度使用网络带来的头痛有很多种，比如敏感性头痛、慢性头痛、压力性头痛就是典型的实例。这些症状的对策，其实就是尽量养成良好的休息习惯，在保证充分睡眠的同时，在日常生活中要保持工作场所或家中的空气流通。

四、腰背痛

不良坐姿往往会导致腰酸背痛，因此，建议大家有时间还是每天坚持做仰卧起坐15～20分钟，这对于有这方面问题的朋友有很大的缓解作用。

五、深静脉血栓形成

血液黏度高、血流缓慢及血管壁的损伤是深静脉血栓形成的三大主要原因，多发生于各种手术后、因慢性病长期卧床以及多种原因造成肢体活动受限的人群。患病后易造成肢体病残，严重者可危及患者生命。长期使用电脑也有形成深静脉血栓的可能。

六、上肢功能障碍

长时间使用电脑造成的上肢功能障碍包括颈部麻痹、手脚关节麻痹、持续性疼痛、手不能提重物等。建议空闲的时候玩玩核桃、练练毛笔字或是打打羽毛球。

经典故事

Facebook创始人马克·扎克伯格的传奇

马克·扎克伯格是美国社交网站Facebook的创始人，享有“盖茨第二”的美誉。他曾是哈佛大学计算机和心理学专业肄业生。据《福布斯》杂志保守估计，马克·扎克伯格拥有135亿美元身家，是2008年全球最年轻的单身巨富，也是历来全球最年轻的自行创业亿万富豪。

20岁的扎克伯格虽然考入了知名的哈佛大学，却是该学校计算机和心理学系的肄业生。2004年，他在哈佛大学的宿舍创办了Facebook。短短数年，这一网站迅速风靡全世界。如今，它已成为世界上最重要的社交网站之一，就连美国总统奥巴马、英国女王伊丽莎白二世等政界要人都成了Facebook的用户。

马克·扎克伯格虽然热爱网络，却没有沉迷其中，没有荒废自我。出生在20世纪80年代的马克·扎克伯格，如今是一个年仅30多岁的传奇人物。他用自己的梦想和野心撑起了自己的Facebook帝国。他用行动告诉所有的大学生：这是年轻的时代，这是奋斗的时代。

心理测试

测一测你对网络的抵抗能力

测一测你对网络的抵抗能力

设计以下问题是想了解同学们对上网行为的看法。这里的“上网行为”是指上网娱乐、游戏、看电视剧等，不包括上网学习。每一组题有两个陈述句，请在阅读后选择你持赞同意见的观点。

复习巩固

测试题

单元二
迷途知返——大学生网络成瘾解析及其调适

金玉良言

人们花在网络上的时间越长，他们与他人的交往时间就越少。

——诺曼尼（斯坦福大学政治学者）

最可怕的敌人，就是没有坚强的信念。

—— 罗曼·罗兰

20 多年前，美国精神病学家伊万·戈登伯格参照美国精神疾病诊断手册，虚构了一种疾病——网络成瘾障碍（internet addiction disorder，IAD）。它是指患者会无限制地上网，不能自控。当时，网络还是个新生事物，这个构想也只是一个玩笑，没有想到如今一语成谶。随着网络技术的发展与普及，网络作为一把双刃剑，对大学生的日常学习和生活产生的影响日益增大，它不但给大学生提供了便捷的信息交流平台，而且使不少缺乏自控能力的大学生整日沉迷于网络，不思学习、不求进取，最终迷失了自我。现在大学生上网已经成为普遍的现象，虽然网络成瘾者在大学生网民中的占比不是很高，但一些调查研究发现，大学生网络成瘾问题正呈现日趋严峻的趋势，的确令人担忧。

那么，什么是网络成瘾呢？如何帮助大学生合理地使用网络资源和调适网络心理是本单元要探讨的问题。

情境导入

王强，2017 年以优异成绩考入北京某重点大学。在学习之初，他充满了抱负和希冀，但是后来才发现达不到自己的期望。虽然学习不顺利，但他在网络游戏技术上的进步很快，在游戏中他找到了成就感和满足感。在与同学和老师的交往中，他失去了中学时期的中心位置，感觉受到了冷落。在网络中他却交到了很多的朋友，网络让他摆脱了现实的孤独和寂寞。一段时间之后，他对网络的使用和游戏产生了强烈的渴求和冲动，与同学的交流逐渐减少，性格变得内向，时有自卑感，情绪低落，甚至与家长对抗，对学习和体育运动等的兴趣下降，出现了一系列心理问题，并经常逃课，甚至彻夜不归。经同学和班主任劝告，他在一段时间内停止了网络游戏，但出现周身不适、心烦易乱、易激动、上课注意力不集中、睡眠障碍等状况。后来他再次沉迷网络世界，网络已经成为其逃避问题或缓解不良情绪的途径。

思考：

王强为什么会沉浸在网络的世界中不能自拔？

理论讲坛

一、什么是网络成瘾

拓展阅读：手机依赖症

世界卫生组织对“网络成瘾”的定义为：由过度使用网络所导致的一种慢性或周期性的着迷状态，并产生难以抗拒的再度使用的欲望。同时，会产生想要增加使用时间、耐受性提高、出现戒断反应等现象，对于上网所带来的快感会一直存在心理与生理上的依赖。

二、如何判断网络成瘾

美国学者 Bread 和 Wolf 在金伯利·扬的网络成瘾 7 项诊断标准的基础上，提出了更为简便、易于操作的标准。

（一）网络成瘾的必备条件（5 项）

（1）一心想着上网，包括回想以前的上网活动或期待下次上网。

（2）需增加更多的上网时间以获得满足感。

（3）多次努力控制、减少或停止上网，但未能成功。

（4）在努力减少或停止上网时，感到烦躁不安、闷闷不乐、忧郁或易发脾气。

（5）上网的时间比计划的要长。

（二）网络成瘾的其他表现（3 项）

（1）因为上网，妨碍或丧失了重要的人际关系或工作，或失去了教育与就业的机会。

（2）对家人、好友或其他人说谎，隐瞒上网的程度。

（3）把上网作为逃避问题或缓解无助、内疚、焦虑、抑郁等不良情绪的方法。

符合前面 5 项中的全部和后边 3 项中的 1 项，即可被诊断为网络成瘾。

三、大学生网络成瘾的类型

（一）网络游戏成瘾

网络游戏成瘾通常是指沉溺于不同的网络游戏，体验刺激、惊险的过程，获取成就感及自我价值感。中国互联网络信息中心对中国互联网所做的调查显示：32.3%的网络使用者上网的主要目的是“网上游戏娱乐”。调查发现，过分沉迷网络游戏使大学生在认知信息的途径上发生了严重的扭曲，大脑就像接受了网络编辑程序那样，长时间的游戏文化，导致他们在现实环境中表现出表情呆滞、容易冲动和发怒的行为特征。

案例分享

连续上网导致猝死

据报道，武汉某大学计算机学院21岁的大一学生唐某上午课程结束后，顾不上吃午饭，便和同学直奔校门外的一家网吧打游戏。连续上网5小时后，突感头疼，口吐白沫，继而昏迷，最终导致“脑死亡”而离开人世。

网络游戏成瘾会导致食欲下降、身体免疫力下降、情感冷漠、心理活动异常以及感知、记忆、思维、语言等各种反应能力显著下降等。

（二）网络关系成瘾

网络关系成瘾通常是指通过网络聊天来结识朋友，进行社会交往实验，表现为：上网者每天花大量的时间，利用各种聊天软件及网站聊天室进行人际交流，过分迷恋通过网络上的人际交往建立彼此的友谊或爱情，并用这些关系取代现实生活中真实的人际关系。网络具有的隐匿性、不受时空限制等特点满足了大学生爱与归属感的需要。

案例分享

网上的虚拟家庭

《北京青年报》报道了这样一件事情：小朋是北京某市属大学的学生，20岁，是一个超级网虫，每天都要在网上泡10个多小时。他和一个17岁的女孩在网上认识半年后，与之开始了“网恋”。二人在某网站进行了“结婚”注册，在网上建立了自己的“家庭”——一个共同的网页。他们这个网上的“家”真的太像家了，这个用文字和图片堆砌的家不但有像模像样的家具和房间布置，而且有每日三餐的菜谱，甚至还有他们虚拟的“夫妻生活”描述。当小朋和那个女孩“结婚”不到3个星期时，网站通知他，他的“爱人”怀孕了，小朋大喜，每天抱书苦读孕产妇注意事项。6个星期后网站通知他，他们已经拥有了一个可爱的小宝宝了，小朋更是兴奋得睡不着觉。15个星期后，网站又告知小朋，他的“妻子”“儿子”均病重，小朋于是整天愁眉苦脸，无精打采。直到第18个星期，网站宣布：因医治无效，他的“妻儿”双双“去世”，他的“婚姻”宣告结束！此时的小朋沉浸在痛苦之中，因为太投入，他竟然受不了打击，一病不起。到现在，好好的大学上不了，每天起床要做的第一件事就是到网上的墓地去悼念他的“妻儿”，然后垂头丧气，喃喃自语。

（三）网络信息成瘾

网络信息成瘾是指强迫性地浏览网页以查找和搜集对自身学习、生活并无实际意义的各类信息，并实施强迫、偏执性的阅读。大学生由于搜索策略不当或受到其他信息的干扰，注意力分散，很容易迷失在信息的海洋里。信息超载还会影响大学生的身体健康，导致视力下降、大脑过度疲劳，从而降低对信息的综合分析能力，严重时还会出现头晕、烦躁、易怒、厌食等症状。

（四）网络交易成瘾

网络交易成瘾通常指一种难以抵抗的冲动，着迷于在线赌博、网上交易或者拍卖、购物、参与网上讨论而不能自拔。

案例分享

攀枝花在校大学生网络赌博欠债　持刀抢劫两次获刑5年半

何林是攀枝花市某高校的一名大三学生，2015年10月17日、19日，他连续两次在凌晨实施持刀抢劫，抢得现金780元以及两部手机，最终被法院判处有期徒刑5年6个月。

从高中开始，何林就迷上了网络赌博，进入大学后，开始研究网络赌球，一次花销就是成百上千元，家中每个月给他的生活费完全不够。于是，他又在多个网上贷款平台贷了款，但是这些钱都输得一分不剩。后来，他又以各种理由欺骗父母，向家中要钱，并且将学费也用于赌博。

进入大三后，学校开始组织外出实习，但何林这学期的学费却还没有交。学校催交学费了，但他根本拿不出钱来，也不敢再向家里要钱。同时，贷款也到期要还。此前，他还借了些钱给同学，但同学却联系不上。于是，他产生了犯罪的念头。在作案前，何林还专门去市场上购买了刀子、绳子、口罩，以及劳保服、封口胶等作案工具，进行了精心准备。作案时，他乔装成捡破烂的，作案后就将衣服换掉。

2015年10月17日凌晨1点多，攀枝花市东区凤凰西街21栋8号，市民李先生和妻子何女士准备回家，刚走到楼梯口，何林从黑暗中蹿出，用绳子勒住了何女士的脖子。何林戴着眼镜和口罩，穿着劳保服，手中挥舞着一把尖刀，威胁她将钱交出来。为避免受伤，李先生将身上的600元钱给了他。拿到钱后，何林放开何女士，迅速消失在夜色中。

时隔两天，10月19日凌晨2点多，攀枝花市东区金瓯广场地下停车场，市民晋女士、杨女士两人路过此地时，身穿劳保服、拾荒者模样的何林突然用绳子勒住晋女士的脖子，持刀威胁，抢走了两人身上的180元现金以及两部手机。

资料来源：http：//jiangsu. china. com. cn/html/2016/scnews_0218/4155933. html.

大学生网络赌博存在多方面的危害性，容易让大学生荒废学业，严重者还会走上犯罪的道路，无论是学校还是家长，都应当予以重视。

四、大学生网络成瘾的调适

（一）科学安排上网时间，合理利用互联网

面对扑面而来的信息潮，大学生要学会有选择、有取舍地利用信息。首先，要明确上网的目标。上网之前应把具体要完成的工作列在纸上，有针对性地浏览信息，避免成为“网络上的迷途羔羊”。其次，要控制上网时间。每天操作时间不应超过5个小时，连续操作1个小时后应该休息10分钟左右。最后，应该设定强制关机时间，准时下网。

（二）用转移和替代的方式摆脱网瘾

大学生要学会劳逸结合，用每个人所特有的其他爱好和娱乐方式转移注意力，使自己暂时忘记网络的诱惑。例如：喜欢体育运动的大学生可以通过游泳、爬山、打球、跑步等方法有效地转移注意力，减少对网络的依赖。

（三）培养健康成熟的心理防御机制

有研究表明，网络成瘾与人格因素相关，一定的人格倾向使个体易于成瘾，网络只是造成成瘾的外界刺激之一。因此要不断完善自己的个性，培养广泛的兴趣爱好和较强的个人能力，学会合理宣泄，正确面对挫折，只有这样才能形成成熟的心理防御机制，不会一味地躲在虚拟世界里逃避失败与挫折。

（四）寻求心理咨询与治疗

当大学生确认自己对网络产生了一定的依赖，具有成瘾征兆时，不要紧张，应该尽早求助专业人士，进行干预治疗，积极寻求心理医生的专业帮助。

常用的方法有直接隔断法、厌恶疗法。

1. 直接隔断法

成瘾程度较重的大学生往往是在下意识的状态下上网的，对于那些明明知道过度上网只会加重症状也无法自制的大学生，可以在老师和室友的帮助下将其与电脑、手机完全隔离一段时间，让他们在这段时间里培养其他的兴趣爱好或者重新安排紧张有序的生活，待到他们能够完全摆脱“电子海洛因”的困扰后再有针对性地帮助他们科学地安排上网时间。

2. 厌恶疗法

厌恶疗法是指通过惩罚手段抑制或消除患者不良行为的治疗方法。将厌恶刺激（负强化的刺激物）作为惩罚性的无条件刺激，使之与引起不良行为的条件刺激相结合，如让电击与饮酒行为同时出现，从而引起患者对原有条件反应（饮酒）的厌恶、恐惧或回避。经过多次应用惩罚性刺激，使患者消除已形成的不良行为。

案例分享

“游戏就是我的整个世界”

大学生小磊每月生活费1 500元，他在大一时买了电脑。他通宵达旦在寝室跟

朋友玩网游，不去上课，饿了就喊外卖，有时一天不吃饭或只吃一顿饭，睡醒后的第一件事就是打开电脑登录游戏。此外，小磊每个月的生活费几乎全部用于购买游戏装备，吃饭就买5角钱白饭和1元素菜。他和同学的交流仅限于游戏，其余话题根本提不起他的兴趣，他也不与朋友外出游玩。小磊说，他觉得游戏就是他的整个世界，他能在游戏里感受到悲欢喜乐，现实中的情感在游戏中都能找到。

采用厌恶疗法的原则是，每逢不良行为出现时，即给予一种疼痛刺激，例如将一根橡皮筋绑在小磊的手腕上，一想去玩游戏时就让小磊用橡皮筋使劲弹自己，使自己感到疼痛。运用这种强烈的刺激对抗错误的行为习惯，经过反复训练，使不良行为与不愉快体验建立条件联系，让小磊在短期内形成新的条件反射，从而促使不良行为消失。

在使用厌恶疗法时，厌恶性刺激应该达到足够的强度，以使患者产生痛苦或厌恶反应，持续的时间为直到不良行为消失为止。采用厌恶疗法对于改变不良行为是很有效的，尤其对于自制力差的人来说，效果更为明显。

知识拓展

网迷们一定要留神“网瘾症”

如果你发现，当你接触不到网络时就会觉得心里空落落的，如果你每天泡在互联网上超过4小时，而且对网络世界产生某种“依恋”之情，那么请注意：你可能已经患上了“网瘾症”。

美国心理学会的专家们在波士顿举行的一次年会上呼吁，太多的人沉湎于互联网已成为一种不容忽视的社会心理顽症，对社会生活秩序和年青一代的身心健康造成了严重危害。许多人或轻或重地表现出为人冷漠、缺乏时间感、精神抑郁、烦躁易怒等心理病态。研究人员在抽样调查的1.7万名上网者中，有10%的人表示，如果一段时间不能上网，就会有无所事事的空虚感。另外，高达30%的人承认，上网已成为自己逃避现实、寻求解脱的重要手段。有关专家还认为，上网成瘾也是婚姻破裂、对子女疏于管教、人际关系紧张等社会问题的诱因之一。

网瘾症的迅速蔓延及其危害，已引起世界各国的社会学家和心理学家的高度重视。目前，他们正在研究一项有针对性的防治方案，要求各国医疗卫生部门切实采取措施，加强对网瘾症患者的心理治疗。

经典故事

陈欧——年轻的上市公司CEO

陈欧于16岁留学新加坡，就读于南洋理工大学，大学期间曾成功创办在线游戏平台Garena，26岁获得美国斯坦福大学MBA学位。2010年，陈欧牵手人气小天王韩庚推出聚美优品地铁广告，其新颖的“双代言”模式受到热烈追捧。此外，他亲自出镜为公司拍摄的“为自己代言”的广告视频引起80后的强烈共鸣，在新浪微博掀起“聚美体”模仿热潮。

陈欧从斯坦福大学毕业回国后，发现中国的广大女性消费者对于线上购买化妆品的信心不足，线上化妆品行业没有领头羊企业存在。化妆品就是新大陆。他总结出了三个“可行条件”：首先，电子商务在中国处于高速发展中是不争的事实；其次，化妆品需求量很大，但市场上还没有一个可信的化妆品网站；最后，做这个别的男人不好意思做的行业反倒给了自己机会。

2010年3月31日，团美网作为中国首家专业女性团购网站上线，以正品平价形象口碑相传，在短时间内取得飞速发展。

2010年9月，团美网更名为聚美优品，有“聚集美丽，成人之美”的含义，同年销售额达到2 000万元。

2011年3月，公司成立不到一年，总销售额突破1.5亿元，同时获得了来自红杉资本千万美元级别的投资。5月，聚美优品转型为化妆品B2C网站。

2011年，董事会要求陈欧出来为他创办的聚美优品做代言的时候，他非常犹豫，是陈欧的天使投资人徐小平鼓励他，最终他决定舍身一试。

2012年底，聚美优品发布第二支广告，在那个1分39秒的镜头中，陈欧扮演了一个创业者，受到外界各种质疑、攻击、抹黑……仅仅因为太年轻。结尾处他奋起拳击，将眼前的玻璃击得粉碎，简单包扎后继续踩着玻璃碴前进，“哪怕遍体鳞伤，也要活得漂亮”。大家记住了这个背影，并将镜头中的9句台词命名为“陈欧体”。“陈欧体”迅速蹿红网络，模仿热潮一路高涨。陈欧的新浪微博粉丝由100万涨到了154万。

2013年2月20日，“陈欧”二字的百度指数猛涨至40 000，“聚美体”“陈欧体”综合起来的百度指数为30 000～40 000。

2014年4月12日，聚美优品向美国证券交易委员会递交了IPO申请。5月16日在纽约证券交易所正式挂牌交易，股票代码为“JMEI”，开盘报价为27.25美元，收盘价为24.18美元，较22美元的发行价上涨近10%。CEO陈欧也成为纽约证券交易史上最年轻的中国CEO。2014年在胡润IT富豪榜中，陈欧排第16位。

心理测试

你是否得了
“手机依赖症”?

你是否得了“手机依赖症”?

经常使用手机的你是不是也担心自己得了“手机依赖症”？那么，就做个小测试吧！

复习巩固

测试题

模块九　善待心灵，共同成长

内容提示

本模块主要讲解压力与心理健康的关系，常见的心理障碍、心理咨询与心理治疗等方面的内容，目的在于使大学生在学习心理学基本理论的基础上，培养较强的耐挫能力，学会调节心理压力，认识常见的心理障碍，在需要时能够适时地寻求心理帮助或者干预，以求顺利完成大学学业。

学习目标

1. 了解压力的内涵及其与心理健康的关系，学会鉴别常见的压力反应并及时进行心理调适

2. 了解常见的心理障碍，如焦虑、强迫、抑郁、精神分裂等

3. 了解有关心理咨询的基本知识，学会在适当的时候寻求心理帮助

单元一
压力与健康

金玉良言

在人成其为人的道路上，你若不懂得某个道理，生活就会安排一次挫折，让你学习；如果这次你没能明白，它就再安排一次挫折，直到你明白为止。

——黑格尔

古人说："人生逆境十之八九。"人们在学习、工作和生活中时常面临这样或那样的问题，需要抉择、处理和适应。如果抉择失误、处理不当、适应不良，往往就会引起强烈的情绪反应和巨大的心理压力，导致人在生理、心理上的一系列变化，从而对人的身心健康产生不良的影响。那么，大学生常见的心理压力有哪些？应该如何应对呢？

情境导入

早上，约翰想开家里的汽车出去，但父亲不让。他先是和父亲大吵了一通，接着便自己生闷气。他越想越气，最后，愤怒终于爆发了。他跳上了一台 30 吨重的推土机，不顾一切地向前开去。推土机推倒了房屋，破坏了草地、马路和许多庭院，推出了一条约 1 千米长的新路。约翰停下来，爬到推土机顶上坐下：两眼望着天空。

警察来了，逮捕了他。

资料来源：（美）丹尼斯・库恩．郑钢，等译．心理学导论：思想与行为的认识之路（第 13 版）[M]．北京：中国轻工业出版社，2014。

思考：

为什么约翰会因一时冲动而做出这样不计后果的事？压力与心理健康之间到底存在什么样的关系？压力对大学生会有怎样的影响？应怎样进行有效的压力调节呢？

理论讲坛

在上述的情境导入中，当事人的鲁莽行为是因心理受到挫折而引发的。挫折是压力的来源之一。当个体遇到挑战或威胁不得不改变或调整自己时，压力就产生了。压力是生活的正常部分。但当压力很大或持续时间很长时，就会严重危及人的健康。可以说，压力是直接影响个体健康生活的行为因素。

一、心理压力的概念

“压力”这一概念最早是在 1936 年由加拿大著名心理学家汉斯·薛利（Hans Selye）博士提出的，因此他被称为“压力之父”。薛利认为，压力是表现某种特殊症状的一种状态，这种状态是由生理系统中应对刺激的反应所引发的非特定性变化所组成的。目前，国内比较普遍的关于压力的定义，是指由刺激引起的、伴有躯体机能以及心理活动改变的一种身心紧张状态，即压力是人在环境中受到种种刺激因素的影响而产生的紧张情绪。

一般来说，大学生所遇到的任何变动或习惯改变都可称为压力，愉快与不愉快的事情都会造成压力，只是不愉快的事件产生的压力程度通常比愉快事件产生的压力程度要高一些。

压力好比胡椒、味精等作料，适量可调味，过量则有害。适量的压力使生活丰富有趣，高质量的生活必然对人提出更高的要求，使人从挑战中获得兴奋和愉悦。某种程度的压力是必要的。正常的压力可以让你保持奋发，不断刺激你，让你在高效率下创造性地工作。但如果压力超量，身心则会受到伤害。

表 9－1 为美国压力最大的十种职业。

表 9－1　　美国压力最大的十种职业

职业	等级
总统	1
消防队员	2
企业中的高级执行官	3
赛车手	4
出租汽车司机	5
外科医生	6
宇航员	7
警察	8
橄榄球运动员	9
空港调度员	10

资料来源：（美）丹尼斯·库恩．郑钢，等译．心理学导论：思想与行为的认识之路（第 13 版）[M]．北京：中国轻工业出版社，2014。

二、心理压力与心理健康

拓展阅读：
社会性再适应等级量表

压力影响我们的生理、心理和行为，因此压力往往会对我们的健康产生负面的影响。持续的压力可以使人的免疫力降低，使我们的身心长期处于紧张和焦虑的状态，使我们过多地消耗身体和精神的能量，从而导致各种形式的身心疾病或心因性的生理异常。这些可能是轻微的不舒服，也可能是威胁到生命的各种疾病。常见的与压力有关的疾病有胃溃疡、十二指肠溃疡、紧张性头痛、高血压、心脏病、皮肤病、癌症等。

压力还会改变我们的生活行为习惯，而这种改变也会影响我们的健康。比如，有的人在压力之下胃的消化功能减弱，什么都不想吃；而有的人为了缓解压力给他们带来的紧张与焦虑，疯狂地吃东西。这两种做法对自己的身体都是有伤害的。

三、大学生压力调适的方法

（一）了解自己的压力源

在解决压力之前，首先要知道压力是怎么来的，为此需要精确地找到自己的压力源。

小贴士

制作一个压力日志

在压力日志中，人们可以记下自己的压力大小以及在这一天中的感受，对那些容易带来压力的事应当给予格外关注。每小时一次，应记录以下内容：

（1）你有多高兴？（范围是1～10）

（2）你有多压抑？（范围是1～10）

（3）你喜欢自己的学习（工作）吗？

（4）你现在的学习（工作）效率如何？

任何时候发生了可能带来压力的事情，都应记下：

（1）发生了什么？

（2）是在哪里发生的？

（3）你有多压抑？（范围是1～10）

（4）你是怎样处理的？

两个星期之后，你会找出一些规律。寻找那些重复发生的压力事件，看看它给你带来了什么感觉以及你自己是怎么处理这些事情的。

（二）控制压力的方法

拓展阅读：控制压力的思路和方法

控制压力意味着处理那些造成压力的因素和事件。比如：大部分人都对自己的期望值过高，并且总是试着去做过多的事情，完全没有压力的世界会变得令人厌倦。最后截止期、对抗竞争等，这些挑战都会为生活增添深度和色彩。我们的目标并不是要完全消除压力，而是要学会如何有效地管理和减轻它。控制压力的关键在某种程度上依赖于人的可塑性，即人们能够在多大范围内改变自己以及自己的生活。喜欢两眼盯着地面、双手插在兜里、不知疲倦地走路而不抬头看路的人，很容易遭受生活的挫折。当我们发现压力增加时，就要思考一下怎样应对它。

（三）运动减压

社会上出现的节省人力的工具越多，人们花在运动上的时间就越少。结果，人们对于不断增加的压力感到越来越难以应对。那些从事较多体力劳动的人处理压力的方式往往更有利于身心健康。

可消除压力的运动方式有：选择一项有氧健身运动；选择一项非竞争性的运动；选择固定的时间运动；经常去散步；等等。

拓展阅读：喜欢跑步的人有哪些人格特质？

（四）放松训练减轻压力

放松是忙碌者最好的运动方式，因为它不需要任何精心的准备，操作简单且无需任何费用，并且随时可以实施。在应对压力的技巧中，放松训练是很重要的一部分。放松可以使你在压力面前保持镇静，有一种真正的自我控制的感觉。

（五）听音乐

科学家发现，听音乐可以减少压力、减缓心跳，并能降低血压。为了从音乐中获得最大的益处，最好选择轻音乐。一般来讲，慢节奏的音乐要比快节奏的音乐更舒缓；弦乐器比管乐器更柔美；轻音乐演奏常常比演唱更轻柔。要想获得来自音乐的最大帮助，就要选择适合你情绪的音乐，同时逐渐改变音乐来反映你想要的情绪。也可以选一些自然界的声音来听，如夏季的风雨声和海浪的声音。

（六）蒸发压力

很多人通过热水淋浴、盆浴、桑拿来释放自己的压力。如果你的房子很小，人又很吵，那么浴室将是能给你 20 分钟私人时间的最佳地点。热量同样可以使紧张的肌肉放松。如果你带着紧张的头痛感回家，洗个热水澡将会使你放松不少。一些专家认为，蒸汽会促使人体内产生压力的化学物质的释放，从而降低压力激素。此外，睡前洗个热水澡会使人进入深层次的放松状态，这是另一种消除压力的好方法。为了有益身心，可以在洗澡水中加入紫苏、香柏木、甘菊、香草、玫瑰、檀香木等。

（七）大笑

大笑会使人心脏、血压和肌肉的紧张感得到舒缓，从而分散压力。科学家已经发现，大笑具有与有氧健身法相同的功效。当人们笑的时候，他的心跳、血压和肌肉的紧张度都会明显上升，接着会降至原先的水平之下。不要犹豫，笑会使人更加放松，这种情况在医院和看护院里也存在，这些地方都为病人提供幽默的杂志和喜剧。这点你也可以做到，找一些幽默书籍或喜剧影碟，当你完全处于压力之中时，可以拿出一些来看看或听听。大笑 20 秒相当于 3 分钟剧烈的划船运动，而且掌心不会长老茧。

知识拓展

过度的压力会导致“心理性衰竭”

玛格丽特曾是一位充满爱心的年轻护士，但现在她变得对病人一点耐心都没有，恨不得“他们都自己找个地方死了算了”。玛格丽特也非常憎恶自己的这些想法。这种变化实际上是一种典型的心理性衰竭症状。工作中，当人们在生理、心理或情绪上过于紧张时，就会出现这种情况。在许多职业中，我们需要极大地投入同情心和情感，但这样做可能造成我们情感资源的过度消耗。因此，若长期从事与助人有关的工作，人们更容易出现心理性衰竭。

那么，“心理性衰竭”是一个什么概念呢？它主要表现为以下三方面的特征：

第一方面表现为情绪衰竭。此时，人会感到虚弱、紧张和麻木，许多患者还会体验到一种生理上的不适，感到自己已蜡烛燃尽，因此对工作抱一种抵制的态度。

第二方面表现为自我感丧失。此时，人开始与周围的人疏远，对他人非常冷淡，好像他人和东西没有区别，根本不值得关心。

第三方面表现为个人能力下降。此时，人总是感到无助、绝望或愤怒，工作表现极差，并因此而损害了自尊心，急于换工作或改变职业。

任何职业都可能使人产生心理性衰竭。相比之下，在那些需要更多情感投入、与直接帮助他人有关的职业中往往更容易发生这种情况，如护理、教育、社会工作、家政工作、心理咨询、看护艾滋病人或警务工作等。

值得一提的是，更容易引起心理性衰竭的工作恰恰也是具有高度挑战性和重要社会意义的工作。如果我们的社会想鼓励人们从事助人的工作，传递爱心，那么就必须进行一些改革。首先，必须重新设计这些岗位的工作，以便达到特定的职业要求与个人满足之间的平衡。在压力情境中，如果个体对情境的控制能力非常弱，那么势必导致心理性衰竭。其次，在有关行业中，向新来的工作者提供必要的社会支持可以预防心理性衰竭的发生。例如：在职业护士和保育员中建立互助小组，通过这些支持系统为工作人员提供获得情感支持的渠道，让他们能够通过交流说出各自对问题和压力的看法与感受，进而达到相互支持的目的。当然，如果社会中的每个人都能够真正理解在助人岗位上工作的人所面临的压力，心理性衰竭问题将能够得到最好的预防。

资料来源：（美）丹尼斯·库恩．郑钢，等译．心理学导论：思想与行为的认识之路（第13版）[M]．北京：中国轻工业出版社，2014。

经典故事

南瓜的力量

麻省理工学院进行了一个很有意思的试验：他们用铁圈将一个小南瓜整个箍住，以观察当南瓜逐渐长大时，对这个铁圈产生的压力有多大。

研究人员希望了解南瓜在与铁圈互动的过程中能够产生多少力道，以便了解这个南瓜能承受多大的压力。最初，他们估计南瓜最大能够承受大约500磅的压力。在试验的第一个月，南瓜承受了500磅的压力。试验到第二个月时，这个南瓜承受了1 500磅的压力，并且当它承受到2 000磅的压力时，研究人员必须对铁圈加固，以免南瓜将铁圈撑开。最后当研究结束时，整个南瓜承受了超过5 000磅的压力！瓜皮破裂后，他们打开南瓜，发现它已无法食用，因为它其中充满了坚韧牢固的层层纤维，试图想要突破包围它的铁圈。

为了获得充分的养分，以便突破限制它成长的铁圈，它的根往不同的方向全方位地伸展，最后这个南瓜统一接管和控制了整片试验地的土壤和资源。

资料来源：宋保萍．大学生心理健康教育［M］．西安：西安电子科技大学出版社，2007。

思考：

假如南瓜能够承受如此大的压力，那么我们人类在相同环境下又能承受多大的压力？

心理测试

一杯水的力量与挫折承受能力测试

一杯水的力量与挫折承受能力测试

一杯水的重量是不变的，但你举得越久，越觉得沉重。这就像日常生活与工作中我们承受的压力，如果一直把压力背在身上，到最后就会觉得压力越来越重，难以承受。我们需要做的就是放下这杯水，休息一下，然后举起水杯，这样才可以举得更久。对待压力，也是同样。如何来做这样的一个活动，如何了解我们自己的挫折承受能力，请扫描二维码进行详细了解。

复习巩固

测试题

单元二
大学生常见的心理疾病与心理障碍

金玉良言

让你疲惫的不是连绵不断的群山，而是你鞋子里的一粒沙子。

——萧伯纳

随着国家现代化进程的加快，人们面临的各种竞争和压力也越来越大。大学生面临学习压力、父母离异、家庭危机、生活困难、情感烦恼等种种因素的困扰，容易出现心理问题。如果他们无法向人倾诉，得不到及时的心理帮助或治疗，很容易形成心理障碍，影响自身的发展。了解心理障碍的种类、表现、预防及治疗的方法，是大学生构建健康心理不可缺少的知识补给。那么，究竟什么是心理障碍？大学生常见的心理障碍与心理疾病有哪些呢？本单元将进行论述。

情境导入

每一个人都是坠入凡间的精灵。从生命的一开始，天使赋予了每个人与众不同的一面，既有优势也有缺陷，相辅相成。

美国人安迪，是一名只有四个指头的广播电台节目主持人。他梦想成为一名电视节目主持人，但是各个电视台的负责人看到他残疾的手就都回绝了他，最终他被一家电视台录用。由于安迪的真诚、自信、充满魅力，他受到了热烈的欢迎，观众也接受了他的缺陷。他虽然身体上有残疾，但是凭借优秀的品质和广博的学识，最终实现了自己多年的梦想。

这样的例子很多，历史的长卷徐徐展开，上面书写着挫折相随的成功。

俄国大文豪列夫·托尔斯泰，大学时曾因成绩太差而被迫退学，老师认为他既没有学习的头脑又缺乏学习意愿。但是他没有因此气馁，不断尝试和努力。

爱因斯坦 4 岁才会说话，7 岁才认字。老师给他评语：反应迟钝、不合群、满脑袋不切实际的幻想。他还曾遭到退学。

丘吉尔在小学六年级时曾遭留级，而他的前半生也充满失败与挫折。直到 62 岁当上英国首相后，他才以“老人”的姿态开始了一番作为。

贝多芬学拉小提琴时，技术并不高明，他宁可拉他自己作的曲子，也不肯做技巧上的改善，他的老师说他绝不是个当作曲家的料。

莫泊桑爱好写作，但是作品一篇也得不到认可。但他从不放弃，仍坚持写作，终于发表了处女作《羊脂球》。

迪士尼当年被报社主编以缺乏创意为由开除，在筹建迪士尼之前也曾破产数次。但他以一只可爱的米老鼠成功地开始了自己的事业。

每个人在成功之前必然会经历一段荆棘，让我们相信“阳光总在风雨后”。紧紧地把握住自己的梦想，努力前行，或许在追求梦想的途中，断了飞翔的翅膀，但是只要梦想与追求还在，心也会飞得很高、很远。

只有经过摔跤的人才能真正学会走路。任何荣誉的桂冠都是用荆棘编织而成的。

每个人在不同时期或多或少都可能会有些心理问题，但我们要抱有一种积极心态，带着问题生活，即使“翅膀断了，心也要飞翔”。

资料来源：宋保萍．大学生心理健康教育［M］．西安：西安电子科技大学出版社，2007。

思考：

何谓心理疾病与心理障碍？大学生常见的心理疾病与心理障碍有哪些？

理论讲坛

一、心理疾病与心理障碍概述

一般来说，从心理健康状态到心理疾病状态，可把心理问题划分为四个等级，即健康状态、不良状态、心理障碍和心理疾病。

（一）健康状态

健康状态是指人在任何一个时间段里快乐的感觉大于痛苦的感觉，心理与周围环境协调，不出现与周围环境格格不入的现象，能胜任家庭和社会角色，能在一般社会环境下充分发挥自身能力，利用现有条件实现自我价值。

（二）不良状态

不良状态是介于健康状态和疾病状态之间的亚健康状态，是由个人心理素质、生活事件、身体不良状况等因素引起的。不良状态持续的时间较短，一般在一周内能得到缓解，对人的社会功能影响较小，个人一般能完成日常工作和学习，只是感觉到“很累”“没劲”“不高兴”等。处于这种状态的人大部分能通过自身调整，如休息、运动、旅游、娱乐等方式，使自己的心理状态得到改善，少部分人如果长时间得不到缓解就可能形成一种相对固定的状态，就应该寻求心理医生的帮助，尽快进行调整。

（三）心理障碍

心理障碍是指个人及外界因素造成自己心理状态的某一方面（或几方面）的发展超

前、停滞、延迟或偏离。有心理障碍的人，其心理活动的外在表现与其生理年龄不相称或反应方式与常人不同。这种状态对人的社会功能影响较大，使其不能按照常人的标准完成某项社会功能。例如：社交恐惧症患者不能完成社交活动，性心理障碍者难以与异性正常交往。处于这种状态的人大部分不能通过自我调整和非专业人员的帮助来解决根本问题，必须有心理医生的指导。

（四）心理疾病

心理疾病是个人及外界因素引起个体强烈的心理反应并伴有明显的躯体不适感，是大脑功能失调的外在表现，通常表现为思维判断上出现失误，思维敏捷性和记忆力下降，头脑有黏滞感、空白感，内心有强烈自卑感和痛苦感，情绪低落，紧张焦虑，行为失常，意志减退等。中枢神经系统功能失调引起人体各系统功能失调，如消化系统可能出现食欲不振、腹胀、便秘或腹泻等症状，心血管系统可能出现心慌、胸闷、头晕等症状。处于这种状态的人不能或勉强完成社会功能，缺乏轻松愉快的体验，痛苦感极为强烈。一般不能通过自我调整和非专业人员的帮助而康复，需要心理医生的治疗。心理医生一般采用心理治疗和药物治疗相结合的方法，在治疗早期通过情绪调节药物快速调整情绪，中后期结合心理治疗解除心理障碍并通过心理训练达到社会功能的恢复，并提高患者的心理健康水平。

因此，从发展的进程和严重程度上来说，如果心理上出现了问题，经过很长时间还解决不了就会形成心理障碍，只有当这种障碍解决不了，才会形成心理疾病。

图9-1为心理健康常态分布曲线图。

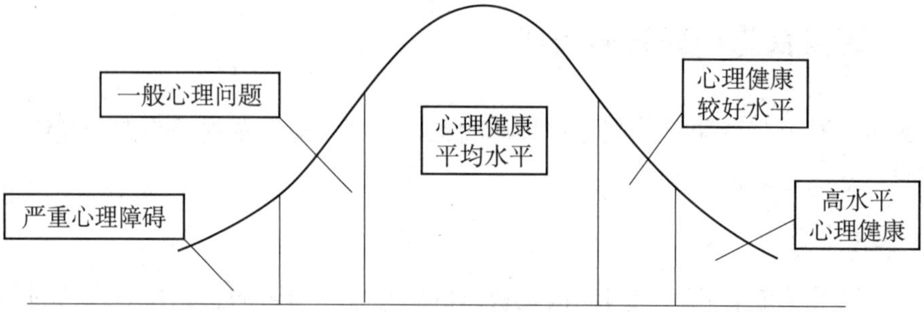

图9-1 心理健康常态分布曲线图

资料来源：程正方．学校管理心理学［M］．北京：中央广播电视大学出版社，2000。

二、大学生心理疾病与心理障碍

大学生常见的心理障碍有以下几种：

（一）神经官能症

神经官能症也称神经症，是一类主要由个人的环境精神压力与人格因素交互作用所导致的没有明显的器质性原因的较为严重的精神障碍，也是心理咨询最为常见、心理治疗效果较好的一类心理疾病。患者对自己的病态有相当的自知力，没有感知觉和思维障碍，对存在的症状感到痛苦和无能为力，迫切要求治疗。神经官能症主要包括神经衰弱、焦虑性神经症、恐惧性神经症和抑郁性神经症、癔症等几种。

1. 神经衰弱

神经衰弱大多是因长期情绪紧张和精神压力引起脑机能活动平衡失调而导致神经活动能力减弱所造成的，是大学生中常见的心理障碍。其症状表现为以下几个方面：

（1）兴奋性增高。在疾病早期，可表现为感情的控制能力降低，容易因一点小事而引起强烈的情绪反应。患者易激动、易激惹、易与人争吵等，而事后又后悔；易伤感，烦躁不安。同时，患者有身体不适或特别敏感，不仅表现为对机体内的感觉过敏，而且表现为对外界刺激的过敏，如对光、噪声等刺激敏感，怕光、怕声，尤其怕嘈杂的环境。

（2）脑力易疲乏。看书、学习或用脑时易疲乏，即所谓看不进去，脑力迟钝，头昏眼花，同时注意力不集中，看书用脑时不易掌握中心内容，难以持久，记忆力差，学习效率降低，成绩下降，往往有力不从心之感。

（3）头痛或紧张性头痛。头痛多无固定部位，偶尔伴有恶心，但无呕吐。看书、学习时头痛加剧，若情绪松弛或睡眠好，得到充分休息，头痛症状可明显减轻。

（4）睡眠障碍。入睡困难，难以熟睡或早醒，醒后不易再睡，感到不解乏、梦多，且因噩梦而苦恼，并因梦多而导致睡眠不足。

（5）植物神经功能紊乱。出现心动过速、血压偏高或偏低、多汗、厌食、便秘和腹泻、尿频、月经不调、早泄或阳痿等躯体症状。时常感到心悸、心慌、胸闷、消化不良、腹胀、无力、周身不适。

案例分享

小王的心理问题

小王觉得自己真的是病了。这一年来她感到头痛、头昏、疲乏无力、失眠多梦、食欲不好，体重下降了很多，一整天都昏昏沉沉，提不起精神，精力不能集中，记忆力明显减退，整个人好像丧失了动力一样，脾气变得很坏，动辄大动肝火，对自己想要做的事情感到吃力，但对自己不感兴趣的事情却想个不停，无法自控。她跑遍了市内各大医院的内科和神经科，做过脑电图、CT 等检查，可结果都是正常的。医生诊断为神经衰弱，让她服用谷维素、维生素和各种补脑安神的中药，可是效果不明显。逐渐地，她产生了悲观和消极的情绪，不得不求助心理医生。经诊断，心理医生告诉她确实患了神经衰弱，给她开了抗抑郁口服药，并教她做放松训练，两周后小王自觉症状明显减轻，睡眠和食欲改善了许多，情绪也振作了起来。

2. 焦虑性神经症

焦虑性神经症又称焦虑症，是一种具有焦虑、紧张、恐惧，并伴有明显的植物神经功能紊乱、睡眠障碍等的心理疾病，它是一种以显著的负性情绪、紧张的躯体症状以及对未来的担忧为特点的情绪状态。患者常感到内心有一种说不出缘由的紧张与恐惧或难以忍受的不适感，并无法摆脱。

拓展阅读：
理解焦虑背后的意义

大学生中，常见的表现为考试焦虑症，其特点是大学生心理处于消极的低效状态，对考试怀有恐惧，情绪高度紧张，特别担心考试的结果，导致心理活动失调。轻度表现为对平时熟悉的知识回忆不起来、心慌、出汗等，但其思路正常，应试活动能继续下去；中度表现为对较多的平时熟悉的知识回忆不起来，思维的深度和敏捷程度受到影响，有的伴有恶心呕吐症状，有的则尿急、尿频，答卷混乱；重度则表现为心理活动的暂时中断，头脑一片空白，甚至发生晕场。

案例分享

“我怕这怕那，真烦”

“我是刚入学不久的女大学生，可近来不知怎么的，心里老是不踏实。担心着不该发生的事情，例如：教室的大吊灯掉下来砸了我的头怎么办？别人议论我的衣服不好看怎么办？会不会有人喜欢我？毕业后会不会找不到工作？……这些莫名其妙的焦虑和担心，使我又累又乏，心动过速，心神不安，我知道这样不好，可不知怎么办。到校医院看过几次，吃了中药又吃了西药，这种不好的心情却一直没有消除，我不知道该怎么办……”

这是一种常见的焦虑症。

资料来源：严肃，陈先红．大学生心理素养［M］．合肥：中国科学技术大学出版社，2008。

3．恐惧性神经症

恐惧性神经症又称恐惧症，是指对某种特定的事物或情境产生持久的、特殊的、不合理的、强烈的恐惧感。恐惧发作时往往伴有明显的植物神经功能紊乱症状。有时候虽然知道这种害怕是不切实际的、不合理的，因为引起恐惧反应的事物或情境实际上对个人往往并无伤害或威胁，也知道别人并不会因这些事物或情境而引起恐惧，但仍不能防止恐惧发作。大学生中常见的有对某种特定事物、情境或人际交往发生强烈恐惧和主动回避，一旦处于无法回避之境，便会脸发烫、手发抖、浑身出汗、双腿无力。

拓展阅读：正视抑郁症：如何对抗“头号心理杀手”？

4．抑郁性神经症

抑郁性神经症又称抑郁症。抑郁症患者的抑郁情绪可能持续数月乃至数年，这主要是由强烈的或长期持续性的挫折或其他心理冲突造成的。大学生中常见的致病因素与学业不成功、恋爱失败、就业困难等联系在一起。

抑郁症是大学生中常见的一种心理障碍，主要表现为情绪显著下降，非常悲伤、忧虑，感到自己没有价值。怨天尤人、自我苛责、不愿与人交往、丧失愉快感，有时还常常伴有睡眠障碍，出现无缘由的持续性疲乏、思维迟滞、精神活动减少，在困难面前束手无策，一筹莫展，食欲不振，身体消瘦，甚至出现死亡的念头或有自杀的行为。有的大学生对枯燥的专业学习不感兴趣，对刻板的生活方式感到厌烦，因自己学习或社交方面的不成功而灰心丧气，从而陷入抑郁状态。长期的抑郁状态会导致思维迟钝、失眠、体力衰退等，对个体的危害是很大的。

5. 癔症

癔症又称歇斯底里，是因明显的心理因素（如生活事件、内心冲突或强烈的情绪体验、暗示或自我暗示等）作用于易感个体而引起的一组病症。临床主要表现为感觉障碍、运动障碍或意识改变状态等，而缺乏相应的器质性基础。症状具有做作、夸大或具有情感色彩等特点，有时可由暗示诱发，也可因暗示而消失，有反复发作的倾向。多数突然发病，起病前多受到过社会心理因素的刺激，多见于女生。

（二）精神分裂症

精神分裂症的显著症状是情绪紊乱、思维破裂，在感知、记忆、思维、情绪和人格等各方面都有严重的障碍。这种精神障碍占比虽然不高，但危害性大。在高校中因精神病退学和死亡的学生中，精神分裂症是首要因素。精神分裂症的具体表现如下：

1. 感知觉障碍

精神分裂症最突出的感知觉障碍是幻觉，以幻听最为常见。精神分裂症的幻听内容多半是争论性的，如两个声音议论患者的好坏；或评论性的，声音不断对患者的所作所为评头论足。精神分裂症患者的幻觉体验既可以是非常具体生动的，也可以是朦胧模糊的，但都会给患者的思维、行动带来显著的影响，患者会在幻觉的支配下做出违背本性、不合常理的举动。

2. 思维及思维联想障碍

（1）妄想。妄想的荒谬性往往显而易见。也许在疾病的初期，患者对自己的某些明显不合常理的想法还持将信将疑的态度，但随着疾病的进展，思考逐渐与病态的信念融为一体。

（2）被动体验。患者丧失了支配感，感到自己的躯体运动、思维活动、情感活动、冲动都是受人控制的，有一种被强加的被动体验，常常描述思考和行动身不由己。

（3）思维联想障碍。患者在交谈中忽视常规的修辞、逻辑法则，在言语的流畅性和叙事的完整性方面往往出现问题，患者在交谈时常常游移于主题之外，尤其在回答一些问题时句句说不到点子上，但句句似乎又沾点边，令听者抓不住要点。病情严重者言语支离破碎，根本无法与之交谈。

（4）思维贫乏。患者语言贫乏，缺乏主动言语，在回答问题时异常简短，很少加以发挥，在每次回答问题时总要延迟很长时间。

3. 情感障碍

情感障碍主要表现为情感迟钝或平淡。情感平淡并不仅仅以表情呆板、缺乏变化为表现，患者同时还缺乏体态语言，在谈话中很少或几乎不使用任何辅助表达思想的手势和肢体姿势，讲话语调很单调、缺乏抑扬顿挫，同人交谈时很少与对方有眼神接触，多茫然凝视前方。患者丧失了幽默感及对幽默的反应，并且患者对亲人感情冷淡，亲人的伤病痛苦对患者来说无关痛痒。

4. 意志与行为障碍

（1）意志减退。患者在坚持工作、完成学业、料理家务方面有很大困难，往往对自己的前途毫不关心、没有任何打算，或者虽有计划，却从不施行。活动减少，可以连坐几个小时而没有任何自发活动。

（2）紧张综合征。以病人全身的肌张力增高而得名，包括紧张性木僵和紧张性兴奋两种状态，两者可交替出现，是精神分裂症型紧张的典型表现。

案例分享

单纯性精神分裂

患者男，21岁。大一新生。患者自幼胆怯，沉默寡言，不合群。据称：他既往学习成绩一直名列前茅。入学军训时他心不在焉，学一个动作，别人一学就会，他要学几遍才行。早晨懒于起床，出操常迟到，对教官的批评也若无其事。平时很少和同学接触，总是孤单一人，往来踱步，大家议论他是个“怪人”。半年后，他变得更加懒，入晚即睡，对文娱活动不感兴趣，双亲来信懒得过目也不复信，理发、沐浴、更衣等均需同学一再催促，洗衣服也仅往水中一浸了事。经常照镜子，认为自己“鼻子变高，眼睛变大”。经常独自发笑。精神检查：意识清楚、定向良好、仪态不整、衣脏发长、接触被动、多痴笑。

资料来源：彭运石，丁道群．大学生心理健康教程［M］．长沙：湖南科学技术出版社，2009。

知识拓展

抑郁症的治疗

一、非药物治疗

（1）心理治疗。心理治疗可增强药物治疗的依从性。认知行为治疗和人际关系治疗是抑郁症治疗中应用和研究得最多的心理疗法，这两种疗法都能有效缓解急性期抑郁症状和治疗慢性抑郁症状，若联合药物治疗可使有效率从48%提高到73%。另有报道，人际关系治疗和认知行为治疗联合小剂量抗抑郁药均能降低抑郁症的复发率。

（2）电休克治疗（ECT）。ECT可作为严重消极、自杀、木僵、拒食等重型抑郁患者的首选治疗，对难治性抑郁症患者也应结合ECT治疗。

（3）体育疗法。剧烈的有氧运动可以改善情绪，减轻焦虑，增进食欲，提升睡眠质量，改善抑郁状态，提升患者的自尊心，改善记忆和判断力。

（4）音乐疗法。音乐通过声波有规律的频率变化作用于大脑皮质，并对丘脑下部和边缘系统产生效应，提高皮层神经的兴奋性，活跃和改善情绪状态，消除外界精神心理因素所造成的“紧张状态”，调节激素分泌、血液循环、新陈代谢等，提高应激能力，改变人的情绪和身体功能状态。

（5）重复经颅磁刺激疗法。高频磁刺激能兴奋大脑皮质中水平走向的连接神经元，并可导致大脑皮质局部代谢水平增高，有明显的抗抑郁作用。

（6）认知疗法。对于轻度抑郁者而言，可拜访朋友、接受按摩、饲养宠物、装饰房屋、度假旅游等。

(7) 食物疗法。可以补充维生素B族、维生素C、烟酸、叶酸和泛酸。

(8) 光线疗法。季节性抑郁是由于冬季缺乏阳光引起的，每日在特殊的装置面前光照半小时，可改善60%～80%的冬季抑郁症患者的情绪。

二、药物治疗

（一）抗抑郁治疗

目前，抗抑郁药主要有单胺氧化酶抑制剂（MAOI）、三环类抗抑郁药（TCAs）、选择性5-羟色胺再摄取抑制剂（SSRI）、5-羟色胺和去甲肾上腺素再摄取抑制剂（SNRI）、去甲肾上腺素和特异性5-羟色胺再摄取抑制剂（NSSA）、5-羟色胺受体阻滞剂/再摄取抑制剂（SARI）、选择性去甲肾上腺素再摄取抑制剂（NRI）等一系列抗抑郁药。除MAOI外，其他广泛用于临床；三环类抗抑郁药，虽疗效明确，但因作用位点多，易产生多种不良反应，目前不建议作为首选药。

（二）激素调节治疗

(1) 内分泌调节治疗针对多数自主神经功能失调者，患者可服谷维素：一次10mg～20mg，一日3次。

(2) 对性功能显著减退者。女性患者可服雌二醇一日1mg～2mg，连续21日，在周期14～25日每日加服普美孕酮0.125mg～0.5mg，连续2～3疗程；炔雌醇每次0.02mg～0.05mg，每日1～3次；尼尔雌醇每次5mg，每月1次，症状改善后维持量为每次1mg～2mg，每月1～2次。男性可服甲睾酮每次5mg，每日1～2次。

资料来源：李大魁，张石革．药学综合知识与技能［M］．北京：中国医药科技出版社，2014。

经典故事

别让自己被小事左右

凡是去过非洲草原的人都会为那里郁郁葱葱的植物和种类繁多的动物所震惊，可是如果让他们在那里住一段时间的话，他们又常常会感到受不了。这不仅仅是因为那里天气酷热难耐，更多时候让人感到难以忍受的其实是那些无处不在的以吸血为生的小动物。

有一种吸血小蝙蝠在非洲草原上随处可见。它小得有些不起眼，不过吸血的本领一流，据说每年死在吸血小蝙蝠嘴下的野马不计其数。体格庞大的野马怎会死在吸血小蝙蝠的嘴下呢？难道小小的蝙蝠竟然能使野马因失血过多而死吗？

带着一连串的疑问，一批马上就要毕业的大学生来到了非洲草原，他们想要了解野马究竟是如何死于吸血小蝙蝠的嘴下的。他们将几十部特制的微型摄像机放到了野马出没的地方，经过几天的跟踪拍摄，大学生们终于看到了野马与吸血小蝙蝠“搏斗”的全过程。

吸血小蝙蝠轻轻地附在野马腿上，然后用锋利的牙齿迅速咬破野马腿上的一块皮肤，同时开始将尖尖的嘴伸到伤口处用力吸血。感到疼痛的野马迅速踢腿、狂奔，可是任凭野马怎样剧烈运动，吸血小蝙蝠都不肯放弃，仍然将嘴埋在那里用力吸血。野马越是剧烈地运动，伤口处的血就越是往外涌，这会吸引更多的吸血小蝙蝠。当越来越多的吸血小蝙蝠飞来的时候，野马仍然不停地奔跑，使劲用力踢脚下的植物。吸血小蝙蝠们终于吸得肚皮鼓鼓地飞走了，可是野马却被它们折腾得愤怒至极，到处横冲直撞，简直就跟发了疯一样不住地奔跑，最后终于在精疲力竭中死去。

当这些大学生反复对这些影像资料进行分析之后，又结合吸血小蝙蝠的吸血量和野马的体格特征进行了深入研究，最后他们得出这样的结论：吸血小蝙蝠吸取的血量对于野马来说其实是微不足道的，真正使野马死去的原因根本就不是失去的这些鲜血，而是野马在被吸血小蝙蝠袭击之后的暴怒和剧烈运动。也就是说，如果野马能够按捺住怒气，不理会吸血小蝙蝠的袭击，任凭吸血小蝙蝠吃个饱，它也不会失去多少血，更不会因此丧命。

面对强敌，人们常常依靠勇气和毅力来唤醒无尽的潜力，最终获得胜利的往往是自己；可是当面对微不足道的小事时，人们往往不能沉着冷静地处理，结果就会扰乱自己的心绪和生活，使自己最终在琐碎的烦恼中终其一生。

资料来源：宋保萍．大学生心理健康教育［M］．西安：西安电子科技大学出版社，2007。

心理测试

心理魔法壶

心理魔法壶

心理魔法壶装满了一个人隐藏的一切：性格特质、做事方法、恐惧、喜好和内心想法……这一图画心理分析源自日本的图画技术，它具有以下特点：首先，魔法壶主题是系列图画，跟着指导语，作画者会依次呈现六幅图画，这些图画有机地联系在一起，作画者会把自己深层次的、应对变化的行为模式投射在图画中；其次，图画完成后，作画者需要编一个故事，用语言再次把自己内心的潜意识投射出来。双重的投射和刺激让作画者能更好地看清自己的行为模式，更好地了解自己，接收图画中所给出的信息，决定自己接下来的行为。扫描二维码进行测试，进一步了解你自己吧！

资料来源：严文华．心理魔法壶［M］．北京：中国华侨出版社，2013。

复习巩固

测试题

单元三
大学生心理咨询与心理治疗

金玉良言

问题不是问题，如何应对才是问题。

欣赏并接受“过去”，它是我们管理“现在”的能力。

我们不能改变已经发生的事件，只能改变这些事件对我们的影响。

每个人都有能力找到内心的宝藏，它让我们有能力获得成功，并且成长。

——萨提亚

心理咨询早在20世纪30年代就出现在美国大学校园里，目前已成为高等教育的重要组成部分。本单元重点介绍心理咨询的含义、大学生心理咨询的主要内容、心理咨询的主要方法等。

情境导入

有一个男孩在草地上发现一个蛹，他把蛹捡起来带回家，要看看蛹是怎样孵化为蝴蝶的。过了几天，蛹上出现了一个小裂缝，里面的蝴蝶挣扎了好几个小时，身体似乎被卡住了，一直出不来。小男孩看着于心不忍，于是他拿起剪刀，帮助蝴蝶脱蛹而出。可是这只蝴蝶的身躯臃肿，翅膀干瘪，根本就飞不起来，不久就死去了。

人生是一个大舞台，主角永远都是我们自己，再大的困难，都是我们自己的事，因为别人无法代替我们成长。别人可以给我们同情和安慰，但解决实际问题依然还要靠我们自己。

资料来源：何冬梅，王丽娜．大学生心理健康教育教程［M］. 北京：中国电力出版社，2010。

思考：

在漫长的人生路上，需要哪些心理学知识和方法来帮助我们渡过心理难关？

理论讲坛

微课：
求助是强者的表现

一、心理咨询与心理治疗的概念

（一）心理咨询

心理咨询是指专业人员运用有关心理科学的理论和方法，通过解除咨询对象（即来访者）的心理问题，来维护和增进身心健康，促进人格发展和潜能开发的过程。这一工作称为心理咨询工作，这一学科称为咨询心理学或心理咨询学。

心理咨询有障碍型咨询和发展型咨询之别。前者偏于心理门诊，是针对有一定程度的心理障碍、心理疾病以及心身疾病患者的咨询；后者偏重于心理保健、情绪调节、潜能开发，即对来访者在学习、工作、生活等方面遇到的心理问题提供帮助，指导来访者更好地认识自己、发展自己，提高社会适应能力和生活质量。

（二）心理治疗

心理治疗是指在良好的治疗关系的基础上，由经过专业训练的治疗者运用心理治疗的理论和技术，对在精神和情感等方面有障碍或疾患的人进行治疗的过程。

心理咨询与心理治疗具有一定的区别。心理治疗的工作对象主要是心理障碍者，如神经症、人格障碍、性变态等，帮助来访者消除精神症状、改变病态行为并重塑人格。大学心理咨询机构的服务对象主要是人格健全的大学生，着重处理大学生人际关系、学习成才、恋爱交友、成长择业等方面的适应与发展问题。

二、大学生心理咨询的内容

高校开展的大学生心理咨询概括起来有以下四个方面：

（一）以心理发展为中心的咨询内容

这方面的内容包括：大学生的心理特点、大学生的学习目标、大学生的能力训练、大学生的情绪指导、大学生的个性塑造等。心理咨询师接受过系统、科学的训练，通过与来访者的共同探讨，可以帮助来访者全面客观地认清自我，发现自己的优势、自己的潜能，同时看到自己尚待发展的地方；与来访者共同确定今后努力的方向，制定合理的发展目标、发展计划，促进来访者的全面发展。寻求发展的咨询对象往往属于心理比较健康、不存在明显心理冲突、基本适应环境的人。学校心理咨询中心所做的工作几乎都是与发展型咨询相关的。

（二）以校园适应为中心的咨询内容

这方面的内容包括：大学新生入学适应的心理问题，大学生学习的心理机制与帮助策略，大学生不良学习方法的纠正，考试焦虑的分析与排解，对大学生正确与异性交往的引导，大学生人际冲突的妥善处理，大学生人际交往的技巧，等等。遇到这类问题的大学生如果能够主动寻求咨询，在心理咨询师的引导下，认清问题的性质，发现导致问题出现的症结，尝试新的行为方式，体验新方式带给自己的变化，促进新的适应行为的产生，那么往往能给自己带来更快、更大的变化。

（三）以升学就业指导为中心的咨询内容

这方面的内容包括：升学就业前的综合心理调整，学生能力性格与职业兴趣的评估，毕业求职的技能技巧，等等。通过积极参加职业生涯规划、就业咨询提高自身在人才市场上的竞争力，不仅是高年级毕业生的问题，也是大学新生的问题。

（四）以心理问题处理为中心的咨询内容

这类咨询对象往往存在不同程度的心理障碍或患有某种心理疾病。这类咨询的目的就是通过系统的心理治疗，帮助来访者克服障碍，缓解症状，恢复心理平静。

三、大学生心理咨询的形式

高校常见的心理咨询形式有以下几种：

（一）面谈咨询

在咨询活动中这是最为常见的形式。面谈咨询的特点是通过咨询教师与学生的直接交往相互作用，使求助者的疑难问题得到解决，心理困扰或轻微心理疾病得到排解或减轻。来访者进入咨询室后，和咨询员进行面对面的会谈。在咨询员创造的安全、尊重和理解的环境下，来访者将自己的烦恼、困惑以及焦虑等体验告诉咨询员。咨询员充分接纳当事人，耐心地、公允地倾听来访者的问题，运用自己的人格魅力、心理学知识技术帮助来访者看清楚自己的问题并领悟解决问题的有效方式。

（二）电话咨询

电话咨询是咨询人员利用电话给咨询对象提供咨询服务的一种形式。电话咨询是比较方便和及时的咨询方式，在发达国家被广泛使用，特别是在自杀预防和危机干预方面起到很大的作用。电话咨询的最大特点是灵活，无论何时、何地、何人处于苦恼中，都能通过电话咨询得到开导和帮助。即时性、随时性、便利性是灵活性的具体表现。电话咨询具有方便性、匿名性等优点，但并非所有的情况都适用电话咨询。

（三）书信咨询

书信咨询是指由心理咨询机构以通信方式对咨询对象及相关人员所提出的心理问题给予解答、指导和疏导的一种形式。书信咨询的优点在于不受居住条件限制。不过书信咨询也有一些不足之处。一方面，咨询效果易受咨询对象的书面表达能力、理解能力和个性特点的影响；另一方面，通信咨询也存在咨询双方的非语言交流受到限制、咨询帮助浮于表面和不够灵活等缺点。通信咨询一般以解答心理问题知识和心理卫生知识居多，但要起到治疗作用却较难。

（四）团体咨询

团体咨询又称集体咨询、群体咨询、小组咨询。顾名思义，团体咨询是在团体情境下提供心理帮助与指导的一种咨询形式，即由咨询人员根据咨询对象问题的相似性，组成课题小组，通过共同商讨、引导来解决成员共同的发展或共有的心理障碍。通常由一位或两位咨询员主持，多个来访者参加。团体的规模因咨询目标的不同而不等，少则三五人，多则十几人，甚至几十人。团体咨询既是一种有效的心理治疗，也是一种有效的教育活动。

（五）现场咨询

现场咨询是咨询机构的专职人员深入基层或咨询对象的家庭、宿舍，为广大咨询对象提供多方面服务的一种咨询形式。在学校开展现场咨询有很大的倡导价值。

四、大学生心理咨询与心理治疗的方法

拓展阅读：
卡尔夫与沙盘游戏

（一）支持疗法

支持性心理咨询是最基本的方法，广泛地运用于许多领域中。咨询员通过支持与鼓励，使面临困难而无所适从者或情绪低落的抑郁者，看到光明、得到依靠、恢复自信；咨询员通过细听倾诉，使咨询对象内心的痛苦、怨恨、不满有机会得以宣泄，从而减轻心理负担；咨询员通过解释指导，使因缺乏知识或受不正确观念影响而产生烦恼的忧虑者得以调整原有的认知观念，培养健康的适应方式。

（二）精神分析治疗法

精神分析治疗法是由著名的奥地利精神病学家西格蒙德·弗洛伊德所创建的一种特殊心理治疗技术。它既可用于某些精神疾病，也可以帮助人们解决某些心理行为问题。弗洛伊德认为许多神经症（如癔症、强迫症、焦虑症等）的发病，主要源于压抑在潜意识内的某些本能欲望、意念、情感、矛盾情绪与精神创伤等因素。这些被压抑的东西，虽然人们自己觉察不到，但存在于潜意识内并对人的行为发生影响，从而引起患者个人也不理解的焦虑、紧张、恐惧、抑郁与烦躁不安及其产生的各种精神障碍表现。此外，人们日常生活中发生的口误、笔误、意外事故等心理行为问题，也与潜意识活动有关，可通过精神分析治疗得到帮助。

精神分析治疗法的原理是：发掘患者或求诊者潜意识内的矛盾冲突或致病因素，把它们带到意识领域，使就诊者对其有所领悟，在现实原则的指导下得到纠正或消除，并建立正确与健康的心理结构，从而使病情获得痊愈。

精神分析治疗法一般采用四种方法：自由联想、梦的解析、解释、移情。

（三）行为疗法

行为疗法又称行为矫正疗法，来源于行为主义理论。行为主义认为，所有的行为（包括正常、健康的行为和异常、变态的行为）都是通过学习获得的，并因强化而得到巩固。

异常行为也是习得行为，习得的方式与正常行为一样，而它与正常行为的差异在于它是非适应性的。既然不适应行为是通过学习得来的或是对普通情境的异常反应，那么，行为治疗家就可通过对个体再训练的方法（再教育或重建条件反射，即教授个体对周围环境中的刺激做出新的适宜反应），以及在某些方面改变个体环境的方法把不正常的行为变为正常的行为，这就是行为疗法的基本原理。行为疗法的具体方法有：

1. 系统脱敏法

系统脱敏法应用了经典条件反射原理。治疗过程中，让来访者分步骤地接触会引起敏感反应（如恐惧、焦虑、厌恶等）的事或物，由反应程度轻的逐步过渡到反应程度重的，使之逐渐习惯而消除敏感。此法常用于恐惧症、焦虑症等。具体的方法是：首先，进行放松训练；其次，将恐惧或焦虑事件按等级程度按由小到大的顺序排列；最后，在来访者完全放松的状态下进行系统脱敏。这一过程分为三个步骤进行：首先，放松。其次，想象脱敏训练：由来访者做口头描述，并要求对方清楚地想象此事，且在这一想象的场景中保持30秒左右。想象训练要求生动逼真，像演员一样进入角色，不允许有回避或停止行为，一般忍耐1小时左右视为有效。最后，实地适应训练，这是治疗的关键步骤，从最低级到最高级，逐级训练以达到心理适应。一般要重复多次，直到情绪反应完全消除，再进入下一等级。

2. 冲击疗法

冲击疗法又称满灌疗法，是鼓励病人直接接触导致恐惧、焦虑的情境以使紧张感消失的一种快速行为治疗法。运用冲击疗法，治疗一开始时就应让患者进入最使他恐惧的情境中，一般采用想象的方式鼓励患者想象最令他恐惧的场面，或者心理医生在旁边反复地，甚至不厌其烦地讲述他最感恐惧情境中的细节，或者使用录像、幻灯片放映最令病人恐惧的情景，并加深他的焦虑程度，同时不允许他采取闭眼睛、哭喊、堵耳朵等逃避行为。在反复的恐惧刺激下，虽然患者因焦虑紧张而出现心跳加快、呼吸困难、面色发白、四肢发冷等植物性神经系统反应，但其最担心的可怕灾难却并没有发生，这样焦虑反应也就相应地消退了。或者，把患者直接带入他最害怕的情境，经过实际体验，使其觉得并没导致什么可怕的后果，恐惧症状自然就慢慢消除了。国外报道，即使病程超过20年的恐惧症，经过3～15次冲击疗法，也有希望治愈。

3. 厌恶疗法

厌恶疗法又称处罚消除法，是应用惩罚的厌恶性刺激，即通过直接接触或间接想象消除或减少某种适应不良行为的方法。厌恶疗法的特点是治疗期较短、效果较好。常用于戒烟、酒或药物以及治疗性变态，也可以用于治疗强迫症等。

4. 操作条件法

操作条件法又称奖励强化法，即在心理治疗过程中，当患者出现所期望的心理行为时，马上给予奖励，以增强适应性行为。常用以纠正不良习惯，对心理行为障碍也有一定的疗效。

此外，还有自我调整法（即全身松弛法）、模仿法（即示范法）、扮演角色法等。行为治疗过程中，进程要适当，要有及时的奖罚措施，训练目标要明确。最重要的是明确来访者问题的实质，从而设计出一种切实可行的程序与进度去改变行为。

（四）认知疗法

认知心理学认为人的心理行为受人的认知所支配。某些人的心理问题主要是在错误前提下对现实曲解的结果。咨询的关键在于指导来访者改变原来的认知结构，解除歪曲的想法而代之以更现实的思维方式，纠正不合理的信念，代之以合理的信念，从而改变其行为。当然，要患者承认自己的认知方式和观念是不合理的，也不是一件容易的事。咨询员常常要通过一系列逻辑推理、实证比较、假设分析，才能帮助患者认识到情绪困扰与不合理认知之间的联系。只有来访者真正认识到自己的问题所在，才可能放弃以往的不合理认知方式，转而用合理的认知方式去看待事物和解决问题。

（五）森田疗法

森田疗法是日本学者森田正马创立的。其心理学原理是顺应自然的态度指导下的“为所当为”，有助于陶冶神经质性格。这种陶冶并非彻底改变，而是对其性格的不同部分进行扬弃，即发扬神经质性格中的长处，如认真、勤奋、富有责任感等；摒弃神经质性格中的致病之处，极端地内省及完善欲望。森田正马教授认为：顺应自然既不是对症状的消极忍受、无所作为，也不是对症状放任自流、听之任之，而是按事物本来的规律行事，听凭症状存在，不抗拒排斥，带着症状积极生活。顺应自然、“为所当为”治疗原则的着眼点在于打破精神交互作用、消除思想矛盾、陶冶性格。这一原则还反映了森田疗法对意志、情感、行动之间关系的看法，即意志不能改变人的情感，但意志可以改变人的行为，通过改变人的行为来改变一个人的情感，陶冶一个人的情操。

案例分享：
抑郁症及其治疗

知识拓展

萨提亚提出的人的四种生存姿态

萨提亚在家庭治疗中提到人的四种生存姿态——讨好、责备、超理智、打岔。个体使用这些生存姿态完全是为了保护他们的自我价值免遭那些言语或非言语的、感知到的或假定存在的威胁。

讨好常常以一种令人愉快的面目出现，它以牺牲自我价值为代价，否定自己的自尊，并传递给人们这样的信息：我是不重要的。讨好者常常有这样的内心独白：我不值一提，我不值得被爱；我应该永远对别人和颜悦色；我绝不能让别人生气；我不可以冒犯别人；这全是我的错。讨好者的其他特征，就是忙于平息各种事端，他们表现得好像自己存在的唯一目的就是解决别人的问题。

责备是一种与讨好截然相反的姿态。为了保护自己，责备者不断烦扰和指责其他人或环境。责备意味着藐视他人，而认为只有自己和情境是需要考虑的。由于具有爆发性的特点，责备者会时常断绝自己与其他人的亲密关系，将大量时间用于自我惩罚和自我放逐，而当他们渐渐意识到自己的孤独时，又常常会酣畅淋漓地大哭，并声称“如果不是因为其他人的缘故，我就会一切都好”。尽管责备者在责备别人时常常会有一种控制感，但是这种感觉是虚幻的。

超理智的沟通模式是漠视自己和他人的价值，他们既不允许自己也不允许其他人关注自己的感受。他们的社会准则是：成熟意味着不去触碰、不去审视、不去感受、不去抒发自己的情绪感受。超理智者总是想要证明自己永远是正确的。

打岔模式是超理智的对立面。采取打岔姿态的人似乎一刻也不能保持静止。打岔者不断变换想法，并且希望能够在同一时间做无数的事情。对于打岔者来说，自我、他人以及他们互动的环境背景都不具任何价值。社会会给打岔者贴上自主和快乐的标签。打岔者相信，只要他们能够将注意力从任何有压力的话题上转移开，就可以生存下去。

我们的大部分沟通都是在努力保护我们自己。学龄前，我们就通过人际互动学会了这些沟通方式，那些应对方式存在问题的人，常常会因缺乏自我价值感而遇到问题，且他们认为不幸的根源问题通常并不是关键所在，如何应对才是最困难之处。

以上四种生存姿态，都是低自尊应对方式的表现，通过自身的学习、努力、完善，我们可以让自己达到“第五种姿态”——表里一致，选择做一致性的自己。当做出一致性反应的时候，我们想到的不是去赢得某场胜利，不是去控制他人或情绪，不是保卫我们自己，也不是忽视他人的存在，一致性意味着我们选择成为真实的自己。

资料来源：维吉尼亚·萨提亚．易春丽，等译．新家庭如何塑造人［M］．北京：世界图书出版公司北京公司，2006。

经典故事

帝王蛾的故事

世界上有一种名叫“帝王蛾”的蛾子，它的双翼长达几十厘米，但这并不是它以“帝王”为名的全部原因。它的生命需要突破命运苛刻的设定，经过艰难的努力和等待，才能走出持久的死寂，从而快乐地飞翔。

原来，帝王蛾的整个幼虫期都是在一个极其狭小的茧洞中度过的。在那段死寂的岁月，帝王蛾只能默默地等待，等待生命发生质的飞跃。而这个时候，对于它的生命来说，就是一场涅槃。因为它们娇嫩的身躯需要拼尽全力才能够破茧而出。通过那窄小的茧，就像是过一道鬼门关。许多的帝王蛾幼虫在通过那道茧口的时候力竭身亡，无法自由飞翔。

有些人不忍看帝王蛾进行这样的冒险，恻隐之心让他们产生了帮助帝王蛾的冲动。人们便动手把幼虫的生命通道剪宽一点，这样，茧中的幼虫便不需要费多大力气，就能轻易钻出那个禁锢它们的牢笼。可是，人们很遗憾地发现，那些得到救助见到天日的蛾子空有一副帝王蛾的样子，却再也不是真正的帝王蛾了，它们只能拖着累赘的双翅在地上艰难地爬行，却再也飞不起来了。原来，那个对于帝王蛾来说就像鬼门关一样窄小的茧洞恰恰是帮助它们的双翼成长的关键所在，帝王蛾在艰难的穿越过程中，需要用力挤压、耐心等待，血液才能够顺利地进入蛾翼的组织中去，这样，两翼充血的帝王蛾才能真正地飞翔。而茧洞被剪大后，蛾子因为没有经过艰辛的努力和耐心等待的过程，两翼无法充血，翅膀就丧失了飞翔的功能。

一双奋飞的翅膀不可能轻而易举地得到。在那段艰难时期的等待和坚持，才是成就生命的必需。

资料来源：宋保萍．大学生心理健康教育［M］．西安：西安电子科技大学出版社，2007。

心理测试

抑郁自评量表

抑郁自评量表

抑郁自评量表（Self-rating Depression Scale，SDS）是含有20个项目、分为4级评分的自评量表，原型是 W. K. Zung 编制的抑郁量表（1965）。其特点是使用简便，并能相当直观地反映抑郁患者的主观感受及其在治疗中的变化。本量表主要适用于有抑郁症状的成年人。扫描二维码，测一测你的抑郁水平吧！

资料来源：https：//baike. baidu. com/item/抑郁自评量表/4285661？fr=aladdin.

复习巩固

测试题

模块十　解读爱的真谛，走出爱的困惑

内容提示

本模块主要讲解爱情的含义和爱情的基本理论。通过学习，大学生应该培养健康的恋爱心理，学会处理恋爱中的各种问题，培养爱的能力，学会表达爱和接受爱，正确对待恋爱挫折，从而使自己的人格日趋成熟和完整。

学习目标

1. 了解什么是爱情
2. 掌握爱情的基本理论
3. 培养爱的能力
4. 树立正确的恋爱观

单元一
解读爱的真谛

金玉良言

如果一个人没有能力帮助他所爱的人，最好不要随便谈什么爱与不爱。当然，帮助不等于爱情，但爱情不能不包括帮助。

——鲁迅

我们常说，爱情是人类最动人的感情，也是世界艺术永恒的主题。因为爱情，人们克服了对死亡的恐惧；因为爱情，人类演绎了一个个或喜或悲的故事。爱情是一个古老而常新的话题，是我们总也谈不完的话题。人们不惜用最美的语言来描绘爱情的永恒和不朽，认为爱情能给人带来精神上的激励、情绪上的欢愉、生活上的充实，没有爱情的人生是苍白的、消沉的，甚至是没有意义的。

人生的路虽然漫长，但关键的只有几步，而恋爱正是其中的一步。在现实生活中，对于大学生而言，正确地认识爱情的本质，处理好恋爱关系，爱情就会给我们带来幸福，否则就可能成为人生不幸的诱因。那么，爱情到底是什么？

情境导入

子涵和小刚两个人相识于大学时期的学生会，两个人都是学生干部，不仅是老乡，而且毕业于家乡的同一所中学，只是小刚比子涵高一届，是子涵的学长。从此，两个人你来我往，交往十分频繁。每到节假日，两人相约游玩，一起吃饭，一起看电影，一起逛公园，非常开心。每到寒暑假，他们必定一起回家，又一同返校。就这样三年过去了，小刚毕业后在本市找到了一份稳定的工作，工作后的小刚常常回校看子涵，子涵有空也去小刚的工作单位看小刚。转眼间，子涵也即将毕业了，考虑到毕业后工作的去向，子涵写给小刚一封信表达了自己对小刚的心意。但是，小刚的回答却让子涵不知所措，小刚说子涵误会了他们彼此之间的感情，小刚觉得一个女孩子到异乡来求学，举目无亲，是渴望友谊的。因此，作为学长和老乡的小刚一直很关心子涵，是出于对同乡和同学的友情。事实上，小刚有女朋友，他为自己造成的这种误会表示歉意。

子涵对此感到无比愤怒，她觉得小刚欺骗了她。可是仔细回想，小刚对她确实没有超过友谊的界限，至多不过是一个兄长对妹妹的关心和情谊。

资料来源：张玉臣，万玉环．大学生心理健康指导［M］．北京：机械工业出版社，2013。

思考：

到底什么是爱情？

理论讲坛

一、爱情的概念

微课：解读爱的真谛

（一）名人谈爱情

1．马克思的爱情观

马克思认为爱情是建立在一定的物质基础上，男女双方基于共同的世界观、人生观和生活理想，彼此相互爱慕，渴望对方成为自己生活伴侣的一种高尚的情感。这种情感属意识范畴，它是主观的，是物质生活在人脑中的反映。

马克思的爱情观体现在以下几个方面：

第一，一定的物质基础。

第二，共同的世界观、人生观和生活理想。

第三，相互爱慕。

案例分享：马克思与燕妮的爱情故事

马克思认为要先完善自己再谈恋爱，青年人首先在思想上要稳重，其次在学业上要进步，最后要体验社会生活。只有在世界观、人生观、价值观都比较成熟之后，爱情才能经得起长期的考验。爱情既要讲求无私奉献，又要考虑必要的生活条件，美满的恋爱和婚姻生活是建立在一定的经济基础之上的。

2．柏拉图的爱情观

柏拉图认为："当心灵摒绝肉体而向往真理的时候，这时的思想才是最好的。而当灵魂被肉体的罪恶所感染时，人们追求真理的愿望就不会得到满足。当人类没有对肉欲的强烈需求时，心境是平和的，肉欲是人性中兽性的表现，是每个生物体的本性，人之所以是所谓的高等动物，是因为人的本性中，人性强于兽性，精神交流是美好的，是道德的。"

柏拉图式的爱情有以下的意义：

第一，理想式的爱情观（比喻极为浪漫或是根本无法实现的爱情）。

第二，纯精神的而非有肉体的爱情。

第三，男女平等的爱情观。

第四，在这世上有且仅有一个人，对你而言，她（他）是完美的，而且仅对你而言是完美的。也就是说，任何一个人，都有其完美的对象，而且只有一个。

3．弗洛姆的爱情观

弗洛姆是国际知名的人本主义哲学家和精神分析心理学家，被尊为"精神分析社会学”的奠基人之一。

弗洛姆在《爱的艺术》中阐释了关于爱的一系列理论问题。他认为，爱主要包括关心、责任、尊重和认识等基本要素，缺乏这几个要素的爱都是残缺的爱。真正成熟的爱是四个要素缺一不可的有机结合。爱情就是对生命以及所爱之物的积极关心，缺乏这种积极的关心就只能是一种情绪，而不是爱情。责任是关心的另一方面，是一种自愿行为，是对另一个人表达出来或尚未表达出来的愿望的答复。尊重是有能力实事求是地正视并认识对方独有的个性，努力使对方成长并发展自己。缺乏尊重，责任就蜕变成控制和奴役别人。尊重让被爱的人为他自己的目的而成长和发展。人们只有认识对方、了解对方，才能尊重对方。如果不以了解为基础，那么关心和责任都是盲目的。

（二）诗人谈爱情

山无陵，江水为竭，冬雷震震，夏雨雪，天地合，乃敢与君绝！

——《上邪》

世界上最远的距离不是生与死，而是我站在你面前，你却不知道我爱你！

——泰戈尔《飞鸟集》

两情若是久长时，又岂在朝朝暮暮！

——秦观《鹊桥仙》

问世间情为何物，直教人生死相许。

——元好问《摸鱼儿·雁丘词》

曾经沧海难为水，除却巫山不是云。

——元稹《离思》

在天愿作比翼鸟，在地愿为连理枝。

——白居易《长恨歌》

（三）思想政治理论家谈爱情

所谓爱情，是一对男女基于一定的社会基础和共同的生活理想，在各自内心形成的互相倾慕，并渴望对方成为自己终身伴侣的一种强烈、纯真、专一的感情。性爱、理想和责任是构成爱情的三个基本要素。

二、爱情的理论

（一）斯滕伯格的爱情三角形理论

耶鲁大学社会心理学家斯滕伯格基于亲密、激情和承诺三大因素组成了七种不同类型的爱情（见图10-1）。

亲密是指在爱情关系中能够引起的温暖体验，是一种相互喜欢、亲近的感觉，包括对爱人的赞赏、照顾爱人的愿望、自我的展露和内心的沟通。

激情是指爱情关系中令人兴奋激动的部分。通俗地说，就是见了对方，会有一种怦然心动的感觉。它也是魅力与性吸引，是情绪上的着迷。个人外表的和内在的魅力是影响激情的重要因素。

承诺是指维持关系的决定期许或担保，是指愿意爱对方，并且保持关系、长相厮守的决策。

这三个因素的性质很不相同：亲密是脉脉的温情，激情是火一样的冲动，承诺是冷静的思考。

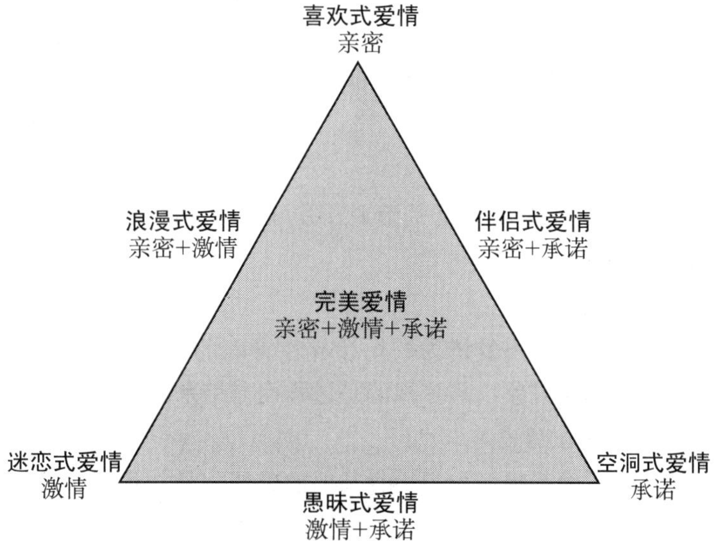

图 10－1　爱情类型图

1. 喜欢式爱情

喜欢式爱情让人在一起时感觉很舒服，但是觉得缺少激情，也不一定愿意厮守终生。只有亲密关系，没有激情和承诺，如友谊。显然，友谊并不是爱情，喜欢并不等于爱情。不过友谊还是有可能发展成爱情的，尽管有人因为恋爱不成连友谊都失去了。

2. 迷恋式爱情

迷恋式爱情只有激情体验。认为对方有强烈吸引力，除此之外，对对方了解不多，也没有想过将来。只有激情，没有亲密关系和承诺，如初恋。第一次的恋爱总是充满了激情，却少了成熟与稳重，是一种受到本能牵引和导向的青涩爱情。

3. 空洞式爱情

空洞式爱情只有承诺。缺乏亲密关系和激情，如纯粹为了结婚的爱情。此类爱情看上去丰满，却缺少必要的内容，金玉其外，败絮其中。

4. 浪漫式爱情

浪漫式爱情有亲密关系和激情体验，但没有承诺。这种爱情崇尚过程，不在乎结果。

5. 伴侣式爱情

伴侣式爱情有亲密关系和承诺，但缺乏激情。这里指的是四平八稳的爱情。

6. 愚蠢式爱情

愚蠢式爱情只有激情和承诺，没有亲密关系。没有亲密关系的激情顶多是生理上的冲动，而没有亲密关系的承诺不过是空头支票。

7. 完美爱情

完美爱情同时具备三要素，包含激情、承诺和亲密。

在斯滕伯格看来，前面六种在本质上并不是爱情，只有第七种才是爱情。

（二）约翰·李的爱情类型论

加拿大社会学家约翰·李（John Lee）经由文献收集及调查访谈两个阶段的研究，将男女间的爱情分成六种类型：情欲的爱、游戏的爱、友谊的爱、依附的爱、现实的爱和利他的爱。

1. 情欲的爱

情欲的爱建立在理想化的外在美的基础上，并且是罗曼蒂克、激情的爱情，双方初次见面即相互吸引，一见钟情。

案例分享：依附的爱压垮温馨的家

2. 游戏的爱

游戏的爱视爱情为一场让异性青睐的游戏，并不会将真实的情感投入，常更换对象，且重视的是过程而非结果。

3. 友谊的爱

友谊的爱是指如青梅竹马般的感情，是一种细水长流型的稳定的爱。爱情是一种深厚友谊，是长时间培养出来的。

4. 依附的爱

依附的爱是指情感的需求强度非常大的爱情。

5. 现实的爱

现实的爱是指会检验和考虑对方的现实条件，以期让自己所获得的回报增加且减少付出的成本的爱情。

6. 利他的爱

利他的爱是指一种牺牲、奉献的态度，追求爱情且不求对方回报。所谓“我宁愿自己吃苦，也不让我爱的人吃苦”。

（三）基克·鲁宾的爱情态度理论

基克·鲁宾（Zick Rubin）假设爱情是可以被测量的独立概念，可视为一个人对特定他人的多面性态度。他从文艺著作、普通常识及人际吸引的文献资料中，寻找叙述感情的题目，经过项目分析和信度、效度检验建立了爱情量表和喜欢量表。在研究中，他还发现爱情与喜欢有着质的差别，他发现爱情不是喜欢的一种特殊形式，爱情和喜欢是两种不同的情感。确实，生活中“我喜欢他（她）但我不爱他（她）”“我爱他（她）但我不喜欢他（她）”的现象经常发生。

爱情与喜欢的区别主要表现在三个方面：

1. 依恋

依恋指的是卷入爱情的双方在感到孤独时，会特意寻找对方来陪同和宽慰自己，而喜欢的对象不会有同样的作用。

2. 利他

利他指的是恋爱中的人之间会高度关怀对方的情感状态，觉得让对方快乐和幸福是自己义不容辞的责任。当对方有不足时，也会表现出高度的宽容。最自我中心、自私自利的人，在恋爱中也会表现出某种理解、宽容、关怀和无私。

3. 亲密

亲密指的是恋爱的双方，不仅对对方有高度的情感依赖，而且会有身体接触的需求。性是爱情的基础，是爱情的核心成分。

通常情况下，社会化水平比较高的成年人能区别喜欢和爱情，但个别成人，特别是相当部分的青少年，不能很好地区分依赖、尊重、喜欢与爱情。

三、爱情的发展阶段

社会交换论者视求爱者为理性主义者，认为人们总是选择能给自己带来更多的利益和幸福的对象做伴侣，而所有导致爱情的因素均可归结为利益和价值。利益和价值既包括物质的、经济的因素，也包括社会的、心理的因素。

根据此理论，爱情的发展大致经历了四个阶段：

（一）取样与评估

男女双方在某一群体中选择愿意交往的对象时，所考虑的主要因素是交往的收益与成本以及相互抵消后的盈余。如果收益及盈余超出自己的期望值，那么对方就会成为自己追求的目标。

（二）互惠

在此阶段，男女双方尽可能地交换收益。既为对方提供收益，也从对方处获益，同时力求降低成本。如一起聊天、互赠礼品、共同讨论感兴趣的话题等，但要避免进入对方的私密性领域。在交换中，随着双方互惠增多，两个人的亲密感增强。

（三）承诺

双方认为从对方得到的收益大于从其他异性那里得到的收益，因此，停止与其他异性的交往，双方关系相对固定，开始一对一地频繁交往。

（四）制度化

随着亲密感的不断增强，双方都觉得离不开对方，但又担心对方离开自己，希望能通过契约的形式将双方制度化，如订婚、办理结婚手续等。契约使双方的关系具有排他性，要求彼此忠诚。

知识拓展

浪漫和激情能持续多久

爱情是世界上最复杂的情感现象。几乎在所有的文化中，最美丽的故事和传说都是有关爱情的。人们渴望爱情，甚至为它生、为它死。那么，爱情到底是什么呢？

伊莱恩·哈特菲尔德等人认为爱情主要有激情爱和伙伴爱两种。激情爱是个体希望和对方融为一体的强烈的情感状态，处于激情爱之中的人春风沉醉、心无旁骛，不能忍受爱人的冷落和背叛。伙伴爱是对与自己生活在一起的伴侣的一种深刻的卷入感，彼此理解、尊重，互相依赖，像亲人一样。比起激情爱容易动荡的特点来说，伙伴爱稳定一些。一般来说，恋爱的初期激情爱的成分多一些，随着彼此关系的稳定，特别是结婚以后，双方的情感会转变为伙伴爱。

永远保持激情，让浪漫的爱坚贞不渝、地老天荒，这是每个人都梦想的。但现实生活中能做到吗？常识告诉我们很难。社会心理学的研究也证明，激情会随着时间的推移而冷却，而共同的理想、共同的兴趣、共同的价值观以及宽容和习惯等因素在维持感情中的重要性会与日俱增。

印度学者古普塔等的一项研究很有说服力（见图10－2）。他们访问了印度西北部城市斋浦尔的50对夫妻，发现因爱情而结合的夫妻在婚后5年，彼此爱的情感会不断减少；与此形成鲜明对照的是，因家庭之命而结合的夫妻，开始的爱情水平并不高，但他们的感情会慢慢增加，5年后大大地超过了因爱情而结合的夫妻们。

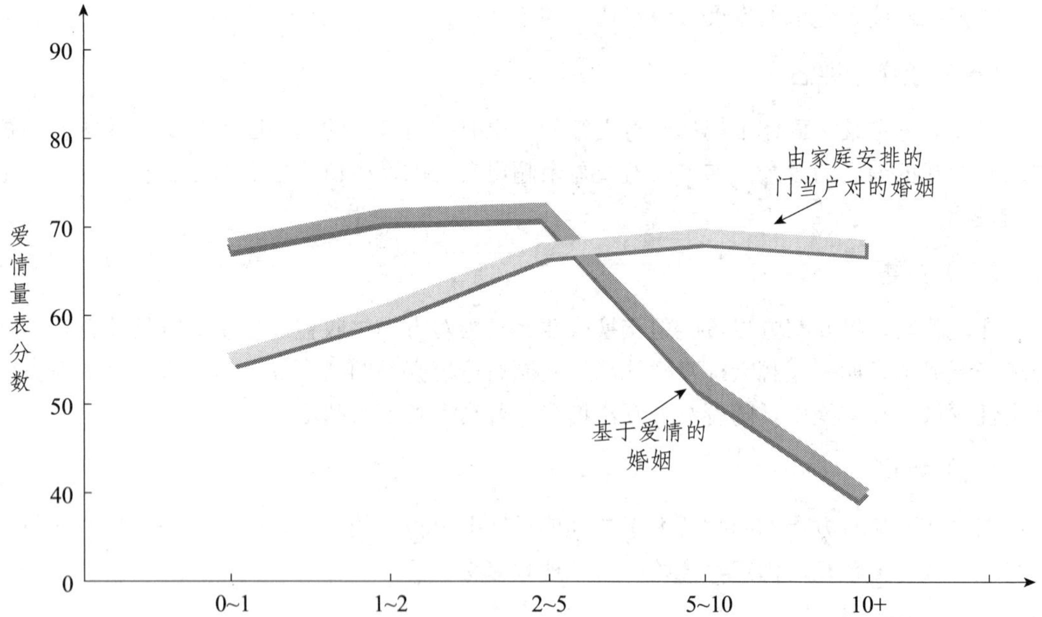

图10－2　古普塔的研究

资料来源：中国就业培训技术指导中心，中国心理卫生协会组织编写．国家职业资格培训教程：心理咨询师基础知识［M］．北京：民族出版社，2011。

经典故事

红玫瑰的由来

阿弗洛狄忒——古希腊神话人物，爱与美的女神。当爱神阿弗洛狄忒诞生的时候，上天同时创造了玫瑰，不过只有美丽的白色玫瑰。而玫瑰枝上之所以会长有尖刺，是出于众女神对爱神天生美貌的嫉妒。

阿弗洛狄忒曾经爱上人间的一位猎人阿多尼斯，他英俊、体贴、完美，但同时他酷爱打猎，不管阿弗洛狄忒如何反对，阿多尼斯仍然不肯放弃。终于，悲剧出现了，阿多尼斯在一次狩猎时被猎物撞成重伤。

阿弗洛狄忒得知后慌忙跑去救他。路途中，白玫瑰的刺划破了阿弗洛狄忒的赤足，鲜血滴落，在她跑过的地方逐渐开满了鲜红的玫瑰，这就是红玫瑰的来历。

最终她的爱人死了，阿弗洛狄忒失去了她的爱情，完美的爱神却有着不完美的爱情。

直到今天人们在祈求爱情的时候，总是会使用鲜红的玫瑰，因为人们希望阿弗洛狄忒在看到鲜红的玫瑰的时候，会想起自己与恋人曾经追求的幸福，而赐下她的祝福。

资料来源：https：//baike. so. com/doc/5637567 - 5850194. html.

心理测试

区分友谊与爱情

人与人的交往常常由相识开始，相互产生好感，进行较密切的联系，之后根据交往的情况决定是否确定为恋爱关系。但是在产生好感后、密切交往前，常常会弄不清楚相互之间是友谊还是爱情，有可能因将友谊视为爱情而产生误会。二维码中的测试可以帮助你区分友谊与爱情。

资料来源：http：//www. docin. com/p-82492068. html.

区分友谊与爱情

复习巩固

测试题

单元二
走出爱的困惑

金玉良言

未经失恋，不懂爱情；未经失意，不懂人生。

——周国平

步入大学，越来越多的人开始了甜蜜的恋爱。可是当激情退去，浪漫不在，甜蜜变成了困扰，浪漫变成了争吵，曾经相爱的恋人分道扬镳。感情的问题困扰着一届又一届大学生，越来越多的大学生不知道如何区分爱情和友情，更不懂得怎么和异性交往以及如何排解失恋的痛苦等。帮助大学生树立正确的恋爱观、走出爱的困惑，就是本单元要完成的目标。

情境导入

小红和小强是大学同学，是大家公认的天造地设的一对。然而，小强的严防死守却让小红受不了：只要她一有短信，小强就一把抢过手机要先看；小红的朋友中，他看谁不顺眼就不许小红和那个朋友继续联系；他特别反对小红上QQ聊天，也不让小红登录微信朋友圈，还说："我都是为你好，好多女孩都是这样被网友骗了。"小红说："口口声声说为我好，可处处限制我和别人接触，难道这就是为我好？"

思考：

小红和小强的感情存在哪些问题？

理论讲坛

一、大学生恋爱中常见的心理问题

微课：恋爱中的心理困扰

（一）猜疑心理

爱情中缺乏起码的信任，老是怀疑对方在做对不起双方感情的事，以至于发展到跟踪对方、约法三章等，这实际上是缺乏对对方尊重和理解的一种表现。真正的爱情应该是双方坦诚相处、真诚相爱。“情境导入”中，小强在恋爱中总是猜疑小红，这其实是缺乏信任的表现。

案例分享

猜疑让爱情走向末路

阿云是一个温柔体贴的女人，曾经和丈夫很是恩爱。可是，她却有一个喜好胡乱猜疑的坏习惯，最终毁了自己的爱情与婚姻。

结婚前，她的丈夫曾经有过一个女朋友，是他的大学同学。他们曾经深爱着对方，可是由于女方家人的反对和异地的原因，最终忍痛分手。后来，在工作期间他认识了阿云，并在朋友的撮合下，与她结了婚，双方也很恩爱。后来，丈夫的前任女友又调回同一个城市，阿云听说后非常紧张，害怕丈夫与他的前女友旧情复燃。于是，她开始仔细研究丈夫的一言一行，疑心重重。她经常偷偷检查丈夫的钱包、公文包，想找到蛛丝马迹；经常往丈夫办公室打电话，以确定丈夫在不在工作；丈夫外出时，她还经常偷偷跟踪。丈夫逐渐觉察到妻子的种种猜疑行为，很是反感，觉得自己受了侮辱，对妻子的挚爱渐渐淡去。他开始讨厌妻子的关心，讨厌回家听到妻子的盘问，于是向单位主动要求长期出差，回来后也找借口不回家。为此，妻子的疑心越来越重。最终，他们离婚了。

再真挚的爱情也经不起猜疑的折磨。阿云无休止地盘问、调查丈夫，全然不顾丈夫的反抗，把丈夫的离家当作印证猜疑的证据，最终导致婚姻破裂。猜疑是一个可怕的心理误区和一片阴暗的沼泽地，一旦陷入，几乎不能自拔，使人失去理性，失去爱情与婚姻。在猜疑者看来，自己的猜疑总是正确的，对方对猜疑保持沉默则被视为默认或理亏，对猜疑进行解释则被视为狡辩。这是一个死胡同。培根说过：“心思中的猜疑就像鸟中的蝙蝠，永远在黄昏里飞。猜疑的确应当制止，至少应当节制，因为这种心理使人精神迷惘，疏远朋友，而且扰乱事务，使之不能顺利。猜疑，使君王易施暴政，为夫者易生嫉妒，有智谋者寡断而抑郁。”

那么，要如何克服恋爱中的猜疑心理呢？

1. 增进了解

克服猜疑心理就要增进恋爱双方的相互了解，多了解对方的兴趣爱好，提高彼此的信任，避免轻易地被闲言碎语左右。

2. 加强自信

不论男女，要努力提高个人修养、加强自信，改变不良的心理定式，襟怀坦荡、宽以待人、与人为善。

3. 学会冷静

要学会冷静、全面地看问题，避免感情用事、偏听偏信。要学会坦诚地保持相互间的思想沟通，一旦产生疑问，敢于开诚布公地交换意见，正视矛盾，尽早消除误会、化解疑心。

那些喜欢“吃醋”的人，假如你不想使正在盛开的爱情之花枯萎的话，请你别做“醋坛子”。

（二）自卑心理

自卑心理是因自我评价偏低而引起的害羞、不安、内疚、胆怯、失望等消极的情绪体验。自卑感过重的人，在恋爱问题上，常会怀疑自己的能力，因惧怕自尊受到伤害而无法敞开心扉。一旦在恋爱中受到挫折，又往往会采取自我封闭、不再与人交往的方式来逃避现实。大学生恋爱中的自卑心理大部分都是由自身的“缺陷”和“不足”造成的。如自己的相貌、身材、家庭出身、经济条件等低人一等，或感到自己在学习成绩、社交能力等方面总不如人，常自叹命苦。

案例分享

我如此不堪，你真的爱我吗？

小芳是一个漂亮的大学毕业生，在工作中喜欢上了长相普通、身材矮小且学历很低的小勇。小勇的朴实、善良、聪明吸引了她，爱上小勇她一点也不后悔。可是小勇却很自卑，认为自己年龄大、学历低、长得又不好，根本配不上小芳，再加上小芳开朗活泼，经常和一些男性在一起说笑，使得他对小芳的爱持一种怀疑的态度。小勇和小芳在同一个单位上班。他每天第一个来到单位，隐藏起来，偷偷观察小芳的一举一动，并且偷偷查看小芳的信件和电话记录。他也知道自己的心态是不健康的，可是又控制不住，为此他很是苦恼。

以上案例中，小勇对小芳的猜疑源于小勇内心的自卑。弗洛姆说过：“爱是信心的行为，谁没有信心谁便没有爱。”自卑是一个让人无法自拔的陷阱，会使人自毁爱情的长城。

怎样克服恋爱中的自卑心理呢？

1. 认识自我

克服自卑心理首先要正确认识自我。在现实生活中，要勇于正视自身的缺陷和不足，同时要看到自己的优点与长处。俗话说得好："骏马能历险，犁田不如牛。坚车能载重，渡河不如舟。春有百花秋有月，夏有凉风冬有雪。直木可为梁，曲木可为犁。"要努力做到客观地评价自我，愉悦地接纳自我。

2. 磨炼意志

克服恋爱中的自卑心理，要有敢于面对挫折与困境的百折不挠的勇气和毅力；要树立积极的人生态度，加强自身修养，以乐观积极的态度对待生活和人生。

3. 增强自信

时常看到自己的优势，多做自己有把握的事，不断以各种方式来激励自己奋发向上。我们可以用自我暗示的方法来增强自信，例如："我是一个聪明、漂亮的人""在我所从事的专业领域，我是出类拔萃的""我是最棒的"。

（三）嫉妒心理

正如人类的嫉妒心理在原始社会并不存在一样，爱情中的嫉妒心理也产生于一夫一妻制。在群婚制的时代，一个男人可以和一群女人"结婚"，其中任何一个同某个男人或女人发生性关系的异性，都不会嫉妒别的异性。一夫一妻制在人类婚姻史上确定了它的主宰地位，特别是当两性关系在法律和伦理意义上确定了它的定向以后，爱情就不仅仅是异性间的吸引了，它具有更重要的特征。这时，爱情中的嫉妒心理就应运而生了。

嫉妒心理是指异性关系中，因他人比自己强而对自己在异性心目中的位置构成某种威胁，所产生的苦涩、羞愤、愤懑，甚至敌视对方的情绪状态。男女之间一旦确立恋爱关系，双方都会要求对方的爱情专注于自己，而绝不能容忍第三者的插入或其中一方同时涉足于第三者。有人说，嫉妒是爱情的标志，爱得越热烈，嫉妒心理就越强烈。在大学生的恋爱中，嫉妒心理使得一些恋人之间限制和干涉对方与他人的正常往来；也有的情侣因嫉妒心理而整日陷入无休止的猜疑、矛盾纠葛之中；还有的人出于嫉妒心理，不顾社会道德伦理，对他人进行无中生有的诽谤、攻击；甚至个别人在嫉妒心理的驱使下与"情敌"发生流血事件。严重的嫉妒心理，往往表现为与爱情根本不相容的自私、狭隘的占有欲望，是一种不良的情绪，是大学生恋爱心理障碍之一。

案例分享

"你是我的唯一"

小欧是一个大四的学生，为人稳重，性格内向，内心细腻，情感丰富。小欧交了一个女朋友叫小兰，小兰是个面容姣好、性格开朗、活泼可爱、多才多艺的女孩子，她是小欧的大学同学，在学校担任学生会的文艺部部长。因学校经常要组织一些文艺活动，小兰免不了要接触一些男性学生会干部。小欧看到小兰和男生接触频繁，特别是与那些英俊潇洒、能言善辩的男生在一起谈笑风生、无拘无束，总觉得内心有一种酸溜溜的滋味，嫉妒之心不禁油然而生，他和小兰在一起时不免有些冷嘲热讽，甚至是大发脾气，两人常常闹得不欢而散。小欧明知道这种嫉妒会伤害彼此的感情，可又不能自制，内心非常痛苦，为此食不甘味，经常夜不能寐，身体日渐消瘦。

大学生应该如何克服恋爱中的嫉妒心理呢？

1. 认识自我

要分析自己是否过于敏感、缺乏自信。自卑的人容易产生嫉妒心理。

2. 分析嫉妒根源

嫉妒心理的产生往往是由误解引起的，要搞清楚是不是误解了自己的恋人。另外，要增强自身的心理素质和人格修养，消除爱情中的自私心理。爱情是排他的，但并不等于对方是你的私有财产，只能受你支配。

3. 积极消灭嫉妒心理

要主动进取、充实生活、转移注意力，比如将更多的精力放在工作和学习上。就像培根说的：“一个埋头沉入自己事业的人，是没有功夫去嫉妒别人的。”

4. 学会控制情绪，尊重对方的感情

在恋爱时，要允许对方有自己的人际交往空间。

二、大学生恋爱中的心理误区

案例分享：
为了爱情，赴汤蹈火在所不辞

（一）错误地认为爱情可以征服一切

热恋中的大学生认为爱情是可以征服一切的，只要彼此相爱，爱情就是美满的，未来的婚姻就会幸福。甚至有学生扬言：“只要我爱他，他酗酒我不在乎，他赌博我也爱他，他游手好闲、不务正业也没关系，我只要一直爱他就好了，我对他的爱能征服一切。”

（二）错误地认为爱情就是人生的全部

在大学里，有人把爱情放在人生最高的位置，认为爱情就是人生的全部，奉行爱情至上主义，一切都应该以爱情为转移。崇尚爱情至上的人认为“世界和生活只有你和我，还有我们之间的爱情”，认为没有爱情就没有意义，对周围的事物都漠然处之。

在大学里，有人把爱情当成人生的全部，当失去爱情时，就觉得自己好像失去了整个人生。爱情并不是人生的全部，只是人生的一部分，我们的人生除了爱情还有友情、亲情。大学生要努力学习、努力拼搏，为自己将来的事业努力打拼。在大学里，大学生应该把学业放在第一位，把爱情放在第二位，因为学业是未来事业成功的基础。爱情是以互相爱慕为基础的，意味着相互的责任，任何时候对待爱情都不应该草率。如果不能把握好爱情，它不但可能会使自身丧失学业，而且可能会给自己的身体和生命带来危害，甚至给社会和家庭带来不和谐的一面。

（三）错误地认为只有初恋才是真爱

都说初恋最难忘，也最美好。初恋的难忘和美好基于一个前提——不成功的恋爱。这恐怕和维纳斯的残缺美有一样的效应。

越来越多的大学生认为只有初恋才是真爱，在他们心目中，只有初恋才是单纯的喜欢，付出的是纯真的感情，彼此之间是真诚的，没有任何不正当的想法，却有一生一世要和对方在一起的幻想，会为对方付出自己的一切，却不求一丝回报。

初恋是每个人在情场的第一次实践。现代社会很少有人的爱情是一步到位的。我们都是钟情—分手—钟情—分手—钟情—分手……直到修成正果的，每一段恋情都能教会我们一样东西。比如：暗恋失败，教会我们爱情是两个人的游戏；初恋分手，教会我们满足对方的需要是很重要的；激情之爱幻灭，教会我们平淡的情感有时候更浓……爱情不是得到就是学到，真爱是不断进化发展的。因此，每一次爱情对我们来说都是新的，都可以是真爱。

人世间的每个人都会经历懵懂的、纯纯的初恋，虽然不见得会成功，但初恋却是一生永远的回忆。初恋可以是真爱，但不能武断地认为只有初恋才是真爱，因为真爱可以有很多次。

三、大学生常见的恋爱挫折

（一）单恋

1. 单恋的内涵

单恋也就是单相思，是一种心理失去控制的情感表现。青春期男女在相遇时因对方的容貌、才华、品德行为、经济条件等而产生爱慕之情，于是自己有意单方面地点燃爱情之火，编织情网，把对方的举止视为对自己有意求爱的信号，对方的一个眼神、一丝微笑、一句模棱两可的话语，在旁人看来微不足道，但在当事人看来却是爱的表示并坚信不疑，从而陷入单恋的深渊而不能自拔。一旦发现对方无此情，往往会在内心蒙受失恋的痛苦，昼思夜想，影响健康，有的甚至导致精神疾病。单相思最大的心理误区是把心目中暗恋的人过于美化，看成十全十美。

案例分享

“你是爱我的”

有个女孩叫小娟，上大学前因出了车祸而推迟两个月入校学习。进入大学，一切都是陌生的，其他同学彼此之间都已经熟悉，而她却很难融入新的集体。有一个男孩叫小磊，是小娟所在班级的班长。作为班长，小磊认为自己有义务帮助小娟尽快适应新集体，所以在学习和生活中一直在帮助小娟，把自己的学习笔记借给小娟，还热情地给小娟补落下的课程。小娟生病了，小磊陪着她看病，对小娟嘘寒问暖。一个学期过去了，小娟对小磊心生爱慕，并且认为小磊对她呵护体贴是因为爱她。有一天，小娟对小磊表白了，但遭到了小磊的拒绝。小磊说他是班长，有义务帮助新同学，对小娟并没有爱意。而小娟却陷入了这段爱恋中不能自拔，对学习毫无兴趣，整天魂不守舍，日思夜想，失眠，不想吃饭，精神恍惚，自言自语，经常听到小磊对她讲情话（幻听），经专科医院诊断为钟情妄想症。[①]

2. 单恋的心理调适

（1）客观评价对方。客观评价对方可以起到熄灭单恋之火的作用。当自己认为对方是一个完美的人时，也表明自己对对方的了解很表面、很单一，应换个角度去观察和评价，寻找对方的缺点，就能冷静对待自己的感情，经过一段时间的磨砺，逐步克服单恋的迷茫。

（2）放弃虚幻的爱情。面对单相思，最明智的方法就是及时斩断情丝，收回自己的爱。既然爱是相互的，而对方对自己并无爱恋之心，那么自己也应该将这份爱很好地收藏，停止对对方的追求。

（3）消除“爱情固着”心理。爱情固着是指明知别人不爱自己，但依然一往情深地爱着对方而不能自拔。针对这种心理，必须借助理性努力从感情上加以调整。为此，可以经常提醒自己：“我不应该这样去爱他（她）”“在感情上我与他（她）没有任何联系”。

（4）扩大人际交往。要将自己已经积聚的相思之情疏淡，并转化成更广泛的爱，如对父母更亲近些、与朋友加强联系、多参加集体活动等。

拓展阅读：
苏格拉底与失恋者的对话

（二）失恋

1. 失恋的内涵

失恋是指恋爱过程中断，在客观上表现为相爱的双方分离，在主观上表现为失恋者体验到悲伤、忧郁、失望等消极情绪及心理痛苦和压力。恋爱的过程是两个人相互了解和选择的过程，当一方提出终止恋爱关系时，另一方就会失恋。

2. 失恋的心理调适

失恋是大学生最严重的挫折之一，会在一个人的心里留下久久难愈的创伤。有人甚至将失恋视为人类可承受的心理极限，可见失恋对于一个人的身心伤害之大。遭遇失恋者往往内心感到痛苦、忧伤、愤怒和彷徨，甚至食欲不振，夜不能眠，少数人还有自残或暴力伤害行为。有研究发现，平均每年有27万～30万人自杀，青少年每3小时有1人自杀，而大学生

① 钟情妄想症是妄想症中的一种，俗称“花痴”。最早由心理学大师弗洛伊德发现并命名。钟情妄想症常源于病人对爱情的错误感知。患有钟情妄想症的病人对于自己被人暗恋有着异常坚定的信念，并借此对对方进行纠缠，即使遭到拒绝也不会认为自己的想法有错误，而会将之理解为对方在考验自己的爱情忠诚度。

自杀的主要原因是失恋。对于失恋的心理调适，主要有以下方法：

（1）逆向思考。恋爱取得成功，除了社会公认的品质、观念以外，还有许多特殊的心理要求，如性格和谐、志趣相同、价值观一致、生理特征相匹配等。如果这些方面发生矛盾，导致恋爱不能进行下去，倒不必过于痛苦。不妨反过来思考一下，如果勉强凑合下去，造成以后感情不和，爱情又有什么幸福可言？失恋固然不是幸事，但是尽早分手也并非坏事，说不定还是一件好事。

（2）合理宣泄。失恋造成的情感压抑是十分严重的，如果不及时地合理宣泄，会出现各种不适应症状。比较有效的宣泄方法有以下几种：向亲密的朋友或家人倾诉内心的苦闷和悲伤；可以闭门痛哭一场；寄情于山水之间，向大自然宣泄自己压抑的情绪。失恋后可以与朋友一起外出远游一次，体验大自然之奇丽与伟大、人生之美好，会觉得自己失恋的痛苦只不过是沧海一粟，从而心胸会变开阔，郁闷的心情就会有所缓解。

（3）自我激励。失恋者应运用理智，把感情、精力投入能充分实现自身价值的事业中和对生活的热爱上去，从而使失恋造成的挫折在更高的升华境界中得到补偿，获得更大、更多的收益。鼓励自己将情感和精神放在事业上，毕竟爱情不是人生的唯一寄托，事业上的成功是摆脱失恋痛苦的一种最为积极的防御方式。

（4）丢弃自卑。失恋并非羞耻之事，但有些失恋者却认为失恋是令人耻辱的，是被对方“耍”了、“玩”了，感到脸上无光、无地自容，从而产生强烈的自卑感，甚至因此离群索居。其实，任何事情的发展都面临两种前途，恋爱也是一样。恋爱一次成功固然可喜，但这毕竟只是可能，而不是必然，所以谈恋爱就要有谈不成的心理准备，失恋也是在情理之中，是无可非议的。有思想、有志气的青年不应受世俗偏见的束缚，不能自己看不起自己。如果能从失恋中发现自己的不足并有所进取，那么不愁今后找不到称心如意的好伴侣。

知识拓展

失恋后的十个阶段

很多人会问：失恋了怎么办？有个朋友曾经对我说：你只是失去了一个重心，找回了平衡点，你就重生了。今天就跟大家分享一些方法，希望以后大家不用再问失恋了怎么办，只需要告诉自己，失恋了，就好好享受以下十步，然后蜕变。

第一步：痛苦

你会这样想：他只是一时冲动，他还会回来找我的。

分析：“我们分手吧！”——这句话他已经说得明明白白、清清楚楚，可你依然还在苦苦分析这句话里是否还有别的意思。他留下了他曾用过的某件东西，这难道有什么暗示吗？你仔细回味他的每一个动作、每一句话，总想证明一点：他会回来的。你伤心但充满希望地等待他，只要楼道里一有脚步声或者电话铃一响，你就会神经质地以为是他回来了。

解惑：自我否定是人类最痛苦的精神创伤。失恋意味着过去的情感被否定了，而未来则出现断层，所以失恋给你带来了深深的伤害。你拒绝接受某些事实，因为在潜意识里，你还没有准备好接受这一打击。

第二步：纠缠

你会这样想：他家里怎么还有灯光？

分析：他真的走了，这次你很确定，并且他一点没有要回头的意思，更不想跟你好好谈谈。但你认为他不可能已经把你忘记了，他没有权利在你痛苦的时候快乐生活。于是你不断给他打电话，他不接。你不断给他发短信，他还是不理睬。你甚至开始跟踪他，想知道他是否有了新欢。你到他家楼下看他窗户上有没有新人的身影，像幽灵一样游荡在他身边，却不知自己到底想要干什么。

解惑：你不能接受他离开你的事实，你就投入全部精力想要“抓住”他。但你不能把任何人据为己有，所以这种纠缠的结局肯定对自己有害。你应该清醒地认识到，他有权利拥有他自己的生活，你无权干涉。如果你不尊重这一点，最后失去的是你自己的尊严。

第三步：愤怒

你会这样想：王八蛋！他是个彻彻底底的混蛋！

分析：他终于有新欢了，但你无法相信，他怎么敢如此对待你？你不再流泪，却气得发抖。他太过分了！这时你只有一个目的：以牙还牙。诱惑另一个他，或者你轻蔑地对他说：“其实你从来都没有让我快乐过！”趁周围没人的时候，砸碎他的车窗玻璃，给他的新欢打匿名电话，只要有机会，你就毫不犹豫地进行报复。

解惑：失控的感觉让你狂怒，像孩子一样把自己得不到的玩具砸坏，既然不能拥有，就毁掉它。适当的愤怒在最初的时刻对排解失恋的痛苦是有好处的，发泄情绪可以让你暂时忘掉伤痛。但在愤怒之后的冷静期，痛苦会再次光临你的内心。

第四步：自怜

你会这样想：他都不爱我，还会有人爱上我吗？

分析：当外部的世界寒冷而残酷，还有什么比缩在自己的壳里更安全呢？一件睡衣、一张舒适的沙发、一台昼夜不歇的电视机，外面的世界就显得不那么可怕了。你留在家里，不想去上班，你昏天黑地地睡觉，毫无节制地大吃，谁会心疼你呢？没有人！你知道忘掉他的最好办法就是爱上另一个他，于是你有意去诱惑那个并没有真正让你动心的他，可是你回到家仍然会觉得伤心，因为那不是你真心想做的。

解惑：由于外部世界并不为你的愿望所左右，因此你会更倾向于否认它的存在，把自己封闭起来。为了重新找回内心的力量，这个自我封闭的阶段是必不可少的。但时间不要过长，最好的办法是跟自己订个“合同”：封闭一个固定的时间段，然后努力走出去。

第五步：不屑

你会这样想：就他那㞞样，我还不想要他呢！

分析：他不要我了？再好不过，我还不想要他呢，早就不想了！他一点也不优秀、不富有、不体贴，身上的缺点多如牛毛。我怎么会忍受他这么长时间？这个男人滑稽可笑，一点品位都没有，他走了正好，让他到别人那里去出丑吧，我再也不想忍受他了！

解惑：为了减少伤痛，你本能地去挑对方的毛病。虽然你做了那么多努力让自己认为他不值得爱，但你心里其实非常清楚你留恋的是什么。不过这多少是个好征兆，你可以利用对他的蔑视重拾自信，把注意力转移到别处。

第六步：伤感

你会这样想：毕竟跟那个家伙一起度过了那么多美好的时光……

分析：你的狂热渐渐退去，但你依旧很想念他。在确定他不在家的时候，你给他家里打电话，就为了听听那熟悉的铃音；你拨通了他的手机，却在他一接通时就突然挂断；你在他住的小区周围游荡；你在第一次约会的地方伤心发呆；你收拾过去的东西，凝视他的照片——这个人看上去还是令你不由自主地心疼。

解惑：这首先是一个生物现象，大脑倾向于思念已经熟悉的事物，曾体验过的生活比未来的生活更让你有安全感。因为害怕前进，你有意地美化过去。一段旧日恋情里总有美好的时刻，但如果你想前进，这些回忆应该被忽略。

第七步：彷徨

你会这样想：如果我身材再好点，他也许不会抛弃我。

分析：度过了最忧郁的时期，感到自己又充满了力量，一切又变得有可能。他是不是嫌我太胖？那我就开始运动减肥，他一定会重新对我感兴趣。他喜欢看书，如果我也加强学习，他或许会重新爱上我……我怎么早没有想到这些呢？只要我付诸行动，他一定会改变主意，哪怕他已经有了新欢。

解惑：这个阶段对心理恢复是很有帮助的，因为他在你心目中已经不是敌人了，他成了一个动力。不管他是不是真能回来，此时你所做的努力都是对你有好处的。有时动机和结果并没有必然的关联。

第八步：理解

你会这样想：分手到底是因为什么？

分析：你决定彻底翻过这一页，但你需要弄明白过去究竟发生了什么事。是他不值得去爱，还是你做错了什么？你做的饭菜真的很难下咽吗？你的性格真的让人无法忍受吗？这些问题可能没有答案，但如果你不去思考，也许永远不明白问题出在哪里。每个人都有自己分析的方式，有的人会深深自我剖析，有的人则会询问身边的亲友，甚至从当事人那里寻求答案。

解惑：寻求答案是自然健康的行为，如果没有它，你就不能继续前行。

第九步：装乐

你会这样想：一个人真好啊，多自由！

分析：现在你没事了！你感觉很好，你是个快乐的单身女，不需要爱情，也不需要他。你每天晚上都出去玩，劲舞跳到凌晨，没人管得了你。你是自由的，时间表排得满满的，一旦闲下来，你就迫不及待地找事做，填满这段时间。你接受所有的邀请，上网与陌生人狂聊，参加各种派对。

解惑：在这个阶段，你用失控的狂热来填补空虚，为了不让自己有时间难过，你把每一分钟都填满。你对很多事情表现出过度虚假的兴趣。最好利用这段亢奋的时期，来做些有建设性的事情，比如把英文狂补一下。

第十步：自由

你会这样想：空气如此新鲜！生活如此美好！

分析：你很惊讶自己已经有好几天没有想起他了。你开始觉得生活里应该有些改变。无意中你换了发型，买了一些他最不喜欢的新衣服。你又变得开朗起来，你感到身体轻松、头脑轻松。当然，你想到他的时候，心里还会隐隐作痛，但你真的不愿再让这件事折磨你了。忽然觉得某个同事的眼睛充满魅力，奇怪，我过去怎么没有注意到？

解惑：太好了。你不需要任何虚幻的麻醉剂了，完全放松的时刻终于来到。现在你完全恢复了，开始在一些事情上重新投入精力：工作，朋友，还有那个新的他。

记住：失恋就是一次重生的机会，不要纠缠，不要拖拉。要想让对方记住你，洒脱地说一声“再见”，比什么都来得震撼。

资料来源：https：//www.jy135.com/qinggan/118392.html.

经典故事

泰姬陵的爱情史话

泰姬陵是印度知名度很高的古迹之一，是世界文化遗产，被评选为“世界新七大奇迹”之一。

泰姬陵是一座用白色大理石建成的巨大陵墓，是莫卧儿皇帝沙贾汗为纪念他心爱的妃子阿姬曼·芭奴于1631年至1653年在阿格拉而建的。阿姬曼·芭奴，这个来自波斯的女子，美丽聪慧，多才多艺，入宫19年，用自己的生命见证了沙贾汗的荣辱征战。沙贾汗封她为“泰姬·玛哈尔”，意为“宫廷的皇冠”，可谓三千宠爱于一身。可惜的是，自古红颜多薄命，泰姬在生下第14个孩子后香消玉殒。死讯传来，沙贾汗竟然一夜白头。于是，一个悲痛的丈夫，动用了王室的特权，倾举国之力，耗无数钱财，用22年的时间为爱妻留下了这段瑰丽的绝响。正如美国著名作家马克·吐温所说，爱情的力量在这里震撼了所有的人。泰姬陵因爱情而生，这段爱情的生命也因泰姬陵的光彩被续写，光阴轮回，生生不息。尽管有人说，泰姬陵美轮美奂的脚下，不知堆砌着多少人的鲜血乃至生命。但是，我们似乎更愿意相信这世上真的有情深意重的男子，有穿越时空的思恋，有生死相随的爱情。泰姬陵依然超越简单的建筑学意义，默默地美丽着，不为别的，只为世人心中那一点对爱情的美好向往。

心理测试

测一测你的恋爱观

测一测你的恋爱观

恋爱观就是对恋爱问题的看法。它表现为青年人对美的认知尺度、择偶标准、恋爱目的、使用方式及对幸福伴侣的理解等。你可以做一做二维码中的测试题，看看自己的恋爱观是否正确。每题只选一个答案。

复习巩固

测试题

单元三
培养爱的能力

金玉良言

爱情如果不落到穿衣、吃饭、睡觉、数钱这些实实在在的生活中去，是不会长久的。真正的爱情，就是不紧张，就是可以在他面前无所顾忌地打嗝、放屁、挖耳朵、流鼻涕；真正爱你的人，就是那个你可以不洗脸不梳头不化妆见到的那个人。

——三毛

法国作家雨果说过："人生有两次出生，头一次是开始生活的那一天；第二次则是在萌发爱情的那一天。"

弗洛姆在《爱的艺术》中谈到，一个人的富有并不是有多少权力与财富，而是一个人能给予别人和这个世界爱的能力。从一个人的成长史我们可以轻易地看到：爱的能力是逐渐被认识和学习的。一个真正高质量的亲密关系，需要经过误解、伤害、饶恕、修复后才能建立起来，爱是需要我们终身学习的。作为大学生，无论是否开始恋爱，我们都要用知识、修养、爱心来丰富自己，积蓄爱的力量，学习爱的语言，培养爱的能力。

情境导入

张磊和冯丽在大学时同为学生会干部，女的美丽大方，男的英俊有才，羡煞周边很多同学，大学毕业没多久，他们就结婚了。但结婚后不到一年的时间，冯丽就觉得不幸福了。忍耐了半年后开始向原来的大学辅导员倾诉，她这样说："我们结婚前我对自己选的丈夫非常满意。他潇洒英俊，事业有成，收入丰厚。但是结婚以后我发现他是一个心理不健康的男人，而且生活习惯让人难以忍受。比如在日常生活中，稍微遇到一点麻烦、挫折，他就埋怨我、对我发火，而不是以乐观的态度去积极克服。他十分自私，一切只从自己的利益出发，有时甚至会为了一点不公平而动怒。他特别好猜忌，有的时候我稍微晚回来一点，或者和某一位异性正常来往，他都要疑神疑鬼，反复问我半天。面对这么一个心胸狭窄的丈夫，我对未来的家庭生活感到困惑。他回到家里鞋子一脱，总是把内衣、袜子、运动衣团在一起遍地丢弃，牙膏用过之后永远都不会放到原来的地方，洗碗刷锅的物件从来没有摆放合理过，这个家真被他搞疯掉了，一点都不像他在学校的时候给人的印象。面对这些情况，我与他沟通，换回的只有不满、冷漠和愤怒，我该怎么办?”

思考：

为什么冯丽在婚后会有如此多的烦恼？你认为冯丽有哪些能力需要培养和学习？

理论讲坛

一、什么是爱的能力

弗洛姆说：“爱是人的一种主动的能力，一种推倒把人和其他同伴分离之围墙的能力，一种使人和他人相联合的能力；爱使人克服了孤独和分离的感觉，但它允许他成为他自己，允许他保持他的完整性。”

爱的能力是指和他人建立亲密关系的能力，具备爱的能力会引导一个人去真正地爱他人，也真正地爱自己，能真正体验到爱给人带来的快乐和幸福。

恋爱的过程是培养爱的能力的过程。爱的能力首先取决于内心储存了多少爱可以给予，如果一个人内心是干枯的，没有爱可以付出，也就缺乏爱的能力的基础。

正如弗洛姆所说：“关心、尊重、责任、认识，它不是为某个人所爱之意义上的一种情感，而是为所爱之人的成长和幸福的一种积极主动的奋斗，它根植于自身的爱的能力。”

微课：
学会选择爱、表达爱、接受爱、拒绝爱

二、表达爱的能力

表达爱时要以合适的地点、合适的言辞以及合适的方式来呈现，表达出对所爱之人的认识、感受和希望。表达爱需要勇气、需要信心。表达爱是在表明爱一个人也是幸福的，哪怕可能得不到回报。

当你爱上一个人时，能否用恰当的方式和语言向对方表达出来呢？

案例分享

爱你，却不敢说

张遥大学毕业后在一家银行上班。同事李明是一个比她大3岁的男生，浓眉大眼，风度翩翩，事业心强，人品也好，还热爱体育、文学。李明和张遥兴趣相同，两人很合得来，经常一起唱歌、跳舞，形影不离，简直是谁也离不了谁。渐渐地，张遥发现自己爱上了李明，她也知道李明没有意中人。张遥一直不敢向他表露衷肠，她期望李明能洞察她的心。两年过去了，可惜李明的知觉似乎有些迟钝。两年后，戏剧性的事情发生了，李明在一次同学聚会上认识了一位长相酷似张遥的女孩雪儿。与张遥不同，雪儿性格爽朗明快，并且疯狂地喜欢上了李明，她对李明频频发动爱情攻势。当有一天，李明把雪儿作为自己的女朋友介绍给同事时，张遥惊呆了，她的眼泪夺眶而出。

中国有句俗话：“男追女隔重山，女追男隔层纱。”这样看来，女追男应该容易得多。可事实是，男孩愿意为了心爱的女孩跋山涉水，而女孩纵使爱得要死要活也不愿去捅破那层纱。这些不愿主动出击的女孩认为：“女子的美德就是温婉内敛，就应该享受被追求的快乐。女追男，这简直就是自贬身价。”这些女孩的想法是错误的，幸福其实就掌握在自己的手中。

其实无论男女，当爱情来了，就应该抛弃各种顾虑，主动出击。

首先，主动追求之前应对男孩（女孩）有所了解。在实施追求的计划和行动之前，一定要对对方的婚恋情况做一个详细的了解，如这个男孩（女孩）是否未婚、是否值得去追等。

其次，对于男孩来说，在表达爱的时候，明示比较合适。最好的方式就是把心爱的女孩约出来，当面表白。茶座、咖啡厅、西餐厅都是非常不错的表白场所，玫瑰花是表白时不错的礼物。

对于女孩来说，在表达爱的时候，暗示比较合适。在短信中表示对男孩恰到好处的关心，给男孩一种耐人回味的感觉；也可以小女人般地“示弱”，如“头痛”“不舒服”之类，激发男孩的怜爱之心，并可以透过男孩的回复来判断男孩对自己的好感程度。可以制造一些邂逅的机会，或是在相遇时故意地拍他一下，然后说：“哎呀，我认错人了。”如果和男孩一起走路，看到对方双手拿着东西，可以表现出自己的助人为乐：“我帮你拿好了。”如果对方空手，可以要求他助人为乐：“能不能帮我一个忙？”等等。

无论暗示还是明示，最多给自己三个月时间。如果在这期间，对方不能如你对他（她）那样对你好，不能说出“我爱你”，不能把你作为恋人介绍给他（她）的朋友，事实上他（她）已经拒绝了你的爱情，只是在享受你的关心。与其忍受暗恋的折磨，不如主动把爱说清楚，不管结果如何，至少自己可以宽心，不会继续痛苦或忐忑不安。只想不动解决不了任何问题，要用行动去证明。如果遇到喜欢的人，不妨主动一点，即使行动过后后悔，也比什么都不做强。还有，不要因为一次表白被拒绝，就失去了再次表白的勇气。任何时候都要相信自己，只要你对爱有信心，幸福一定会跟着来。

三、接受爱的能力

拓展阅读：
电视剧《恋爱先生》分析

当期望的爱来到身边时能够勇敢地接受，也是爱的能力的表现。有的大学生在别人向自己示爱后，内心挺高兴，但又不敢接受别人的爱，或者对爱缺乏心理准备，或者觉得自己不配，不值得爱，因此失去了发展爱情的机会。

四、拒绝爱的能力

歌德有一句名言："哪个青年男子不善钟情，哪个妙龄女郎不善怀春？"在男女双方恋爱开始之前，总有一个追求与被追求的问题，不是对方向自己求爱，就是自己向对方求爱，总有一方先发出求爱的信息。在求爱者的队伍中，既有自己喜爱的人，也会有自己不喜欢的，甚至讨厌的人。当自己不爱的人前来求爱时，当然可以拒绝对方的求爱，但是越来越多大学生不懂得如何拒绝别人，缺乏拒绝求爱者的能力。

每个大学生都要培养自己拒绝爱的能力：一是要表现对他人的尊重，要感谢对方对自己的欣赏和倾慕；二是要态度明确，表达清楚，即和对方只能保持什么样的关系，同学还是一般朋友，或者什么都不是；三是行为和语言要一致。

案例分享

就你这样，还来追我？

张晨是某高校的校学生会主席，成绩优异，英俊潇洒，深深地吸引着女孩子们的心。一天，班级里的一名女孩大胆向他表白爱慕之心，并写了一封情意绵绵的表白书。但张晨并不喜欢这个女孩，甚至有些反感。对于女孩的表白，他生硬地拒绝了，并且把姑娘写给他的那封表白书公之于众。

受此羞辱的姑娘伤心欲绝，回寝室后便服毒自杀，幸亏抢救及时，才免于一死。张晨这时才懊悔不已。老师知道此事后，严肃地批评了他："你有拒绝的权利，但没有侮辱求爱者的权利。对于求爱者，你可以不喜欢、不爱慕，但不能肆意挖苦、讽刺、嘲笑、辱骂人家，这也是恋爱道德。"求爱是打开爱情大门、通往幸福玫瑰园的第一步。每个未婚青年，都有权利向自己喜欢和爱慕的人求爱，同时，自己也有被追求、被求爱的可能。

求爱是每个人正当的权利，并不是什么见不得人的行为，因此，作为被追求者，任何人都没有权利辱骂求爱者，侮辱求爱者的人格。

对待自己不爱的人，当然不能哄骗，不能违心地接受对方的求爱，应该明确地拒绝，让对方了解你的态度。拒绝对方时应真诚、友善、婉转，使对方容易接受，任何挖苦、辱骂都是对求爱者的损害和侮辱，都是极不道德的。比较好的方法是，不论自己如何讨厌对方，一旦对方向你求爱，都要很有礼貌地先说声"谢谢"，然后婉转地拒绝对方。

拒绝他人对自己的求爱，还要注意为对方保密，不向他人扩散。当年，著名数学家陈景润拒绝了众多姑娘的求爱后，便将她们的求爱情书烧毁，他说："这些姑娘以后还要恋爱、结婚，我一定为她们保密，扩散出去会对她们有影响。"

侮辱求爱者，是一种不讲恋爱道德的表现，不论对人对己都没有好处。有的求爱者受到嘲弄、侮辱后，恼羞成怒，进行报复；也有的因求爱者被侮辱，其他人引以为戒，不敢再向其抛出求爱的绣球，这势必会妨碍其选择佳偶。

五、解决爱的冲突的能力

相爱不仅仅是寻求两人的一致，还包括彼此的协调、合作。爱需要包容、体谅、理解，需要用建设性的方式去解决冲突。其中，沟通是非常有效的方式。

第一，换位思考。

恋人之间不要认为有冲突就一定要分清谁对谁错，这时最好先做个心理换位，先设身处地地从对方的角度和情境去思考问题，体察对方的潜在动机，不要“以自我为中心”简单地看待问题，要清醒理智地思考及相互理解。

第二，采用积极的调节方式。

恋人之间发生矛盾以后，不要老是相互抱怨并形成一种消极的定式，应该每次用一些不同的调解方式，如“嬉笑打闹”着解决问题。

第三，学会尊重差异。

不管是吵架时还是吵架后，都不要对对方进行人身攻击，做到对事不对人。尊重两人思想或者行为上的差异，人际关系中有“自我价值保护原则”，核心就是期望对方理解自己，以体现“自我价值”。

第四，懂得宽容。

即使是对方错了，也要宽容为上，因为真正的恋人之间没有什么大是大非的问题，我们都不是圣人，没有必要对对方的小问题过分挑剔指责。

第五，冲突之后要会反省。

不要一味沉浸在埋怨痛苦当中，吵完架一定要懂得反省。知道对方对这件事很在乎，以后尽量避免就是。值得注意的是，如果吵架 100 次都是一个人在道歉，这说明另一个人缺乏爱人的能力。

六、使爱持久的能力

拓展阅读：
电视剧《我的前半生》分析

爱可以让两个人走到一起，可是要想爱得持久，两个人必须共同成长。而当两个人的高度相差得越来越大时，心与心之间的距离也会一日千丈地剧增。最好的感情不仅是不离不弃，更是一起成长。

每对情侣携手走过人生的每一关键时刻，共同体味彼此生活中的酸甜苦辣，两人的感情才会在双方的努力中变得更坚固，彼此成为对方生命中不可或缺的一部分。若是有一个人总在拖后腿、裹足不前，而另一个人自强不息、坚持不懈地奋斗，终会有一天，两个人将没有共同语言，到那时“执子之手，与子偕老”只能是句美好的爱情誓言罢了。

因此，共同成长是情侣使爱持久的秘诀。如果恋人不能同进退，最终的结局只能是天各一方。

知识拓展

培养爱情智慧

岳晓东

培养爱情智慧，人们需要进行十大学习，详述如下：

一、学习容忍

容忍的心理机制是换位思考。换位思考也称同感共情，就是指一个人设身处地地站在另一个人的角度看问题，感对方之所感，想对方之所想，急对方之所急，并以此调整自己的心态和思维。例如：林徽因作为一代才女，婚前婚后都有大把的倾慕者。对此，梁思成既没有表现得无所谓，也没有让自己被妒火吞噬。他一方面巧妙地让林徽因知道自己对这些倾慕者的不安，甚至是厌恶，另一方面又放手让林徽因自己去处理与这些人的关系，表现出一个丈夫应有的大度，他就做到了平等、尊重和包容。

例如：梁思成和林徽因住在总布胡同时，金岳霖（著名哲学家）就住在他们家的后院，他们经常在一起聚会座谈。有一天，林徽因对梁思成说，她苦恼极了，因为她同时爱上了两个人，不知怎么办才好。她说这话的口气一点不像妻子跟丈夫，却像个小妹妹在请哥哥拿主意。梁思成听到这事，半天说不出话来，他想了一夜，反复问自己：林徽因到底和他一起生活幸福，还是和老金一起幸福？最后他觉得尽管自己在文学艺术各方面都有一定的修养，但缺少老金那哲学家的头脑，自己不如老金。第二天他把自己的结论告诉了林徽因，林徽因又把他的话告诉了老金，老金却说："看来思成是真正爱你的，我不能去伤害一个真正爱你的人，我退出。"后来，他们三个人始终是好朋友。在此过程中，梁思成没有因为嫉妒失去理智，而是以最大限度的包容给林徽因一定的自由，这样的爱显得更伟大、更深沉。

二、学习自尊

学习自尊就是要学会爱惜自我、肯定自我，其心理机制就是培养个人的自我效能。自我效能是个体对自己是否有能力组织和执行某种特定行为的判断，是自信心在某项任务中的具体表现。例如：著名作家沈从文在追求他太太张兆和的过程中就表现得自尊有度。沈从文只是高小毕业，自学成材。而张兆和出身名贵，面目秀丽，性格文静，是学校公认的校花。但沈从文通过自己独特的方式，最终赢得了张兆和的芳心。沈从文当年在上海公学教书时，张兆和是他的学生。自从认识了张兆和起，沈从文就寝食不安、坐卧不宁。课余饭后，他在校园里散步，常常情不自禁地往张兆和住的学生宿舍跑。沈从文不善言语，善于笔谈，他放下教师的架子，给张兆和写起情书，而且一发不可收。

开始时，张兆和对沈从文的来信不予理睬，但沈从文仍一如既往地给张兆和写情书，直到有一天，张兆和拿着沈从文写的一大摞情书去向校长胡适求救。不想胡适在看了沈从文的情书后说："这也好嘛，他的文章写得蛮好，可以通通信嘛。"自此，张兆和不再拒绝沈从文的来信，却也不做回应。可沈从文的情书写得实在是太好了，而且，张兆和也为他的自信所打动，慢慢地接受了他的爱。整整四年！沈从文以他特有的自信和乡下人（沈从文常自称乡下人）的憨劲，继续着这场马拉松式的求爱历程，一直到最后。

三、学习果敢

所谓果敢就是要在爱情中学习当机立断，战胜自我，其根本的心理机制是独立人格。独立人格是指一个人处事主要靠自己做主，而不是靠他人做主。例如：拿破仑的爱情成也自信，败也自信。在遇到约瑟芬之前，他只是一个退职将军，过着穷困潦倒的日子。后来因平定“热月党叛乱”，才受到巴黎督政官巴拉斯的重用。而约瑟芬当时是巴黎上层社会最引人注目的女性，经常出入巴拉斯举办的沙龙，也是他的秘密情人。拿破仑在这样的情况下与约瑟芬相识，立即展开热烈追求，并很有军人风范，干脆利落，雷厉风行。这当中最突出的是，他带着证婚人向约瑟芬求婚，从求婚到证婚不到一个小时，令约瑟芬大受感动。而在约瑟芬答应了他的求婚之后，拿破仑又在第二天举办了婚礼。

四、学习克制

所谓克制就是学会控制自己，学会用理智战胜情感，其心理机制是自我力量的作用。自我力量是精神分析理论的一个核心概念，是指一个人有自制能力，不会让情感控制理智。例如：黄克功事件就说明了学习克制的重要性。黄克功是江西南康人，1911 年出生，少年时参加了井冈山红军，曾担任红一军团排长、连长、营政治教导员、营长、政治委员等职务。长征到达陕北时，他先后担任抗日军政大学第 15 队、第 6 队队长，并结识了陕北公学学生刘茜，与之建立了恋爱关系。后来刘茜转入陕北公学继续学习，两人见面机会少了，刘茜对黄克功的热情也冷却下来，并逐渐接近其他男同学。黄克功对此感到痛苦万分。1937 年 10 月 5 日晚，黄克功找到刘茜到延河边散步，提出重归于好。对此刘茜一口回绝，言辞也渐趋激烈，最后还打了黄克功一个耳光。黄克功恼羞成怒，拔出手枪，对准刘茜的肋下和头部连开两枪，刘茜当即死亡。黄克功本人也在 6 天后被公审处决。

五、学习自省

学习自省就是学会爱别人。爱情是利他的，可有时人们往往会故意伤害自己的心上人。为什么呢？为了引起关注，甚至是为了报复。这可能发生在恋爱期间，也可能是恋爱关系开始之时。可不管怎样，结果都是一样的，那就是两败俱伤，身心疲惫。人也许是自私的，起码有时是。但我们不应为了自我弥补而去伤害他人，尤其是自己的心上人，因为一次的伤害可能需要双倍的补偿才能弥补。更不要为了报复而去和他（她）建立关系，这只会自毁前程，浪费自己的时间，错过真正属于自己的幸福。

六、学习乐观

学习乐观就是学会乐观地面对嫉妒。就心理学来说，嫉妒主要有两大心理学功能：一是焦虑功能，二是激励功能。嫉妒的焦虑功能在于它所产生的消极情绪体验，突出表现为紧张、忐忑不安和心神不定等焦虑表现。嫉妒的激励功能在于可以产生一定的警戒和激励作用，促使恋人在焦虑面前更好地约束自我、完善自我。

七、学习表达

学习表达就是学会说出爱，不要因为害羞而错过自己的幸福。人在爱情中，需要学会当机立断，战胜自我，其根本的心理机制也是独立人格。如果一个人真心爱上了另一个人，就应该学会大胆表白。如果对方接受了你的爱，那你就征服了对方，堪称幸事；如果对方拒绝了你的爱，那你也不亏，因为你已经征服了自我，那至少也是打个平手。应该找到适当的时间、方式、地点，勇敢地向爱慕已久的人表白。

八、学习宽容

恋爱过程中难免会有困难与阻挠，请不要自寻烦恼。当一方过于依赖另一方时，双方都会有压力。如果没能及时沟通，也许会逼得对方难以招架，最终落荒而逃。因此，不要将生活的重心彻底压在爱情上，而要给对方多一点信任与自由，同时，自己多培养一点兴趣，多注重一点学习或事业，避免自己变成爱情的俘虏。

九、学习接受

从心理学的角度而言，失恋不仅是一种极端的情绪抑郁状态，也是一种极端的自我中心状态。

作为前者，失恋会使人不断处于悔恨、懊丧、嫉妒、愤怒、焦虑等不良的情绪体验当中，其时间越久，则人的失恋程度越重；作为后者，失恋会使人的思维不断陷入极度的自恋中而不可自拔，其心理定式越牢固，人的失恋状态越不易摆脱。失恋一旦导致自恋，人就将会即刻失去爱之追求与体验的第一元素——尊重。在爱情上不懂得尊重的人将难以获得他人的爱，也不配爱他人。

在情场上，学会放弃与学会争取具有同等重要的意义。在爱情的追逐当中，人们多少要抱有一份平常心。从心理学的角度而言，平常心可谓是一种达观的认知方式，一种健康人格的表现。持有一份平常心，绝不意味着什么都不做，而是知道什么叫适可而止。有了平常心还不够，还要学会换位思考。在失恋中，换位思考会敦促恋人尽量从对方的角度来看待爱的意义与价值，能够理性看待自我，真诚尊重对方，最终采取积极、正面的方式化解人生挫折，这不仅是风度的表现，也是崇高的表现。

十、学习升华

学习升华就是学会从失败中成长。学习升华就是要学习自我勉励，学习化悲痛为力量，其心理机制主要是自我实现。例如：北宋著名词人秦观之“两情若是久长时，又岂在朝朝暮暮”的词句流传甚广，就是升华的结果。宋哲宗绍圣初年（1094年），秦观因为受到政治迫害，即将被从繁华的京城开封下放到荒芜的边城处州。临行前一个晚上，他到青楼找到心上人做最后的欢聚。开始时，他并没有告诉对方自己面临的厄运，而是如常地打情骂俏，尽情欢饮。但是当心上人提及他何时可以赎她出楼，以便地久天长永相守的旧话题时，他失声痛哭起来，断断续续地告诉她今日的聚会将是诀别，因为明日他将远赴边城，不知何时才能归来。面对这突如其来的打击，心上人痛哭流涕，几乎昏厥过去。望着饮泣的恋人，秦观一口气写下了《鹊桥仙》：“纤云弄巧，飞星传恨，银汉迢迢暗度。金风玉露一相逢，便胜却人间无数。柔情似水，佳期如梦，忍顾鹊桥归路。两情若是久长时，又岂在朝朝暮暮。”

面对爱情的巨大挫折，最初秦观的内心感到巨大的悲伤，唯有痛哭一场方能加以舒缓；随后，写作灵感迸发，唯翰墨一番方可尽吐心声。他没有与心上人沉湎于分手的巨大悲痛中，而是力图将这片刻的悲痛化作永恒的情感升华。其实，秦观后来到死也没有再见到心上人，他的一曲《鹊桥仙》成为世人思念爱人的绝唱。

总之，爱情需要人学会平衡的艺术，掌握好爱与被爱的火候。爱得太猛会把人给烫着，爱得太轻又会令人默然。处于爱情中的人要把握好进退的步伐，进则有方，退则有法。

资料来源：http：//www.docin.com/p-1817082007.html.

经典故事

德芙巧克力的由来

一直以来，知道德芙巧克力，却不知道“DOVE”是“Do You Love Me”的英文缩写，更不知道它背后有如此凄美的爱情故事：一句被错过的“你爱我吗”。

1919年的春天，卢森堡王室后厨的帮厨莱昂整天都在清理碗碟和盘子，双手裂开了好多口子，当他正在用盐水擦洗伤口时，一个女孩走了过来，对他说：“你好！很疼吧？”这个女孩就是后来影响莱昂一生的芭莎公主。两个年轻人就这样相遇了。

因为芭莎只是费利克斯王子的远房亲友，所以在王室里地位很低，稀罕的美食——冰激凌，轮不到她去品尝。于是莱昂每天晚上悄悄溜进厨房，为芭莎做冰激凌。芭莎教莱昂英语。情窦初开的甜蜜萦绕着两个年轻人。不过，在那个尊卑分明的保守年代，由于身份和处境的悬殊，他们谁都没有说出心里的爱意，默默地将这份感情埋在心底……

20世纪初，为了使卢森堡在整个欧洲的地位强大起来，卢森堡和比利时订立了盟约，为了巩固两国之间的关系，王室联姻是最好的办法，而被选中的人就是芭莎公主。

一连几天，莱昂都看不到芭莎，他心急如焚。终于在一个月后，芭莎出现在餐桌上，然而她整个人看起来异常憔悴。

莱昂在准备甜点时，用热巧克力写了几个英文字母“DOVE”——“Do You Love Me”的英文缩写。他相信芭莎一定猜得到他的心声，然而芭莎发了很久的呆，直到热巧克力融化。

几天之后，芭莎出嫁了。

一年后，莱昂离开了王室后厨，带着心中的隐痛，悄然来到了美国的一家高级餐厅。这里的老板非常赏识他，把女儿许给了他。时光的流逝，平稳的事业，还有儿子的降生，都没能抚平莱昂心底深处的创伤。

他的心事没有逃过妻子的眼睛，她伤心地离开了。莱昂此后一直单身带着儿子，经营着他的糖果店。

1946年的一天，莱昂看到儿子在追一辆贩卖冰激凌的车，记忆的门顿时被撞开。自从芭莎离开后，莱昂便再也没有做过冰激凌。这次莱昂决定：继续那未完成的研究。经过几个月的精心研制，一款富含奶油同时被香醇的巧克力包裹的冰激凌问世了，并被刻上了四个字母——DOVE。

德芙冰激凌一推出就大受好评。而正在此时，莱昂收到了一封来自卢森堡的信，信是一个同在御厨干活的伙伴写给他的，信中莱昂得知，芭莎公主曾派人回国四处打听他的消息，希望他能够去探望她，但却得知他去了美国。

受到第二次世界大战的影响，这封信到莱昂的手里时，已经整整迟到了一年零三天。莱昂历经千辛万苦终于找到芭莎公主。芭莎和莱昂此时都已经老了，芭莎虚弱地躺在床上，曾经清波荡漾的眼睛变得灰蒙蒙。莱昂扑在她的床边，大颗大颗的眼泪滴落在她苍白的手背上。

芭莎伸出手来轻轻地抚摸莱昂的头发，用微弱到听不清的声音叫着莱昂的名字。芭莎说，当时在卢森堡，她非常爱莱昂，以绝食拒绝联姻，被看守一个月，她深知自己绝不可能逃脱联姻的命运，何况莱昂从未说过爱她，更没有任何承诺。

在那个年代，她最终只能向命运妥协，离开卢森堡前她想喝一次下午茶，因为她想在那里与莱昂做最后的告别。她吃了他送给她的巧克力冰激凌，却没有看到那些融化的字母。

听到这里，莱昂泣不成声，过去的误解终于有了答案。但一切都来得太晚了！三天以后，芭莎离开了人世。莱昂听用人说，自从芭莎嫁过来之后，终日郁郁寡欢，导致疾病缠身，在得知他离开卢森堡并在美国结婚后，就一病不起。

莱昂无限悲凉，如果当年那冰激凌上的热巧克力不融化，如果芭莎明白他的心声，那么她一定会改变主意与他私奔。

如果那巧克力是固定的，那些字就永远不会融化，他就不会失去最后的机会。

莱昂决定制造一种固体巧克力，使其可以保存更久，并且每一块巧克力上都被牢牢地刻上“DOVE”。

莱昂以此来纪念他和芭莎那错过的爱情，它苦涩而甜蜜，悲伤而动人，如同德芙巧克力的味道。

当情人们送出德芙巧克力，就意味着送出了那轻声的爱情之问：Do You Love Me?

那也是创始人在提醒天下有情人，如果你爱他（她），请及时让他（她）知道，并深深地爱，不要放弃。

资料来源：http：//www. sohu. com/a/218961484_659802.

心理测试

哪一种恋爱方式最容易打动你？

哪一种恋爱方式最易打动你呢？是贴心的关怀、优厚的物质，还是共同的兴趣爱好呢？这个测试会让你知道答案。

哪一种恋爱方式最容易打动你？

复习巩固

测试题

模块十一　解读青春密码，守护身体健康

内容提示

本模块主要帮助大学生了解青春期身体变化和生理发育情况，了解性科学的相关理论，并掌握相关的性健康和保健的知识。通过学习，大学生应树立正确的性健康观念，具有正确的性安全意识，爱护自己的身体，为自己的健康和今后的婚姻幸福奠定基础。

学习目标

1. 了解身体变化的特点
2. 掌握性科学的基本理论
3. 掌握相关的性健康和保健的基本知识
4. 树立性安全意识

单元一
大学生的性健康教育

金玉良言

我们的青年是一股正在不断成长、不断上升的力量，他们的使命，是根据历史的逻辑来创造新的生活方式和生活条件。

——高尔基

一开始就给以全然的性解放，不会有结果。这不难明白，一旦情欲的满足太轻易，它便不会有什么价值而言。

——弗洛伊德

塞涅卡说："青春不是人生的一个时期，而是心灵的一种状况。"它有丰润的面颊、殷红的嘴唇、柔滑的膝盖；它更是一种沉静的意志、想象的能力、感情的活力，是生命之泉的新血液。它催发着青年人的躯体，启迪着他们的智慧，灌输热烈的感情和坚强的理智。每个人的青春，都有属于自己的密码，或许是一种嫉妒，或许是一种图案，还可能是一种伤害……

情境导入

孙某到大学后不久就交了一个男朋友，二人感情很好。尽管父母一再教导孙某要理性面对恋爱，并且学校并不提倡大学生同居，但二人还是在学校附近租了房，开始了同居生活。最初她觉得性生活是很令人陶醉、快乐的事，可是后来听朋友说如果怀孕，做人工流产会很痛苦，外加还会遭到多方指责，因而她开始感到紧张和不安，特别是当月经不能准时来时，更是惶恐不安。

资料来源：韩克文，马晓风．心理健康教育［M］．重庆：西南师范大学出版社，2016。

思考：

你是否遇到过与孙某类似的性焦虑？应该用什么对策来克服这样的性焦虑呢？

理论讲坛

一、大学生的身体密码

大学生的年龄均在18～22岁，经过11～17岁的快速生长，已经进入生长缓慢（且渐趋稳定）期。这个时期的特点表现在：骨骼逐渐完成，身体形态日趋定型，各器官系统的机能日益完善，人体最后发育的生殖系统已完全成熟。这个时期，正是人体机能旺盛、生机蓬勃地进入成人阶段的前夜。

（一）身体形态

身体形态一般根据身高、体重、胸围、坐高、肩宽、骨盆宽、手长、上肢长、小腿加足高、小腿长、足长、大腿围、小腿围、上臂紧张围、上臂放松围等指标加以测定，由此总结我国大学生身体形态发展的总体特征是：

（1）虽有缓慢生长，但基本趋向稳定。

（2）身体各部分的长度、宽度、围度的生长发育基本完成，各部分的受力及运动负荷接近或达到最佳水平，为身体形态均衡发展提供了物质前提。

（3）男生较壮实，女生较丰满，男女差别显著。

（二）呼吸系统机能

进入青春期后，随着呼吸肌、胸廓的发育，肺小叶结构逐渐完善，肺泡容积增大，呼吸能力随之增强。大学期间，个体呼吸频率逐渐减慢，而呼吸深度相应增加。心肺功能的增强不但满足了大学生身体的发育和营养的需要，而且血液循环和呼吸系统的变化促使大学生能够从事激烈的活动和承受繁重的学习任务。

（三）运动机能

骨骼、肌肉是运动系统的主要部分，青春期之后肌肉的特点是水分多，蛋白质、无机盐少，因此肌肉柔软松弛，而且肌肉发育落后于骨骼，肌肉细长，力量和耐力都较差，故运动时容易疲劳。大学时期是个体肌纤维增粗、肌肉力量增加的时期。与身体机能发育密切联系的是能量代谢的变化，体内能量代谢高，即能量充足，机体就有力。处于青年中期的大学生精力充沛，因为他们正处于能量代谢的最佳年龄，这些宝贵的生理能量是大学生进行学习和创造活动以及发展自身能力的基础。

（四）性机能的发育

性机能的发育一方面是指性器官及其生理机能的成熟，另一方面是指性意识和性心理的发展。进入青春期后，生殖器官逐渐发育成熟，男子出现遗精，女子表现为月经初潮。大学生不论第一性征还是第二性征，都有了明显的发展。性生理的成熟，促使其性心理、性意识也不断发展。

二、大学生的性别密码

大学生正值青春发育后期，是以脑力劳动为主的青年群体。在校期间其生理机能处于发育、定型的关键阶段，是一个人发展智力的“黄金时代”。人的一生能够有所发明，有所创造，往往是在青春期打下的基础。青春期的身心健康能够为一生的健康、生活和工作打下良好的基础。

性别是指雌雄两性的区别，一般是指生理上的男女两性的区别。性别的主要标志是性腺。凡性腺为睾丸的人均属男性，凡性腺为卵巢的人均属女性。在基因层面，一般把SRY基因作为性别确定基因，即具有SRY基因，则发育成男孩，不具有SRY基因，则发育成女孩。在染色体层面上，人类具有23对46条染色体，其中22对44条染色体被称为常染色体，主要调控身体的发育，而与性别发育相关的被称为性染色体，通常用“X”和“Y”来表示。正常男性的性染色体表示为：46，XY；正常女性的性染色体表示为：46，XX。一般认为，在人类胚胎的染色体中如果存在Y染色体，就发育成男孩；如果缺乏Y染色体，则发育成女孩。因此，人类个体性别遗传是由细胞内存在的性染色体决定的。

三、大学生的性发育和性成熟

微课：敬畏生命

性在人类的生存与生活中具有重要作用，性能量能否得到合理释放，性需求能否得到满足，对个体自身和人类社会的生存与发展具有重要意义。

性作为人类生命发展链条中的纽带，承载着人类社会的繁衍和发展，是人与生俱来的本能。只有两性结合，才会有新生命的诞生，才会有人类一代代血脉相传。只有健康性的前提存在，才会有人类社会的健康、和谐、有序发展。

性需要的满足不仅促进了人类的持续性发展，更满足了人类自身肉体和精神上的快乐需求，增进了人的生理、心理健康。

（一）性的发育与成熟

在校大学生大部分在20岁左右，处于性生理发育的成熟期。两性生理的发育有两个醒目的标志：一是体征上的变化，如男性骨骼强硬、喉结突出等；二是性功能上的变化，即两性生殖系统发育成熟，如男性分泌精液并出现第一次遗精，女性首次出现每月规律性排卵、月经来潮。在我国，男性首次遗精一般在14～16岁，女性月经初潮一般在13～14岁。由于社会的发展和生活条件的改善，性的发育大大提前了，有资料显示，个别女孩子在9岁就可能出现初潮。

（二）爱情需要和性意识

随着大学生生理发育的基本完成，他们的性意识也迅速发展起来。男女大学生已不再为“第二性征”的出现感到羞涩或反感了，而是通过各种形式展现性的魅力。例如：女大学生喜欢穿上得体的衣服表现自己优美的身体曲线；男大学生则注重表现身材的魁梧、健壮、豪放、刚毅等男子汉气概。这时的大学生与异性交往的心理十分强烈。有调查显示，在被调研的 1 484 名大学生中，对异性交往有强烈愿望的占 81.8%。他们对异性充满好奇，比较关注异性，也十分重视自己在异性心目中的形象，希望有机会和异性接触和交往，以各种方式引起异性的注意。随着性生理的成熟，大学生的性心理也有了很大程度的发展。他们对性知识有浓厚的兴趣，有强烈的性冲动。

（三）受孕与避孕

1. 性欲

性需求伴随青春期的开始而来。青春期，男性和女性身体内的荷尔蒙激素水平逐渐提高，性机能趋于成熟，使得性需求日趋强烈。如果性需求受到压抑，则会造成青春期性焦虑。

拓展阅读：

性占爱的几分之几？

性欲的发生与两性的生理基础有关。其一是由性激素、性腺所构成的性内分泌系统，它维持两性性欲的基本张力和兴奋性；其二是由大脑皮质、脊髓等组成的神经系统。科学家认为，性欲是一种本能的欲望，对于繁殖下一代有利。

性欲与年龄有一定关系。青春期后，性器官成熟，激素分泌旺盛，性欲也会明显增强。

性欲的成熟。青春期之后，随着性成熟的到来，女子出现了月经，男子出现了遗精（精液中已有成熟精子）。成熟的生理性冲动是人体最强烈的冲动之一，它与成熟性欲结合时，就形成了男女恋爱、婚姻、性生活的基本动力。

性欲的释放。主要靠性行为（性交、手淫、遗精）来完成，而性释放过程会有快感和高潮的出现。这就是性欲的来源。没有快感就不会有性生活。性享乐是人类延续后代的手段。只要是正常的人，都有性的需求和相应的权利。

2. 性生活

性生活是指为了满足自己性需要的固定或不固定的性接触和性交，但是不限于性交。性交行为是特殊性的生理活动，应当在幽静而不嘈杂、舒适而不勉强的环境中进行。时间的选择，除了涉及计划生育问题外，则以身体健康、情绪稳定时为宜，而不应在身体劳累或饮酒过多时进行。

性交中男女的差异。男性性欲以生殖器为中心向人体四周扩散，女性性欲则从身体四周集中到生殖器。男性解决性需求的方法为渴望性交并且通过射精带来快感。女性则可以通过性幻想、爱抚、接吻和性交等多方面源泉来满足性需求。女性的性欲弱于男性。男性的性兴奋为冲动型，来得快，去得也快；而女性的性欲则是逐步唤起的，来得缓慢，去得也缓慢。这是影响夫妻性生活和谐的主要障碍。

案例分享

恋爱中性的欲望

我是大二的男生，今年开始恋爱了，我跟女朋友在一起时，很想把她给要了，我们都知道现在还不是时候，可是我又控制不了我自己，我好想要，也好难受！我该怎么办？

如何缓解这种欲望呢？给大学生几条建议：

首先，加强两性之间的交往。异性间的神秘感和好奇心是由男女双方缺乏共同参加丰富多彩的社交活动所引起的。进行正常交往，解除男女交往的神秘感，对异性的心理反应就会趋于正常化，避免由性神秘感带来的性敏感，甚至“性过敏”。

其次，学会转移注意力。除了经常进行跑步、打球等运动外，还要自觉抵制诱惑，避免看或听含有性刺激的书刊、音像，净化身边的刺激源，多读一些自然科学、社会科学或与学习有关的书籍，以转移青春萌动带来的焦虑和不安。人与动物之不同在于人最重要的性器官是大脑，对性控制不了或有困扰的人，不妨练习通过转移意念来掌控自己的大脑。

最后，有计划的自慰。人的性欲虽然是一种生理本能，但人是有理智的，可以通过意念来支配和调控。控制方法有两种：一是将性冲动暂时压住，二是让它得到适度的满足。比如：现代医学认为“自慰无害”，自慰是从性成熟到结婚之前唯一合法的、不违背伦理道德并合乎性卫生的满足性欲的方式，我们应该正确地对待它，有节制地自我满足性的欲望。但要注意节制，做自己的主人。

3. 受孕的必备条件

（1）男方能产生健全和活动的精子，并能排入女方的阴道。

（2）精子进入阴道后，能保持活动能力，并能通过子宫颈和子宫腔，到达输卵管与卵子结合。

（3）女方能排出健全的卵子，卵子能进入输卵管，得到与精子会合的机会。

（4）受精卵必须及时发育成胚胎到达子宫腔，而子宫腔的环境又适合胚胎的生长。

4. 避孕方式

（1）输卵管结扎。输卵管内侧与子宫连通，外端游离，而与卵巢相近，卵子由输卵管向子宫腔运行。输卵管结扎术是把输卵管结扎，阻断卵子通往子宫的通道，以达到妇女永久性绝育目的的手术。该手术不适用暂时性或可逆性避孕的妇女。近年来，微创技术开始普遍适用，而使用腹腔镜进行输卵管结扎，越来越受欢迎，和传统手术相比，其损伤小、安全且恢复快。

（2）宫内节育器。宫内节育器也称子宫环，采用防腐塑料或金属制成。子宫环有圆形、宫腔形、T 字形等多种形态，医生可根据每个人子宫的情况选择适当的子宫环。

不宜人群。生殖器畸形或肿瘤、痛经或经量过多、盆腔炎、淋病和有多个性伴侣的女性以及严重贫血、心脏病、曾有宫外孕史者都不宜采用宫内节育器。一般应由医生决定是否适宜。

使用日期。基本上只要确定无怀孕的可能性便可以由医生放置子宫环。通常在月经干净后两三天内上环最适合。在产后 6～8 周进行产后检查若医生认为情况适宜便可以上环。上环后第一次月经来潮后应进行例行检查。然后无特别问题时每年例行检查一次。女性上环后初期月经期可延长 2～3 天，经量也可能稍多。部分女性会感到腹部不适或经期腹疼。

（3）避孕药。避孕药分内用和外用两类。内用避孕药的主要成分是人工合成的雌激素和孕激素，根据避孕作用的时间长短不同又分为长效、短效和速效（探亲）3 种。避孕药是通过抑制卵巢排卵，使宫颈黏液变稠、干扰子宫内膜发育、改变输卵管蠕动、抑制或杀死精子等几个环节起作用的。

拓展阅读：
避孕药的种类及用法

（4）自然避孕。自然避孕法又称安全期避孕法或周期性禁欲，是指在每个月经周期中的“能孕期”内避免性生活，从而防止怀孕的一种手段。

（5）避孕套。当前，未婚先孕问题很严重，必须选择合理的避孕方法，无论是药物还是安全期，都有不妥之处。避孕套是十分安全的。随着科技的发展，避孕套的安全系数越来越高，越来越受未婚同居者的喜爱，也是目前最普遍使用的方法。其最大的优点是丝毫不干扰女性的生理，还可以防止性传播疾病。

（6）紧急避孕。紧急避孕顾名思义是一种临时措施，是在紧急情况下采用的避孕方法。所谓紧急情况是指在性生活时未采取任何防护措施，或采用方法失败。这时候可以采取一些紧急避孕的防护措施，以免发生妊娠。它必须在性生活后 72 小时之内采取措施方有效，而且服药一次只限在短时期内有效，不能再有无保护措施的性生活。

做好紧急避孕，还需注意以下几点：其一，要有时间观念，服药越早效果越好，药物避孕不能超过 72 小时，尤其是正当排卵期同房；其二，紧急避孕是一种临时性补救措施，必须按指导在规定时期内服用，它不能替代常规避孕方法；其三，紧急避孕对预防性病、艾滋病毫无作用。

四、大学生的性健康教育

大学生性健康教育以性生物学、性心理学、性社会学和性教育学等研究性科学发展规律的学科为理论基础，从人类性的生物属性、心理属性和社会属性三个角度，对大学生进行科学、系统、客观的性健康教育过程。

微课：
珍爱生命

（一）相关概念

1. 性科学

性科学是以性、性欲、性行为和性文化为研究对象的综合学科，涵盖自然科学、社会科学及人文科学几个科学范畴，是以性生物学、性医学、性心理学、性社会学为支柱所构建起来的一个复杂的、全面的和综合的理论体系。

2. 性教育

性教育是建立在性科学基础上关于人的心理社会发展和性发育的教学和研究，它不仅传授有关人的性发育、性功能的生理知识，还灌输一定的社会文化所认可的性道德规范和性价值标准，以及与性有关的法律规范。

3. 性健康

1974 年，世界卫生组织在性问题的研究会上，对性健康概念的论述是：健康的性，融合了有关性的生理面、情绪面、知识面及社会面，亦以此提升人格发展、人际沟通和爱等。由此可见，性健康涉及性生理、性情感、性知识和性社会，并把是否积极增进人际交往和情爱、提升自身人格发展作为性健康的标准。因此，性健康是一个综合性概念，它包括性生理健康、性心理健康和性道德健康，其最终价值是人格的完善和人的健康的全面发展。

4. 性安全

性安全教育是指对大学生所进行的认识性犯罪、防止性侵害、提高性安全意识、增强性病的防范意识、加强自我保护的教育。性安全、性保护对于大学生的健康成长关系重大，因缺乏性安全、性保护而给大学生的身心健康和人格发展带来的危害令人痛心，如受过性侵害的孩子有的终日处于惊吓、惶恐、紧张的精神状态中，严重影响了他们的精神和心理健康；身体器官受到严重创伤，影响了他们的身体健康和生理发育；女性小时候如果受到性侵害而又没得到及时治疗，长大后就会导致抑郁症、强迫症、恐惧症、性冷淡，留下终生的心理阴影；因伤害而憎恨异性，破罐子破摔，从此走上性报复、性犯罪的道路。因此，进行性安全、性保护教育，不仅有助于大学生加强自我保护、避免性侵害，还可以让大学生明白在受到不良侵害时，如何寻求帮助以避免更严重的危害。

由此可知，性健康教育是一个综合性概念，是性生理、性心理、性道德和性安全四位一体的人格教育，是促进性别人格健康发展的综合教育，它的核心是性道德教育。

（二）大学生性健康教育的目标

大学生文化程度高、独立意识强，有自己的评判标准，尽管对性有极强的好奇心和求知欲，但并不喜欢别人对其指手画脚，因而对其性问题采取堵、卡、压或放任自流的做法是极其错误的，应注重疏导和调节。大学生性教育的目的不仅是减少、防范大学生中的性过失、性心理障碍，还要通过性教育将科学性知识传授给大学生，让大学生用科学的知识武装自己，学会自我保护、自我调节、自我发展和自我完善，帮助大学生发展良好的性角色认同，培养健康的生活方式，建立科学的性观念和性道德。

（三）大学生性健康教育的原则

（1）正面启发的原则：向大学生正面传授性生理、性心理、性道德和性法律知识。

（2）课堂教育、团体辅导与个别辅导相结合的原则：每个大学生的生理、心理都不一样，接受教育的程度并不完全相同，课堂教育解决的是共性问题，团体辅导解决的是小范围内的问题，个别辅导则可以为学生提供针对性强的心理帮助和指导。

（3）互相渗透的原则：性教育需要多学科的参与，如性道德、性法律、性心理、性生理、思想教育等学科的共同参与。

（4）适时适度的原则：针对大学生身心发展的具体情况，有选择、有目的地向他们传授人的性生理和性心理、性心理健康标准和性行为规范等方面的知识。

（5）教育与引导相结合的原则：大学生的自身特点决定了在对其进行性教育时重点应放在教育与引导上面，通过丰富多彩的活动让大学生在活动中不断地接受科学的性知识，树立良好的性观念，掌握各种有效的自我调节方法。

（四）大学生性心理健康教育的内容

（1）加强性知识教育，满足大学生的性好奇心，引导大学生正确处理性问题。高校大学生的性教育工作要做的不是亡羊补牢，而应重在预防，要通过各种途径在大学生中进行广泛宣传、普及科学性知识，从大学新生抓起，分层次、有重点地推进，男女生应各有侧重。在普及性知识的前提下，女生应侧重于自尊、自重、自卫、自立教育，帮助其学会自我保护，勇敢地说“不”；男生应重在对性冲动、性幻想、自慰、遗精等生理与心理反应进行引导，帮助其学会自我约束、控制、转移和升华。要通过在课堂上公开讲解性器官的构造以及与性行为有关的活动，保证大学生不因无知或误解而从事不健康的性行为；要把避孕方法、怀孕症状和处理方法及引发的心理问题告诉大学生，提高其自我保护、处理的能力；要把婚前性行为所引发的未婚先孕、性病问题及相应的心理问题，毫无保留地告诉大学生，提高其自我约束力；要把常见性病的症状、传播途径、预防措施和注意事项告诉大学生，提高其自我预防、自我管理和自我调节的能力。

（2）加强性道德教育，引导大学生树立正确的性观念和性道德。大学生处于成长、成人的重要时期，人生观、价值观尚未定型，在中西方文化的融合与交流的大背景下，来自媒介的挡不住的诱惑展示在大学生面前，各种性文化、性观念泥沙俱下。因此性观念、性道德教育的目标不仅是指导大学生充分认识自身性别角色及其应承担的社会义务与责任，更重要的是让大学生学会如何做人、如何做事，学会自我调控和用法律保护自身的合法权益，强化自身的道德约束，提高自我评价、自我管理和自我调控的能力，做一个身心协调发展的社会人。从这个意义上讲，性教育是人格教育、文明教育、道德教育，要引导大学生正确对待科学与黄色、性审美与性诱惑、科学性观念与性自由，形成合乎社会规范的性观念和性道德。

五、常见性传播疾病的预防

（一）什么是性病

性病是性传播疾病的简称，是指一组以性接触为主要传播途径的传染病，俗称花柳病。

（二）性病的种类

性病是一组由性接触或类似性行为感染在性器官上的传染病，由传统的 4 种扩大到 30 余种，现在全世界统称为性传播疾病，包括梅毒、淋病、尖锐湿疣、非淋病性尿道炎、生殖器疱疹、念珠菌病、阴虱病、艾滋病等。每一种性病由不同的病原体引起，如细菌、病毒、螺旋体、支原体、衣原体、真菌、寄生虫等。性病目前被专家认为是人类最常见的传染病，其中危害性比较大的有 6 种，即梅毒、淋病、软下疳、尖锐湿疣、生殖器疱疹和艾滋病。

（三）性病的传播途径

（1）最主要的是通过性接触（性交或类似性行为）。如梅毒有 90%以上是通过性交传染的。

(2) 日常生活接触。如接吻、握手或通过接触茶具、食具、烟嘴、钞票、剃须刀、衣服、毛巾、浴巾、床单、浴盆、浴池、坐便器等传播。

(3) 母婴垂直感染。如胎传梅毒和新生儿淋病。原因是：在宫内，母体血液中的病原体通过胎盘及脐带进入胎儿体内；或胎儿吸入上行感染的羊水；或分娩过程中婴儿通过感染的产道时，吸入或直接接触宫颈的感染分泌物；或产后，新生儿吸入或直接接触了感染母体的分泌物或排泄物（如唾液、乳汁、尿液和粪便）。

(4) 医源性传播。如通过输血和血液制品、种痘、手术、牙科等医疗器械传播。此外，还有助产师等医务人员被患有性病的胎儿或产妇传染等。

（四）性病的预防措施

关于性传播疾病，有一种比较正确的观点，叫作“可防，部分可治，非常可怕”。性传播疾病主要发生在20～39岁的青年人中，在我国尤以20～24岁年龄组发病率最高。

预防性病主要是树立正确的性道德观，避免不正常的性行为。尤其是目前尚无预防艾滋病的有效疫苗，因此最重要的是采取预防措施。

其方法是：

(1) 洁身自好，不卖淫、嫖娼，避免婚前、婚外性行为，特别要防止与性病患者发生性关系。

(2) 严禁吸毒，不与他人共用注射器；不要擅自输血和使用血制品，要在医生的指导下使用；要避免直接与艾滋病患者的血液、精液、乳汁和尿液接触，切断其传播途径。

(3) 不要借用或共用牙刷、剃须刀、刮脸刀，不与他人共用浴巾、内裤及浴盆；游泳时要选择消毒彻底的场所。

(4) 使用安全套是性生活中最有效的预防性病的措施之一。

(5) 性病患者应与家人隔离，衣物用具以开水烫洗或消毒剂清洗或曝晒，防止家庭内部传染。男女双方在婚前体检验血时最好同时做一下梅毒血清试验，并做尿常规检查。

知识拓展

建立“三道防火墙”，维护少男少女的身心健康

在青春期人生教育实践中，最具争论性的问题是关于避孕知识的讲解。我们知道，即使在甚为开放的美国，面对大量少女怀孕、堕胎乃至少女做妈妈的现实，尤其是20世纪80年代以来面对艾滋病袭击青少年的现实，自由派和保守派就该不该大规模向学生传播避孕知识的问题展开了激烈的争论。自由派学者及社会人士主张大力推广避孕套，鼓励“安全性交”；而保守派则主张推行“禁欲教育”，倡导婚前贞洁、婚后忠诚。

美国性教育孰是孰非，我们很难判断；而对近年来我国青少年中性冒险行为的增多，少女怀孕以及感染性病的事例屡见不鲜，究竟是讲“禁欲”还是讲“安全套”，学术界、教育界、公共卫生界和计划生育部门众说纷纭，莫衷一是。

我们在“青苹果”项目的实施过程中，提出了关于建立“三道防火墙”的概念，至少在“青苹果”专家团队和部分教育合作者中得到了基本认同。

第一道“防火墙”：防止未成年人的性关系。应教育18岁之前的中学生，如何做到洁身自好。对这一点，家长朋友们应当理直气壮、开诚布公地对孩子讲。18岁之前不能参加公民投票是因为没有达到本民族所规定的成熟标准，中学生不能发生性关系也是因为其心理、社会、经济方面均不成熟，无法承受性关系的后果。“春天就忙春天的事”，是每个青春期少男、少女都应当懂得的人生规律。在讲“洁身自好”时，我们不能否认少男、少女的性欲和性冲动，这是本能的生理现象，不受大脑和意志支配。但如何去应对性欲和性冲动，则是要通过大脑和意志去回答、选择和行动的。男女性器官的接触，并不是排解性欲和性冲动的唯一方式，而是人生伴侣相爱的特定方式。因此，必须告诉青少年，除了性器官接触之外，还有其他释放性压力的方式，如升华、自慰、转移注意力、积极参与有异性在场的文体活动等。还要说明，性欲作为一种本能现象，与食欲和睡欲相比是有所不同的，前者可以转移、消解。一个人30天不吃饭和不睡觉会生病或死亡，但是30天没有满足性欲的成年人既不会生病也不会死亡。这样的讲解是为了消除青少年的疑虑。此外，还要把未成年人发生性关系可能带来的各种消极后果讲明，让他们明白“为什么”。

第二道“防火墙”：讲解避孕和紧急避孕。我们希望所有18岁以下的孩子都安全地待在第一道防火墙之内，但有的孩子却不能绝对达到我们的希望。事实表明，越来越多的“小勇士”翻墙而过了。我们难以预料究竟哪些孩子会越墙，因而还需要给他们再建一道安全网。在讲解“生命的孕育和诞生”这一课时，孩子们已经从光盘上直观地看到了精子与卵子结合的情景，并且得知，如果父母不可以生第二个孩子的话，用哪些方法可以阻挡或避免精子与卵子见面，以及万一它们见面了，可以在72小时内用紧急避孕丸清除受精卵等。这一课我们是以成年人的计划生育为背景的，不会让孩子感到是在针对他们，或赞同他们发生性关系，因而他们不会有羞怯感、触及隐私感或意欲尝试之感。让他们得到关于避孕与紧急避孕的知识可谓有备无患，大多数孩子会在将来用上，个别孩子也许会在禁不住冒险时用上。诸如避孕套的用法、口服避孕药的具体使用方法，就不在我们的课堂上讲，只是简单提及。这类教育对未成年人来说，带有一定的隐私性和个性化，不宜大张旗鼓地宣讲。个别学生如需要知道避孕和紧急避孕的相关知识，应当向计划生育工作者、医院或药房的专业人员咨询。

第三道“防火墙”：关于终止妊娠。也是在生命教育课上，我们讲到避孕失败的问题。首先讲到各种避孕手段都不是万分可靠的，因此，有性生活的妻子如果发现自己未按时来月经，要尽快到医院做检查；如果确认怀孕了，又不可再生孩子，就选择做人工流产，终止妊娠。根据现有的医疗技术条件，3个月之内终止妊娠相对安全。尽管人工流产并不是控制生育的好办法，只是避孕失败后不得不采取的补救措施，但在3个月内终止妊娠毕竟比大月份引产安全些。我们还需要提及大月份引产对孕妇可能造成的伤害。

总之，我们既要帮助孩子建立道德屏障，又要把科学的信息转达给他们，让他们真正做到“知情选择”，其目的是确保健康。

在“三道防火墙”的讲解中，我们也分别根据初中、高中、大学的学生的不同情况做不同程度的讲解。对于那些涉及隐私的敏感细节，我们不建议在课堂上讲，而是由心理辅导老师和校医对个别有需要的孩子单独讲。其实，这类敏感话题由家长对孩子讲最适宜。

资料来源：http：//www.360doc.com/content/13/0712/08/6017453_299330800.shtml.

经典故事

男人和女人的本能

一家专营女性婚姻服务的店在市中心全新开张，女人们可以直接进去挑选一个心仪的配偶。在店门口，立了一面告示牌：一个人只能进去逛一次！店里共有六层楼，楼层越高，男人的质量也越高，不过请注意，顾客能在任何一层楼选一个丈夫或者选择上楼，但不能回到以前逛过的楼层……

一个女人来这家店寻找老公。一楼写着：这里的男人有工作。女人看也不看就上了第二层楼，二楼写着：这里的男人有工作而且喜爱小孩。女人上了三楼，三楼写着：这里的男人有工作而且喜爱小孩，还很帅。哇！她叹道，但仍强迫自己往上爬。四楼：这里的男人有工作而且喜爱小孩，帅得令人窒息，还会帮忙做家务。哇！饶了我吧！女人叫道，我快站不住脚了！接着她仍然爬上了五楼。五楼：这里的男人有工作而且喜爱小孩，帅得令人窒息，还会帮忙做家务，更有着强烈的浪漫情怀。女人简直想留在这一层楼，但仍抱着满腹期待走向最高一层。第六楼出现了一面巨大的电子告示板，上面写道：你是这层楼的第123456789位访客，这里不存在任何男人，这层楼的存在只是为了证明女人有多么不可能取悦。谢谢光临……

不久，一家专营男性婚姻服务的店在街对面开张，经营方式与前者一模一样。第一层的女人长得漂亮。第二层的女人长得漂亮并且有钱……结果，二层以上，第三层至第六层的楼层从来没有男人上去过……

解读：女人的本能是幻想，男人的本能是现实。这就是优秀的剩女永远多于优秀的剩男的原因，也是婚姻里的怨女多过怨男的理由。与其两手空空，不如抓住现有的优点，和爱人的优点过日子。

资料来源：http：//wenku. baidu. com/view/be71ca50f01dc281e53af0af. html？from＝search.

心理测试

大学生性知识调查问卷

大学生性知识调查问卷

性在人类的生存与生活中具有重要作用，性能量的合理释放和性需求的满足对个体自身和人类社会的生存与发展具有重要意义。你对性知识的了解有多少？你对性及性教育的看法是怎样的？扫描二维码进行测试吧！

复习巩固

测试题

单元二
关注性心理，守护身心健康

金玉良言

健康是最好的天赋，知足为最大的财富，信任为最佳的品德。

——释迦牟尼

健康是人生第一财富。

——爱默生

如果性的要求只是为了轻率地满足一下短暂的快乐和乐趣，也就是说，他要面临巨大的危险，就像一朵鲜花，乍看上去非常美丽诱人，但它却暗含毒素。

——苏霍姆林斯基

在我国，“性”这个话题一直是敏感的，长期以来的性封闭、性愚昧的影响所导致的“谈性色变”现象依然存在。作为大学生，应该正视“性”这个问题，了解自己生理和心理的变化，关注心理卫生，守护身体健康。通过本单元的学习，大学生应直面成长中的各类生理卫生问题，健康、自信地享受大学生活，把握美好的青春年华，以坚定的青春步伐，迈向更加灿烂辉煌的明天。

情境导入

小丽与小军交往了近一年，二人感情很好。但是几天前，小军在一次聚会结束后，希望能和小丽的关系更进一步，想出去过夜，小丽既紧张又害怕，转身跑开了。事后，小丽再见到小军，总觉得有些别扭；而小军，则认为小丽不是真的爱他。小丽觉得小军好像没有以前那么热情了，虽然她觉得小军很好，可是想到要做爱，总觉得不舒服，妈妈说过和男孩子交往要保持距离，但是网上、杂志上又说这事在大学生中不是个别现象了，她也听别人说过学校里也有这样的事情发生。小丽很困惑：自己和小军牵过手，也接过吻，难道为了证明自己是真的爱他就要和他那样吗？放弃这段感情，又有些舍不得，到底该怎么办？

资料来源：朱敏，李秋华．大学生心理健康教育［M］．济南：山东人民出版社，2013。

思考：

如果你是小丽，你会怎么办？你能帮助她解决这个问题吗？

理论讲坛

微课：
与生命现象共舞

一、大学生的性心理问题

（一）生理特征引起的心理困扰

1．身体特征变化引起的心理问题

大学生在进入青春期后，身体会发生一些较大的变化。例如：男生长得高大、健壮，声音浑厚，言行举止得体大方，男子气概十足；女生则发育得更优美，身材苗条、匀称，容貌美丽动人。但也有发育不如意的，如个子矮小、长相平平等。有的大学生能坦然面对，有的大学生自卑、痛苦，甚至自我封闭起来。

2．遗精或月经引起的心理困扰

虽然大部分大学生能欣然接受遗精或月经现象，但仍有小部分大学生受传统性观念的误导，认为遗精伤“元气”、来月经是极倒霉的事，特别是有痛经史的女生更觉得烦恼，产生害怕、焦虑等不良情绪反应，大部分大学生既不会自我调节，又不会安慰、体谅他人的感受。

3．缺乏性知识带来的性焦虑

性焦虑是因缺乏性知识而对性行为产生的焦急、忧虑和不安的情绪状态，同时伴有心慌、出汗等植物神经症状以及肌肉紧张、运动性不安。通过学习与性有关的一些解剖生理学知识和性心理学知识，进行必要的性知识教育，可以逐步减轻或消除性焦虑。一般认为，性焦虑的产生多与性知识的缺乏有关。性焦虑可分为刺激性焦虑、妊娠性焦虑、自尊性焦虑。例如：上台发言的紧张、考试前的紧张、性交紧张等。在性生活中，声音、脸色、态度、反应、气味等，乃至一个不适宜的玩笑，都可能形成恐惧性心理因素，成为性功能障碍的直接诱因。我们把这些因素引起的心理障碍称为刺激性焦虑。

4．性冲动

性冲动是男女大学生生理、心理的正常反应，是在性激素刺激作用下和外界刺激下产生的。大学生应该接受性冲动的自然性和合理性，然后通过适当的方式释放。性冲动的处理方式包括压抑、升华、宣泄等。

5．性梦

性梦是指在睡眠中出现的带有各种性内容的景象，青春期的男女一般都有这种体验。

案例分享

被性梦困扰的男生

“我今年20岁，是一名大二男生。平时性格比较内向，不善于与人交往，从没有和哪个女孩子特别亲近。然而不久前，我做了一个梦，梦中居然和别人发生了性关系。梦醒后我愧疚不已，感到犯了天大的罪过，无颜面对他人。后来又做了一个梦，梦中和班中的女团支书发生了关系，潜意识中似乎在证明什么。我不相信自己道德如此败坏，竟这样下流无耻，担心团支书因此受到伤害，以至于不敢面对她。强烈的罪恶感使我不能安心学习，担心自己要变成性犯罪分子，有时还怀疑自己是不是得了精神病，为什么会如此不正常。心理的负荷使我不敢入睡，生怕旧梦重温，万般苦闷中的我向你们求助。”

6. 性幻想

性幻想是指人在清醒状态下对不能实现的与性有关事件的想象，是自编的带有性色彩的“连续故事”。每一个心智健全的人都会有这样那样的性幻想，只不过在出现频率、长短、内容、性质以及对待它的态度等方面存在较大的差异而已。性幻想的内容五花八门、无所不包。性幻想的翔实生动程度与以往的性经历、想象力和所接受的媒体信息量成正比。处于青春期的少男少女，对异性的爱慕和渴望是很强烈的，但又不能与所爱慕的异性发生性行为以满足自己的欲望，所以便出现了性幻想。

案例分享

性幻想的苦恼

我今年19岁，是一名大一男生。平时性格比较内向，从小在爸妈的严格教育下，只知道读书，不善与人交往，更不用说和哪个女孩子特别亲近了。到了大学后，我发现很多女同学都打扮得很漂亮，很想像其他男生一样，和她们说笑、嬉戏。但是每次当我走近她们时，我就面红耳赤，满头大汗，为此我苦闷极了。出于生理的驱动，我有时手淫，想用幻想来满足自己，但事后总感到懊悔和空虚。强烈的罪恶感使我不能安心学习，我很担心自己会变成性犯罪分子。心理的负荷使我不敢入睡，生怕旧梦重温，我痛苦至极，怎么也摆脱不掉这种念头。

资料来源：张梅芬，金彩云．大学生心理健康教程［M］．杭州：浙江大学出版社，2013。

7. 性自慰

性自慰是指用手或其他器具、其他方式刺激性器官获得快感、疏泄性冲动的一种方式，是青春期最常见的一种性行为。

案例分享

性自慰中的纠结

林新，22岁，上高中时有过第一次手淫的经历，当时感觉很刺激，此后时不时会把手淫当作一种自我放松的方式。大学期间，他也交往了一个女朋友，但一直不敢有性生活，仅有的一次，因为早泄，没有体会到性爱的快感，也因此和女友分手了。还是觉得手淫更能获得满足。现在正准备研究生考试，但近来精神状态欠佳，学习压力大，睡眠也不好，并且常常有手淫的习惯。为了复习考研，尽管极力克制自己，但还是每周至少要手淫两次，否则很难入睡。现在，一方面担心这样做不利于身体健康，更怕影响将来的夫妻生活；另一方面，有一种罪恶感。他应该怎么办？

青年中60%～80%的人有过自慰的行为，对这个行为应该有一个正确的评价。在成熟而未结婚的这段时间内，自慰是不违反道德、不伤害别人的行为，是正当的、正确的，不用内疚和担心。手淫是一种缓解性压力的行为，如性生活一样，只是缺少了性对象，也就相应地缺少了最直接的性刺激，只能通过自我直接刺激性器官来达到性兴奋以缓解自己的性压力。适度手淫并无不好，可如果手淫次数过多，以手淫为嗜好，则会造成沉重的精神负担，出现失眠、多梦、疲乏无力、注意力不集中、记忆力减退等症状。

（二）两性交往与婚前性行为

案例分享：婚前性行为

1. 性别认同和两性交往

性别认同是指个体对自身所属性别是否接纳。这是衡量性心理是否健康的标准之一。有部分大学生存在自我性别认同困难，甚至有极少数学生存在同性恋、双性恋倾向。

进入大学后，大学生多年被压抑的想与异性交往的强烈愿望得以迅速释放，他们既渴望与异性交往，进而发展一段浪漫的爱情，又因受闭锁心理的影响而不敢直接向心仪对象表白示爱，想与胆怯的矛盾冲突使他们备受相思之苦。他们缺乏处理异性交往和恋爱问题的技巧与方法，遇事冲动，感情色彩浓，对婚前性行为、同居充满了好奇、向往和困惑。

2. 婚前性行为与婚前同居

有关调查显示，大学生发生婚前性行为非个别现象，发生的原因很复杂。大学生发生婚前性行为有以下五个特点。一是突发性。大学生发生婚前性行为往往是在无心理准备的情况下突然发生的。二是自愿而又非理智性。大学生自主意识很强，不易被他人威胁逼迫，多在双方自愿而又不理智的情况下发生性行为。三是反复性。一旦冲破最后防线，他们会毫无顾虑地在一起，甚至在校外租房同居。四是缺乏相应的避孕措施。性知识的缺乏使部分大学生情侣在没有什么避孕措施的情况下反复发生性行为，怀孕、流产使部分女生过早承受了不必要的身心痛苦，更有情侣因此分手。五是怀孕后不能正确处理。女生易感觉羞愧、焦虑，男生易惊慌失措，选择私人诊所或自买打胎药使女生面临更大危险。

婚前性行为给大学生特别是女生带来了一系列的心理矛盾与冲突。一是观念与行为的矛盾。发生婚前性行为的大学生，有相当一部分是受西方“性自由、性解放”观念的影响，也有部分学生是出于好奇心。但传统的性观念、贞操观又使其痛苦不安，产生矛盾冲突，这在女生中表现得更突出。二是理智与情感的矛盾。很多大学生因后悔、担心怀孕而不愿再有婚前性行为，但冲破最后防线的无所谓心理和对性的需求使其难以自拔，他们既为当初的草率、行为的失控不断自责，又会在自责与反复进行性行为的矛盾心理中继续煎熬。三是精神与肉体的矛盾。人类的性爱本应是精神与肉体的完美和谐的统一，大学生的性行为缺乏浓厚的社会属性，一旦发生性行为，彼此间的神秘感逐渐被无聊、麻木等心理代替。

虽然《婚姻法》对大学生结婚开放解禁，但经济问题、对婚姻和前途的担忧使更多的大学生情侣选择同居而非结婚。同居心态存在很大差别：有学生认为“爱他，就和他同居，没什么”“不知道将来会怎么样，过一天是一天吧”；还有学生采取协议同居，“毕业后互不牵绊，各奔东西”“因为爱，我们今天同居。因为爱，为了明天彼此更好的发展，就得遵守分开的诺言”；还有学生随波逐流，虚荣心重，觉得自己没同居太丢人了，反正这事谁也不伤害谁，那就同居吧。同居方式多种多样：一是长期在校外租房同居，根本不回集体宿舍；二是为防查寝被抓，选择白天在校外租房做饭，晚上各回自己宿舍；三是选择校外日租房以减轻经济压力。

与同龄人群相比，未婚同居给大学生带来的冲击更大。尽管《婚姻法》同意大学生结婚，但并不代表他们就有了成家立业的能力，经济的依赖性虽能让大学生专心谈恋爱而不必为生计发愁，但他们同样要承担由“性”衍生出来的问题，在面对租房、恋爱经费、怀孕流产等经济问题时更加无奈，更有学生为此付出了惨痛代价，有为筹集费用“抢”进“班房”的，有为“情变”自残、精神失常和打击报复的，有为流产痛苦、自责进而产生怨恨、报复心理的……

（三）性骚扰与性伤害

案例分享：约会强暴事件

1. 性骚扰

性骚扰是指通过不当言行或暗示所传递出的一种单向式的性意念强迫行为，是不顾对方意愿和心理感受的性心理及其欲望的失控式宣泄，往往使对方产生不愉快甚至厌恶的心理情绪，有可能造成使受害方正常工作和生活受到干扰以及身心健康受损的不良后果。

2. 性伤害

性伤害是指性行为给受害者在心理上造成严重性体验的现象。此类性行为本身可能是侵犯性的、违法性的，也可能是非侵犯性的，但其行为后果都给当事人造成了短期或长期的担惊受怕、回避人际交往和自尊心严重受损等心理反应。

（四）同性恋与性变态

1. 同性恋

同性恋是指以同性别者为对象，感到性的吸引，甚至发生性行为（多以口淫、拥抱、彼此手淫、彼此抚摸等方式获得性的兴奋与满足）。在人类历史上，同性恋一事古已有之，所谓“断袖之癖”指的就是同性恋之间的故事。从同性恋者在国内的现实处境来看，一方面，同性相爱产生性行为或建立伴侣式的性爱关系已非罕见，甚至存在相互联系的同性恋文化圈；另一方面，以“男权”和“生殖”为中心的性文化价值观念普遍存在，同性恋者又是当前艾滋病传染发病的高危人群，致使同性恋面临很大的社会和舆论压力。

大学作为一个特殊的环境，也有学生存在同性恋倾向，男生同性恋者把自己叫作“大学生同志”，简称“大同”。“拉拉”一词则成为中国女同性恋者通用的昵称。

同性恋者的生活充满了痛苦，既要面临内部的感情追逐，又要面对来自家庭、道德、伦理、法律的诸多困扰，更要承受高密集人群和多性伴侣引发的性病威胁。导致大学生同性恋的原因很多，主要与性格特点、环境因素和童年阴影有关。在同性恋者中，性格内向的人占了绝大多数，他们因不善表达，易在狭小的同性圈子里寻觅对象。居住环境中性别的相对单一化，也使他们在与同性的打闹和玩弄中得到精神上的需要和满足，性冲动和好奇心则驱使他们进一步尝试与同性的交往，进而发展成同性恋并难以自拔。

2. 性变态

性变态是指个体在性心理和行为上，不是通过人类通常的异性间的性器官交媾满足性生理需要，而是以异常方式来获取性满足或快感的有悖于性规范的异常行为。

性变态里男性多于女性，因为男性初次达到性高潮的过程通常是很明确的（以射精为标志），而女性缺乏这样明显的条件。性变态者一般理智正常，有调控本人行为（包括变态性行为）的能力，常常是在某些特殊的境遇下，如心情烦乱、人际冲突，或有适当的环境条件，变态的性行为才得以实施，但也有部分性变态者不断地创造机会以满足自己的性需求。

常见于大学生的性变态行为多为恋物癖、暴露癖、窥阴（淫）癖和异装癖等。暴露癖和窥阴（淫）癖因其不道德和性侵犯色彩浓，患者常受到行政纪律处分，甚至被劳教。有关专家认为异常性行为与基因、染色体和性激素无关，患者除了在性欲、性欲对象和性欲满足方式上表现得与众不同外，其他人格特征与正常人没有显著的表象差别，不同于流氓犯罪。但性变态同疾病一样，应及时诊断治疗。

二、大学生性心理的自我预防与调适

（一）主动学习科学性知识

大学生要积极向具备科学性知识的父母、性教育工作者和医生咨询，阅读正规出版社发行的性生理学、性心理学、性伦理学和性法律学等方面的书籍和文献资料，以构建自身科学且合理的性知识体系，建立科学性观念；大学生要克服害羞心理，及时寻求专业帮助，以尽快走出困惑。

（二）欣赏自己的性别角色

性别角色是基因、生殖器、心理和社会期望四种因素所构成的一个和谐主体。大学生应认识到人的外貌是遗传的结果，所以要接纳自己，通过锻炼提高自身的人格美、心灵美和才华美等内在修养来提高自身优势，通过交往展示自己的人品、人格的内在美。同时，学会转移或升华性需求，使自己的言行符合社会道德规范和法律要求，符合自己身份和现实环境的要求，从而促进自我的和谐发展。

（三）不断升华性观念

人类的性不仅是个人的生活问题，也是严肃的社会问题，更是关系到人类繁衍的重大问题。一旦发生性行为，就意味着必须对他人、对社会负起一定的社会义务和责任。在发生性行为前，想清楚该行为会给对方来带来的影响，特别是婚前性行为、未婚先孕和流产会给女性带来极大的心理冲击，有些女性甚至会因一次流产而终生丧失生育能力。因此，作为大学生，要对自己的性行为有预见性和处理能力。

（四）正常交往，适度表达

男性与女性共同组成了缤纷多彩的人类世界，二者之间不仅有热烈的爱情，也有真挚的友谊，所以大学生要正确看待两性的社会角色及所肩负的社会责任，积极主动与异性交往并掌握必要的交往技巧和注意事项，这样才能真正打破对异性和性的神秘感，才能更好地促进性心理健康发展。

大学生在恋爱过程中，要适度表达自己的情感。性问题不仅存在于未谈恋爱和拒绝接触异性的大学生身上，也发生在谈恋爱的大学生身上。大学生有了恋爱需求和发生边缘性性行为是可以理解的，但性交并非表达爱的唯一方式，相反它还会导致恋爱关系的破裂。一同郊游、送小礼物等都可增进彼此的感情，大学生要根据双方的实际情况，通过各种非性行为来表达自己深深的爱意，把最美好的东西留到婚姻生活中。

（五）拒绝婚前性行为与婚前同居

《婚姻法》允许在校大学生结婚，不等于认可婚前性行为或婚前同居是合法的。从自身发展和道德纯洁的角度来讲，大学生轻率地发生婚前性行为或婚前同居等行为带来的身心压力，会使原本甜蜜的恋情变味；若真发生了，还会感到害怕、紧张、惊慌失措甚至自暴自弃，进而影响自己的学习和生活。因此，大学生要调整心态，把恋爱的重点放在爱情的培育和事业的发展上，放在为将来更好地一起生活而奋斗的目标上。

（六）避免性骚扰与性伤害

（1）提高自我保护意识，避免性骚扰与性伤害。

（2）遇到性骚扰或性伤害时，一开始就表明拒绝态度，特别是对于那些手握实权的人物，要敢说“不”，隐瞒、忍让、置之不理或无所谓会让对方错以为你愿意，更加肆无忌惮。

（3）及时求助，勇敢面对。如果遇到性骚扰，要及时求助父母、值得信任的同辈、老师或辅导员等；若是经常遭到性骚扰，就必须将发生的日期、时间、地点和对方的言行记录下来，以便作为日后投诉的证据；还要调整心态，通过法律手段维护自己的权利，通过制定奋斗目标和投入新活动来转移注意力、降低心理压力、维护身心平衡发展。

知识拓展

婚姻与爱情

周国平

再好的婚姻也不能担保既有的爱情永存，杜绝新的爱情发生的可能性。不过，这没有什么不好。世界上没有也不该有命定的姻缘，靠闭关自守而维持其专一长久的爱情未免可怜，唯有历尽诱惑而不渝的爱情才富有生机，真正值得自豪。

我一直认为，结婚和独身各有利弊，而只要相爱，无论结不结婚都是好的。我不认为婚姻能够保证爱情的稳固，但我也不认为婚姻会导致爱情的死亡。一个爱情的生命取决于它自身的质量和活力，事实上与婚姻无关。既然如此，就不必刻意追求或者拒绝婚姻的形式了。

当然，婚姻有一个最大的弊病，就是对独处造成威胁。对于一个珍爱心灵生活的人来说，独处无疑是一种神圣的需要。不过，如果双方都能领会此种需要，并且做出适当的安排，我相信是可以把婚姻对独处的威胁减低到最小限度的。

爱情不风流，它是两性之间最严肃的一件事。风流韵事频繁之处，往往没有爱情。爱情也未必浪漫，浪漫只是爱情的早期形态。在浪漫结束之后，一个爱情是随之结束，还是推进为亲密持久的伴侣之情，最能见出这个爱情的质量的高低。

正像恋爱能激发灵感一样，婚姻会磨损才智。家庭幸福是一种动物式的满足状态。要求两个人天天生活在一起，既融洽相处，又保持独特，未免太苛求了。

家太平凡了，再温馨的家也充满琐碎的重复，所以家庭生活是难以入诗的。相反，羁旅却富有诗意。可是，偏偏在羁旅诗里，家成了一个中心意向。只有在“孤舟五更家万里”的情境中，我们才真正感受到家的可贵。

性是肉体生活，遵循快乐原则。爱情是精神生活，遵循理想原则。婚姻是社会生活，遵循现实原则。这是三个完全不同的东西。婚姻的困难在于，如何在同一个异性身上把三者统一起来，不让习以为常麻痹性的诱惑和快乐，不让琐碎现实损害爱的激情和理想。

可以用两个标准来衡量婚姻的质量，一是它的爱情基础，二是它的稳固程度。这两个因素之间未必有因果关系，所谓“佳偶难久”，热烈的爱情自有其脆弱的方面，而婚姻的稳固往往更多地取决于一些实际因素。两者俱佳，当然是美满姻缘。然而，如果其中之一甚强而另一稍弱，也就算得上是合格的婚姻了。

“看来，要使丈夫品行端正，必须家有悍妻才行。”

“那只会使丈夫在别的坏品行之外，再加上一个坏品行：撒谎。”

“我们两个人都变傻了。”

“这是我们婚姻美满的可靠标志。”

人们常说，牢固的婚姻要以相互信任为前提。这当然不错，但还不够，必须加上互相宽容才行。

在两人相爱的情形下，各人的确仍然可能和别的异性发生瓜葛，这是一个可在理论上证明并在经验中证实的确凿事实。由于不宽容，本来可以延续的爱情和婚姻毁于一旦。

所以，我主张：相爱者在最基本的方面互相信任，即信任彼此的爱，同时在比较次要的方面互相宽容，即宽容对方偶然的越轨行为。唯有如此，才能保证婚姻的稳固，避免不该发生的破裂。

资料来源：周国平．周国平文集［M］．西安：陕西人民出版社，2006。

经典故事

蛛儿与芝草

从前，有一座叫圆音寺的寺庙，香火很旺，每天都有许多人上香拜佛。在圆音寺的横梁上有只蜘蛛结了张网，由于每天都受到香火和虔诚祭拜的熏陶，蜘蛛便有了佛性。经过了一千多年的修炼，蜘蛛的佛性增加了不少。

忽然有一天，佛祖光临了圆音寺，看见这里香火甚旺，十分高兴。离开寺庙的时候，不经意间地抬头，看见了横梁上的蜘蛛。佛祖停下来，问这只蜘蛛："你我相见总算是有缘，我来问你一个问题，看你修炼了这一千多年，有什么真知灼见，怎么样？"

蜘蛛见到佛祖很是高兴，连忙答应了。佛祖问道："世间什么才是最珍贵的？"蜘蛛想了想，回答道："世间最珍贵的是'得不到的'和'已失去的'。"佛祖点了点头，离开了。

就这样又过了一千年的光景，蜘蛛依旧在圆音寺的横梁上修炼，它的佛性大增。一日，佛祖又来到寺前，对蜘蛛说道："你可还好，一千年前的那个问题，你可有什么更深的认识吗？"蜘蛛说："我觉得世间最珍贵的是'得不到的'和'已失去的'。"佛祖说："你再好好想想，我会再来找你的。"

又过了一千年，有一天，刮起了大风，风将一滴甘露吹到了蜘蛛网上。蜘蛛望着甘露，见它晶莹透亮，顿生喜爱之情。蜘蛛每天看着甘露，它觉得这是三千年来自己最开心的几天。突然，又刮起了一阵大风，将甘露吹走了。蜘蛛一下子觉得失去了什么，感到很寂寞和难过。这时佛祖又来了，问蜘蛛："蜘蛛，这一千年，你可好好想过这个问题：世间什么才是最珍贵的？"蜘蛛想到了甘露，对佛祖说："世间最珍贵的是'得不到的'和'已失去的'。"佛祖说："好，既然你有这样的认识，我让你到人间走一回吧。"

就这样，蜘蛛投胎到了一个官宦家庭，成了一个富家小姐，父母为她取了个名字叫蛛儿。一晃，蛛儿16岁了，已经成了一个婀娜多姿的少女，长得十分漂亮，楚楚动人。

一日，皇帝决定在后花园为新科状元郎甘鹿举行庆功宴。来了许多妙龄少女，包括蛛儿，还有皇帝的小公主长风公主。状元郎在席间表演诗词歌赋，大秀才艺，在场的少女无一不为他倾倒。但蛛儿一点也不紧张和吃醋，因为她知道，这是佛祖赐予她的姻缘。

过了些日子，说来很巧，蛛儿陪同母亲上香拜佛的时候，正好甘鹿也陪同母亲而来。上完香拜过佛，两位长者在一边说上了话。蛛儿和甘鹿便来到走廊上聊天，蛛儿很开心，终于可以和喜欢的人在一起了，但是甘鹿并没有表现出对她的喜爱。

蛛儿对甘鹿说："你难道不记得16年前，圆音寺的蜘蛛网上的事情了吗？"甘鹿很诧异，说："蛛儿姑娘，你漂亮，也很讨人喜欢，但你的想象力未免太丰富了吧！"说罢，甘鹿和母亲离开了。

蛛儿回到家，心想：佛祖既然安排了这场姻缘，为何不让他记得那件事？甘鹿为何对我没有一点感觉？几天后，皇帝下诏，命新科状元甘鹿和长风公主完婚；蛛儿和太子芝草完婚。这一消息对蛛儿而言如同晴空霹雳，她怎么也想不通，佛祖竟然这样对她。

几日来，她不吃不喝，一病不起，灵魂即将出窍，生命危在旦夕。太子芝草知道了，急忙赶来，扑倒在床边，对奄奄一息的蛛儿说道："那日，在后花园众姑娘中，我对你一见钟情，我苦求父皇，他才答应。如果你死了，那么我也不活了。"说着就拿起了宝剑准备自刎。

就在这时，佛祖来了，他对蛛儿的灵魂说："蜘蛛，你可曾想过，甘露（甘鹿）是由谁带到你这里来的？是风（长风公主）带来的。最后也是风将它带走。甘露（甘鹿）是属于长风公主的，他对你而言不过是生命中的一段插曲。而太子芝草是当年圆音寺门前的一棵小草，他看了你三千年，爱慕了你三千年，但你却从没有低下头看过它。蜘蛛，我再来问你，世间什么才是最珍贵的？"

蜘蛛听了这些真相之后，好像一下子大彻大悟了，于是对佛祖说："世间最珍贵的不是'得不到的'和'已失去的'，而是现在能把握的幸福！"

刚说完，佛祖就离开了，蛛儿的灵魂也归位了，睁开眼睛，看到正要自刎的太子芝草，她马上打落了太子手中的宝剑，和太子深情地拥抱在一起……

资料来源：https：//www. douban. com/note/75123043.

心理测试

"大学生对于婚前性行为的态度"调查问卷

"大学生对于婚前性行为的态度"调查问卷

你怎样看待婚前性行为？我们对婚前性行为的态度会在很大程度上影响我们在爱情中的一些行为。了解自身对婚前性行为的态度对每个人来说都十分有必要。扫描二维码，测一测你对婚前性行为的态度吧。

资料来源：http：//wenku. baidu. com/view/75e6ce16f18583d0496459dd. html.

复习巩固

测试题

模块十二　塑造阳光心态，提升人格魅力

内容提示

本模块主要讲解人格的含义、人格理论、人格与心理健康的关系、大学生的人格特点及大学生健全人格的培养，目的在于使大学生在了解人格理论及人格与心理健康关系的基础上，把握大学生的人格特点，学习健全人格的培养方法，为大学学业的完成及人生的发展保驾护航。

学习目标

1. 了解人格的含义、人格的影响因素、人格理论等基本知识
2. 了解A型性格、B型性格、C型人格与心理健康的关系，了解常见的人格障碍及人格测量的方法
3. 了解大学生人格发展的特点，并学习健全人格的培养方法

单元一
人格概述

金玉良言

为了成功地生活，少年时人必须学习自立，铲除埋伏各处的障碍，培养自身为人所认可的独立人格。

——戴尔·卡耐基

每个人都是独一无二的，无论是长相、体力、精力、气质、言行。生活中，我们会看到各种各样的人；有的人热情奔放，有的人冷淡孤僻；有的人聪慧敏捷，有的人反应迟缓；有的人顽强果断，有的人优柔寡断；有的人乐于助人，有的人恃强凌弱；等等。这些既非生理特点，又不表示能力高低以及人与人之间不同的特质，就属于人格差异。正确理解和科学把握人格的相关知识，对塑造和培养大学生的健全人格具有重要的意义。本单元将会围绕人格的基本问题展开论述。

情境导入

也许你有过这样的体验：你和老朋友们分开多年之后，会有一种冲动想去看看他们。久别重逢，你起初会对他们的某些变化感到惊讶，但不久后你就发现，这些人真是“万变不离其宗”，一个个还都是当初那个样子。

我有一位老同学，名叫安妮。当初在班里是有名的“大嗓门”，也是个万事不愁的乐天派。但后来听说，她的生活很不顺利，先是与丈夫离婚，后来曾到一个富人家靠当用人来维持生计。现在，她居然到了一个偏僻的林场去当伐木工人。我去看她。在颠簸不平的乡间小路上，我一边开车，一边看着路边那些年久失修的房屋，心里想：安妮将如何在这种地方熬过即将到来的严冬呢？

我按地址找到了安妮的住处，那是一所古老而破旧的农舍。车还未停稳，安妮就大叫着从房子里冲出来。我一下子感到自己的担心是多余的，因为我看到的依旧是那个“大嗓门”，依旧是那个永远乐观的安妮！她曾是一个无忧无虑的学生，我本以为艰难困苦会使她发生某些变化，但安妮的本色没有改变，那是蹉跎岁月所未能使之改变的一些稳定的核心品质，心理学家称之为人格或个性。

毋庸置疑，人格问题与我们日常生活的很多方面息息相关。不管科学技术的发展达到多么先进的水平，在很多情况下，事情的成败终究是由人的因素决定的。从航天飞机的数次灾难到每天可见的交通事故，究其原因，都是人的判断失误所致。我们在选择自己的生活伴侣时、交友时、与同事相处时、投票选举时，都要考虑与人格有关的很多问题。

资料来源：（美）丹尼斯·库恩．郑钢，等译．心理学导论：思想与行为的认识之路（第13版）[M]．北京：中国轻工业出版社，2014。

思考：

什么是人格？人格对我们的生活和人生又有什么样的作用呢？

理论讲坛

一、人格的含义与特性

（一）人格的含义

回答"人格"一词的概念，首先要从考证"人格"一词的来源说起。"人格"的英译personality一词，源于古希腊语persona，原意是指希腊戏剧中演员所带的各种面具。

在心理学概念中，我们将"人格"的概念界定为：人格是构成一个人思想、情感及行为的特有综合模式，这个独特模式包含一个人区别于他人的稳定而统一的心理品质。这个含义包括两部分内容：第一是稳定的行为方式。当然，这不等于说人格是一成不变的。第二是人际过程，是指发生在人与人之间的过程，指的是发生在人们内心、影响人们怎样行动、怎样感觉的所有情绪过程、动机过程和认知过程。

微课：

什么是人格？

（二）人格的特性

人格是一个具有丰富内涵的概念，它反映了个体的多种本质特性。

1. 人格的独特性

个人的人格是在遗传、环境、教育等先天和后天因素的交互作用下形成的。不同的遗传、生存及教育环境，形成了各自独特的心理特点。如有人外向，有人内向。"人心不同，各如其面"这句俗语为人格的独特性做了最好的诠释。

2. 人格的稳定性

人格的稳定性是指那些经常表现出来的特点。一时表现出的特征不能称之为人格。如一个人平时性情和善，偶尔的一次大发脾气后，我们仍然认定其人格特征为性情和善而不是坏脾气。另外，一个人的某种人格特点一旦形成，就会相对稳定下来了，要想改变它是较为困难的事情。俗话说："江山易改，本性难移。"

小贴士

人格是在何时“定型”的

一个人的人格是在什么年龄定型的？从理论上讲，人格在任何年龄都可能发生戏剧性的变化，但这种情况并不常见。有研究表明，人在20岁时人格的模子就开始定型，到了30岁时便十分稳定。在30岁之后，一般不会再出现大的人格改变。有些人身上发生了人格变化，但那些大都是某种重大灾难或悲剧等特殊生活事件造成的。

一般而言，人过30岁以后，不论你迁居到一个新城市，还是改变了职业或找到新的朋友，你的那些基本的人格特点都不会改变。你在30岁时是什么样的人，到60岁时仍然是什么样的人。

3. 人格的统合性

人是极其复杂的，人的行为表现出多元化、多层面的特征。人格是由多种成分构成的一个有机整体，具有内在的一致性，受自我意识的调控。当一个人的人格结构的各方面彼此和谐一致时，就会呈现出健康的人格特征，否则，就会使人发生心理冲突，甚至出现人格障碍。

4. 人格的功能性

人们经常会使用人格特征来解释某人的言行及事件的原因。面对挫折与失败，坚强者发奋拼搏，懦弱者一蹶不振；悲痛既可以使人振奋，也可以使人消沉。当人格正确发挥其功能时，表现为健康而有力；而当人格功能失调时，就会表现出软弱、无力、失控甚至扭曲。

二、人格的影响因素

人格形成受很多因素的影响，包括父母的言传身教、同伴的影响、社会风气、民族习俗、遗传基因、外貌体格等，概括起来不外乎先天的遗传因素与后天的环境因素。

案例分享：明尼苏达大学关于双生子的研究案例

（一）遗传的作用

人格的遗传学研究最早始于1870年的家族研究，而双生子被认为是研究人格遗传的最佳对象。同卵双生子的遗传基因是完全相同的，异卵双生子的兄弟姐妹，遗传基因也有所不同。比较同卵双生子和异卵双生子的人格特征，就能大致看出遗传因素在人格形成和发展过程中的作用。

（二）环境的作用

人一出生后，各种环境因素的影响就开始了，并会作用于人的一生。环境的因素是多种多样的，家庭、学校、社会对人格的形成有巨大的影响力。

1. 社会文化因素

文化对人格的影响是极为重要的。社会文化塑造了社会成员的人格特征，使其成员的人格结构朝着相似性的方向发展，形成同一文化背景下的民族性格特征。

2. 家庭因素

家庭是儿童的最初环境，父母的教养态度对于一个人人格的形成和今后的发展起着重要作用。俗话说“有其父必有其子”，其意即指父母按照自己的意愿和方式教育子女，使他们逐渐形成了某些相似的人格特征。

美国心理学家鲍德温分别研究了父母教养态度与子女人格特征之间的关系，结果发现：支配、干涉、娇宠、拒绝、不关心、专制、严厉等教养态度，会导致子女不良的人格特征；而信任、民主、容忍等教养态度，会培养子女良好的人格特征。

3. 学校教育因素

学校是学生人格社会化的主要场所，教师、学生、班集体都是学校教育的元素。其中，教师对学生人格的发展具有指导定向的作用。教师的言传身教会对学生产生巨大的作用。

综上所述，人格是先天与后天的合成物，是遗传与环境相互作用的结果；遗传决定了人格发展的可能性，环境决定了人格发展的现实性。

三、人格的基本结构

微课：
你知道自己的气质类型吗？

人格是一个复杂的结构系统，它包括许多成分，其中主要包括气质、性格等方面。

（一）气质

气质是指人的心理活动的动力特征。气质一般是具有遗传性的，是神经系统的生理功能。它主要表现在心理过程的强度、速度、稳定性、灵活性及指向性方面。例如：个体情绪体验的强弱、意志努力的大小程度、感知或思维的快慢、注意力集中时间的长短及转移的难易以及心理活动是倾向于外部事物还是倾向于自身内部等，都是气质的表现。

1. 气质类型

在气质类型的划分上，古希腊医生希波克拉底最早提出“气质”的概念并把人的气质分为四类：多血质、胆汁质、黏液质、抑郁质。其他分类还有德国精神病学家恩斯特·克雷奇默提出的“体型说”、美国生理学家柏尔曼提出的“激素说”、日本学者古川竹二等人提出的“血型说”、美国心理学家巴斯提出的“活动特性说”和俄国生理学家巴甫洛夫的“高级神经活动类型说”等。但目前应用最为普遍的仍然是希波克拉底的分类法。

四种基本气质类型在情绪和行为方式以及心理活动方面有不同的典型表现，如图 12－1所示。

（1）胆汁质这类人反应速度快，具有高反应性与主动性，情感和行为产生得迅速、强烈，有极明显的外部表现；性情开朗、热情、坦率，但脾气暴躁，好争论。情感易于冲动，但不持久；精力旺盛，经常以极大的热情从事工作，但时常缺乏耐心；思维具有一定的灵活性，但对问题的理解具有粗枝大叶、不求甚解的倾向，意志坚强、果断勇敢，注意

图 12－1　四种气质类型者图示

资料来源：（美）丹尼斯·库恩．郑钢，等译．心理学导论：思想与行为的认识之路（第 13 版）[M]．北京：中国轻工业出版社，2014。

力稳定而集中，难以转移；行动利落敏捷，说话速度快且声音洪亮。

（2）多血质这类人行动具有高反应性。情感和行为虽发生和变化快，但较为温和，易于产生情感，但体验不深，善于结交朋友，容易适应新的环境；语言具有表达力和感染力，表现活泼，表情生动，有明显的外倾性特点。机智灵敏，思维灵活，但常表现出对问题不求甚解，注意力与兴趣易于转移、不稳定。在意志力方面缺乏忍耐性，毅力不强。

（3）黏液质这类人具有低反应性，情感和行为迟缓、稳定，缺乏灵活性。情绪不易发生、不易外露，很少产生激情。遇到不愉快的事也不动声色，注意力稳定持久，难以转移。思维灵活性较差，但比较细致，喜欢沉思。在意志力方面具有耐性，对自己的行为有较大的自制力，态度持重，沉默寡言，办事谨慎细致，不鲁莽，但对新的工作较难适应，行为和情绪都表现出内倾性，可塑性差。

（4）抑郁质这类人具有高感受性。情感和行为都相当缓慢柔弱。容易产生情感，体验深刻，隐晦而不外露，多愁善感、善于想象，聪明且观察力敏锐，善于观察他人观察不到的细微事物，敏感性高，思维深刻。在意志力方面常表现出胆小怕事、优柔寡断，受到挫折后常心神不宁，但对力所能及的工作表现出坚韧的精神，不善交往，较为孤僻，具有明显的内倾型。

2. 气质对人的发展的影响

拓展阅读：
气质类型的体型说

第一，气质本身没有好坏之分，它表现了人的神经系统的某种特性，只表明一个人心理活动的动力特征，不涉及心理活动的方向和内容。每种气质类型都有积极的和消极的方面。个体在任何一种气质的基础上，既可以发展良好的性格特征和优异的才能，也可能发展不良的性格特征和限制才能的发展。

第二，气质虽然对性格与能力等有一定的影响作用，但不能决定人的社会价值与成就的高低。事实上，在社会活动家、科学家、作家等人群中，可见到各种气质类型的典型代表。任何一种气质类型的人都有可能发挥自己的才能，为社会做出贡献。

第三，气质影响人的活动方式与效率。在各种实践领域中，气质虽不起决定作用，但它对人的工作方式有影响，并在一定程度上影响人的工作效率，因此在职业的选择上，考虑气质因素是十分重要的。

研究和实践表明，某些气质特征为一个人从事某种工作或职业提供了可能性和有利条件。例如：黏液质、抑郁质的人，容易适应持久细致的工作，而胆汁质、多血质的人则难以适应这类工作；多血质、胆汁质的人容易适应迅速灵活的工作，而黏液质、抑郁质的人就难以适应这类工作。总之，气质与职业活动的关系表现在两方面：一方面要使自己的气质特征适应工作的客观要求；另一方面组织在选择人才和安排工作时，要考虑个人的气质特点。

（二）性格

性格是人对现实的态度和行为方式中比较稳定的心理特征的总和。诸如诚实或虚伪、勤劳或懒惰、自豪或自卑、勇敢或怯懦、果断或优柔寡断等，都属于性格特征。每一个人都有这样或那样的性格特征，有些是和他人相似的，有些则是个人独有的；有些是积极的，有些则是消极的。

性格表现为对现实的态度和在一定场合下采取的行动，也是最能表现个性差异的心理特征，可以说，性格是人格或个性中具有核心意义的部分。性格具有非常复杂的结构，它包含许多特征，这些特征大体可以概括为四个方面：

（1）对现实和对自己态度的性格特征包括对他人、集体和社会，对劳动、工作和对自己的态度的特征，如忠实、坦率、勤劳、谦逊、自私、狡诈、自信、自满、自豪、自卑等。

（2）性格的意志特征包括对行为目标明确的程度、对行为自觉控制水平的特征，以及在紧急或困难的情况下表现出来的意志特征等，如目的性、纪律性、主动性，以及镇定、果断、勇敢等。

（3）性格的情绪特征包括情绪对人的行为活动的感染程度和支配程度，以及情绪受意志控制的程度，如有的人热情，有的人冷漠等；也包括情绪的稳定性、持久性方面的性格特征，如情绪的稳定或起伏波动等；还包括主导心境方面的性格特征，如有的人经常精神饱满、欢乐愉快，是乐观主义者，有的人抑郁消沉、多愁善感，是悲观主义者；等等。

（4）性格的理智特征包括表现在感知方面的特征，如倾向于采取用整体或分析的观察方式，感知的速度和精确性等；表现在思维方面的性格特征，如思维的敏捷性、独创性、深刻性和逻辑性等。

人的性格是后天形成的。个体在自己性格的形成过程中不是消极被动的。随着年龄的增长，人逐渐扩大了与社会的交往，在社会的影响下，会对不同的性格有所评判，并从模仿逐渐过渡到某种程度的追求。青年人走向社会，为了适应日益广泛的生活领域，就需要而且确实也能更深刻地对自己的性格有所认识，并主动改变自己的某些性格特征。培养优良的性格，是教育的一个重要组成部分，它具有重大的社会意义。

四、人格理论

关于人格结构的研究有许多理论流派，从不同的侧面进行了多维度的探讨，其中比较典型的有两种。

（一）奥尔波特的人格论

高尔顿・奥尔波特是美国心理学家。奥尔波特有句名言："同样的火候，使黄油融化，使鸡蛋变硬。"他认为："人格是个体内部既定的个人对其环境独特顺应方式的身心系统的动力结构。"他强调了人格的个性特点，创立了人格特质论，并把人格特质分为三种类型：一是根本特质，是个人的一切行动都受其影响的特质，它渗透于这个人全部活动的所有方面；二是核心特质，也具有概括性、弥散性的行为倾向，其渗透性差一些，是人格结构中的重要组成部分；三是次要特质，是一般而言关注较少的那些人格特质，其渗透性极小，与习惯和态度有关，情境性、突发性较强。奥尔波特认为人格不是已经形成的东西，而是正在形成的东西。

（二）马斯洛的人格论

亚伯拉罕・马斯洛是美国心理学家，人本主义心理学的创始人。马斯洛对人格内部的分析重心是动机和需要理论。他主张人类有一些本能性的需要，这些需要就是生理的需要、安全的需要、交往的需要、尊重的需要、认知的需要、审美的需要以及自我实现的需要。各种需要构成不同的等级或水平，并成为个体行为的动机力量。马斯洛认为人类在进化和作为一个主体的人的生长过程中，各层次的需要是由低级向高级逐次出现的，一种低级的需要满足感会被更高的一种需要代替，一直走向自我实现的需要。自我实现的人是马斯洛推崇的具有理想人格的人。他认为自我实现者是"充分地利用和开发天资、能力、潜能的，这样的人似乎竭尽所能，使自己趋于完美"。

知识拓展

弗洛伊德人格发展阶段理论

弗洛伊德划分出四个心理-性欲发展阶段，即口唇期、肛门期、生殖器期和生殖期。此外，在生殖器期与生殖期之间还有一个潜伏期。在不同发展阶段中，能够使儿童产生快感的区域分别在身体的不同部位，儿童的快乐、挫折感和自我表现都来自这些快感区。弗洛伊德相信，许多成人的人格特质都与他们在某一个（或几个）发展阶段中形成的固着有关。

什么是固着？

固着是指那些童年时期没有得到解决的心理冲突，是一种由于挫折或过度放纵而形成的心理疙瘩。弗洛伊德认为，一种固着的形成对人格发展有非常重要的作用。

口唇期：在生命的第一年，婴儿的快乐大多来自嘴部受到的刺激。在这一阶段，如果一个婴儿受到挫折或进食过度，就可能形成某些口唇期人格特质。到了成人期，这些嘴部刺激的需要即可能表现为嚼口香糖、咬指甲、吸烟、喜欢狂吻、暴食、嗜酒等行为。口唇期形成的固着有哪些特点？在口唇期较早阶段，过度满足进食要求或过度关照所致的固着会产生口唇期-依赖型人格，这类人被动、非常容易轻信他人，总是要求得到他人的关注。在口唇期较后阶段，挫折所致的固着会产生口唇期-攻击型人格，这种攻击性经常是以撕咬的形式表现出来，具有这种人格倾向的成人喜欢争论并刻薄地挖苦人，疑心很重，甚至喜欢盘剥他人。

肛门期：在1～3岁，儿童的注意力转移到排泄过程中。当父母尝试对孩子进行大小便训练时，儿童可以利用“排泄”或“不排泄”的方式，来获得赞许或表示反抗。因此，过于放纵或过于严厉的大小便训练都可能导致肛门期的固着，并表现为相应的人格特质：一种是肛门期-排泄型人格，即弗洛伊德所描述的“随意排泄”型人格，这类人不讲规则，具有破坏性；另一种是肛门期-滞留型人格，这类人固执、吝啬、守规则但过于死板，有强迫性洁癖，又称“憋着不排泄”型人格。

生殖器期：在生殖器期，儿童对性器官的兴趣越来越大，并开始在生理上受到异性家长的吸引。对于男孩，这种吸引会导致恋母冲突，即俄狄浦斯冲突，男孩为了获得母亲的感情而与父亲发生对抗。弗洛伊德相信，此时男孩感受到来自父亲的威胁，特别是害怕被父亲阉割，为了缓解这种焦虑，男孩需要对父亲进行认同。当男孩努力使自己变为父亲的样子时，父子之间的对抗就会结束。之后，男孩会开始接受父亲的价值观，并形成自己的良心。父亲对女孩的吸引会导致恋父冲突，即厄勒克拉特冲突，女孩因为爱恋自己的父亲而与母亲进行竞争。根据弗洛伊德的观点，女孩对她们的母亲的认同需要一个更长的时间过程，这是由于女孩的良心形成较慢。弗洛伊德认为，女性感到自己已经受到阉割，因此不像男孩那样具有尽快缓解焦虑的足够动力。生殖器期的固着是在3～6岁形成的。具有生殖器型人格特质的成人爱虚荣、爱出风头、敏感、自傲、有自恋倾向。

潜伏期：根据弗洛伊德的理论，儿童从6岁到青春期之间有一个潜伏期。潜伏期不是一个发展阶段，而是一段安静的时间，因为此时的心理-性欲发展停止了或被中断了。弗洛伊德解释说，与人生前6年中的迅速发展相比，潜伏期是一个“相对平静”的时期。

生殖期：在青春期，迅速增加的性能量会激活此前各阶段中未能得到解决的心理冲突。根据弗洛伊德的解释，这就是青少年时期充满情绪混乱和各种困难的原因。生殖期始于人的青春期，青年人逐渐形成了一种建立具有社会性的两性关系的潜力。生殖期结束时，人完全形成了成熟的爱和成人的性生活能力。

资料来源：（美）丹尼斯·库恩．郑钢，等译．心理学导论：思想与行为的认识之路（第13版）[M]．北京：中国轻工业出版社，2014。

经典故事

贝多芬人格心理分析——自我激励的奇迹

贝多芬是西方古典音乐中的恺撒。可有谁知道，贝多芬25岁时患耳疾，45岁时失聪。

贝多芬的音乐给人带来了无尽的享受，可他却不能在生前享受到自己的作品。

1770年12月6日，贝多芬诞生在波恩市的一个音乐世家，他4岁时就会弹奏管风琴，8岁起就登台演出，并获得了“音乐神童”的美誉。10岁时，他拜师于普鲁士最著名的音乐教育家聂费。12岁时经聂费的推荐，到瓦尔特斯坦伯爵的宫廷乐队担任管风琴师助手，这是贝多芬“音乐仆役”生涯的开始。17岁时，贝多芬拜访音乐大师莫扎特，受到热情的接待。莫扎特在听完贝多芬弹的几首钢琴曲子后兴奋地说：“各位，请注意这位年轻人，不久的将来他就会博得世人的称赞!”莫扎特还答应给贝多芬上课，可惜此后两个月，贝多芬的母亲突然去世。对此，贝多芬的父亲意志消沉，终日酗酒，贝多芬不得不挑起了养家糊口的重担，再次回到原来的歌剧院当钢琴师。19岁那年，法国大革命爆发，贝多芬满怀激情地写了《谁是自由人》的合唱曲来表达他对自由与民主的渴望。后来，贝多芬通过熟人介绍，认识了李希诺夫斯基公爵。公爵很欣赏贝多芬的才华，收他为音乐仆役。贝多芬也很快以自己的即兴钢琴演奏迷住了维也纳人，其音乐旋律时而如溪水潺流，时而如惊涛骇浪，时而如鸟语鸣蝉，时而如暴风骤雨。有人曾评论贝多芬的即兴曲“充满了生命和美妙”。

我要扼住命运的咽喉

30岁时，贝多芬的听力开始出现问题。他在给朋友的一封信中写道：“我过着一种悲惨的生活……要是干别的职业，也许还可以，但在我的行业里，这是最可怕的遭遇!”贝多芬曾竭力治疗，却无济于事，他搬到维也纳乡下去疗养了两年。结果病情非但没有好转，反而更加恶化了，就连窗口对面教堂的钟声都听不到了。

绝望中，贝多芬多次想到了死但又不甘心就这样离开人世，他坚信只有音乐才能拯救他，他在给朋友的一封信中写道：“我要扼住命运的咽喉，不容它毁掉我!”贝多芬立志要在余生中从事音乐创作，从此，维也纳的宫廷乐会少了一位出色的钢琴弹奏家，但世界乐坛却诞生了一位不朽的作曲家。

贝多芬从32岁起开始音乐创作，在近两年的彷徨与探索后，他终于创作出第一部具有自己鲜明特点的作品——《第三交响曲》(《英雄交响曲》)，其最突出的特点是音调跌宕起伏，时而沉静凝思，时而愤慨咆哮，令人情绪激愤。贝多芬创作《英雄交响曲》，本来是想献给拿破仑的，但他听到拿破仑在巴黎圣母院加冕称帝的消息时，怒不可遏，愤而涂去原来的献词，而是把它改成《英雄交响曲》——为纪念一位伟大的人物而作!

贝多芬只有一个

1809年10月，法军占领维也纳，趋炎附势的奥地利贵族们争相向占领者们献媚，其中也包括李希诺夫斯基公爵。公爵强迫贝多芬为法军军官弹奏钢琴曲，这使贝多芬忍无可忍，他操起一只凳子向公爵扔去，并在当晚离开了公爵家。临行前留下一张纸条，上书：“公爵，您之所以成为一个公爵，只是因为偶然的出身所造成；而我之所以成为贝多芬，却是因为我自己。公爵现在有的是，将来也有的是，而贝多芬却只有一个!”

另一次，当贝多芬与歌德一同散步时，迎面撞见了皇后、王子和一群贵族们。面对他们，歌德立刻让路，而贝多芬则坦然地说：“让路的应是他们，而不是我们!”但歌德还是摘下礼帽，躬身立在路旁，而贝多芬则背着双手，阔步向前。结果王子认出是贝多芬，连忙脱下礼帽向他致意，其侍从们也毕恭毕敬地分列两边，目送贝多芬挺胸而过。那次，贝多芬真正感到了做人的尊严。

贝多芬54岁，创造出《第九交响曲》(《欢乐颂》)。他前后用了6年时间来创作、修改这首曲子。1824年5月7日，《第九交响曲》首次在维也纳卡德剧院演奏，贝多芬亲自指挥演奏，他既不看眼前的乐谱，也听不到丝毫的琴声，全凭自己的记忆来指挥这场演奏。结果听众们欣喜若狂，不时爆发出热烈的喝彩声，鼓掌次数多达五次！而皇族成员出场也不过鼓掌三次！

贝多芬自我激励人格的心理分析

从心理学上讲，贝多芬之所以在极度困苦的状况下，一再创作出辉煌无比的音乐篇章，这与他的自我激励人格有极大的关系。自我激励人格的突出特点是能很快将生活中的压力转化为自我激励的动力，并在不断的奋斗中获得精神上的满足。具有自我激励人格的人还很善于升华个人的精神痛苦，他们会把每一次生活挫折都当成个人成长的契机，从而磨炼个人的意志。

贝多芬的可贵在于他每每生活失意时，都会在音乐创作中寻求内心的平衡。例如：贝多芬因失恋而谱写出《致爱丽丝》，因向往自由而谱写出《第三交响曲》，因失聪而谱写出《第九交响曲》。他的音乐创作饱含对人生的深刻感受，充满激情。他最伟大的名言是："我要扼住命运的咽喉。"他用一生的努力向世人证明他有这个能力！

贝多芬的可贵还在于他永远傲视达官显贵，不因自己出身卑贱就去刻意巴结。他在音乐创作中也突出体现了自己的傲骨。

一个失聪之人，却能写出人类最动听、最振奋人心的音乐篇章，这是贝多芬自我激励人格的不朽传奇！

资料来源：岳晓东．历史名人心理分析 [M]．香港：商务印书馆（香港）有限公司，2009。

心理测试

气质量表

气质是指人的心理活动的动力特征。气质一般是具有遗传性的，是神经系统的生理功能。它主要表现在心理过程的强度、速度、稳定性、灵活性及指向性方面。如何了解自己的气质类型？扫描二维码进行测试。

资料来源：周颖萍，尹元华．高职大学生心理健康教育 [M]．济南：山东人民出版社，2012。

气质量表

复习巩固

测试题

单元二
人格与心理健康

金玉良言

一个人事业上的成功取决于他性格上的伟大。

——爱因斯坦

人格是人的心理面貌的集中反映。心理学家认为，随着社会的发展，人类健康而幸福的生活越来越取决于人类自身的人格健康状况，而且人格的健康发展也是促进社会健康发展的一种力量。那么，人格与心理健康之间有什么样的关系？常见的人格障碍有哪些？如何进行人格测量呢？本单元将会围绕这些问题展开论述。

情境导入

有位秀才第三次进京赶考，住在一个经常住的店里。考试前两天他做了两个梦，第一个梦是梦到自己在墙上种白菜，第二个梦是下雨天，他戴了斗笠还打伞。这两个梦似乎有些深意，秀才第二天就赶紧去找算命的解梦。算命的一听，连拍大腿说："你还是回家吧。你想想，高墙上种菜不是白费劲吗？戴斗笠还打伞不是多此一举吗？"秀才一听，心灰意冷，就收拾包袱准备回家。店老板非常奇怪，问："不是明天才考试吗？今天你怎么就回乡了？"秀才如此这般说了一番，店老板乐了："哟，我也会解梦的。我倒觉得，你这次一定要留下来。你想想，墙上种菜不是寓意'高中'吗？戴斗笠打伞不是说明你这次有备无患吗？"秀才一听，更有道理，于是精神振奋地如期考试，居然中了个探花。

积极的人，像太阳，照到哪里哪里亮；消极的人，有什么样的想法，就有什么样的未来。

资料来源：何冬梅，王丽娜．大学生心理健康教育教程［M］．北京：中国电力出版社，2010。

思考：

人格与心理健康之间到底有什么样的关系呢？

理论讲坛

一、人格类型与心理健康

微课：
A 型、C 型人格
与人格评估

人格与健康的关系已经成为当今时代的一个主要问题。美国《科学》杂志报道，威胁现代人生命的重要疾病，多数是没有传染性的。目前，死亡率最高的是心脏病、癌症、车祸、意外事故、脑动脉疾病和自杀等。可以说，人类死亡和疾病的危害主要来自个人自身的行为和生活方式。许多研究表明，人格类型与健康有密切关系。

（一）A 型人格与心脏病

A 型人格又称 A 型行为模式，即易患心脏病的人格类型，是指个性急躁、急于求成、善进取、好争胜的一种性格。A 型人格的概念本来并不带有好或坏的判断。它之所以成为心理学研究的问题，主要是因为 A 型人格与易患心脏病之间的关系。

A 型人格者心理与行为的主要特征是：（1）时间观念特别强，对时间有紧迫感，常常感到时间不够用并因此产生压力；（2）长期的亢奋状态，常常同时思考或做两件事情，总是设法把工作日程安排得满满的，每天大部分时间都处于紧张状态；（3）雄心勃勃，求胜心强，追求成就，有较强的事业心，力求达到更高的要求，勇于承担责任；（4）遇到挫折变得具有敌意和攻击性，对他人怀有戒心，缺乏耐心和容忍力。与之相对应的 B 型人格者的主要特征是：悠然自得，不容易紧张，一般无时间紧迫感，不争强好胜，有耐心，能容忍等。

（二）C 型人格与癌症

C 型人格，即癌症倾向性格。在日常生活中，我们常常会遇到一些不如意或者是不公正的事情，很多人会因此而抱怨、发泄等。但是，C 型人格者心理和行为的特征是：很难公开表达自己的情绪，谨言慎行，常常自责，极怕失败；患病不肯求医，对人有戒心，没有很密切的人际关系；认为生活无意义、无价值、无乐趣；和家人有很深的隔膜，不把心思向人倾诉，情绪不安时找不到倾诉的对象。也可以这样说，要是对某些错误做出惩罚时，C 型人格者往往是惩罚自己，而不是惩罚别人。C 型人格会严重妨碍体内的免疫功能，使这种功能不能充分发挥抗癌的作用，致使癌细胞扩散。

有关 C 型人格的研究提示我们，要注意培养自己乐观开朗的性格，多一些幽默感。更重要的是合理地调节自己的情绪，不能经常压抑负面情绪，而应该把自己的烦恼、愤怒、苦闷等以适当的方式发泄出来。

（三）自觉控制感

自觉控制感是指个人相信自己对情境能够加以控制的主观感受，而这种主观体验不等同于个人对情境的实际控制。个人的自觉控制感不仅可以减轻生活压力的威胁，也可以减少抑郁。例如：被诊断为癌症的患者，如果相信自己能够控制自己的健康状况，那么就会减少对病情的担忧；相反，则会被这一不幸的信息击倒。

（四）乐观主义与悲观主义

乐观主义被定义为一种认为生活中通常发生好的事情而不是坏的事情的信念。它是抵抗压力与维护健康的一个重要人格变量。乐观的人对生活有积极的期望，能使自己更好地应对压力，从而以更为健康的方式享受生活。乐观主义者比悲观主义者有一些明显的优势，乐观主义者往往给自己设置更高的目标，并相信自己能够达到那些目标。乐观主义者体验到更多积极的情感，表现出较低的压力水平和较少的身心症状。

二、人格障碍

人格障碍又称病态人格，是指人格特征明显偏离正常，形成了一贯的反映个人生活风格和人际关系的异常行为模式。其主要特征是：没有智力障碍，有情感与行为活动的明显障碍；情绪极不稳定，自制力较差，常常与周围的人发生冲突，待人接物、为人处世总是显得格格不入；常把自己遇到的任何困难都归咎于命运和别人，不能客观地对待自己和他人；认为自己对别人无任何责任，走到哪里，就把自己的猜疑、仇视带到哪里，嫉妒心极强，心胸狭窄；否认自己的人格障碍。

人格障碍的种类较多，常见类型如下：

（一）反社会型人格障碍

反社会型人格障碍表现为行为不符合社会规范，具有经常违法乱纪、对人冷酷无情的特点。它具体表现为：经常旷课、旷工，不能维持持久性学习或工作；对他人漠不关心，待人冷酷无情；缺乏道德责任感，目无法纪，且不能从挫折和惩罚中吸取教训，无内疚感；经常欺骗、撒谎，以获私利或取乐；极端自私自利与自我中心，往往是损人利己或损人不利己，无羞耻感，故使周围人感到痛苦或憎恨。

（二）偏执型人格障碍

偏执型人格障碍又称妄想型人格，以猜疑和偏执为特点，其行为特点常常表现为极度的敏感多疑，固执己见，心胸狭隘；嫉妒心强，对别人的成就或幸福紧张不安，妒火中烧，在背后说风凉话，公开抱怨和指责别人；自以为是，自命不凡，对自己的能力估计过高，对他人的过错不能宽容，耿耿于怀；其多疑和固执很难被人说服，难以改变自己的想法和观点。偏执型人格很容易发展成偏执型精神病。

（三）分裂型人格障碍

分裂型人格障碍是以观念和行为表现奇特、情感冷淡、人际关系有明显缺陷为特点。常表现为：对人情感淡漠，缺乏亲密、信任的人际关系，无知心朋友，孤僻，好沉思幻想，总是单独活动；行为古怪，不修边幅，不能顺应世俗；对别人的赞扬和批评无动于衷，很少表现强烈的情绪体验；缺乏进取心，回避竞争性处境。

（四）冲动型人格障碍

冲动型人格障碍以情感爆发并伴有明显行为冲动为特征。此类人格障碍，男性多于女性，常表现为：情绪不稳定，易激惹，易与他人发生争执和冲突，冲动后对自己的行为虽懊恼，但不能避免再犯，间歇期正常；人际关系极端，时好时坏，要么与人关系极好，要么极坏，几乎没有持久的朋友；情感爆发时，可能会暴力攻击他人，可能有自杀、自伤行为；在日常生活和工作中同样表现冲动，缺乏目的性与计划性，做事虎头蛇尾，很难坚持需要长时间才能完成的事情。

（五）表演型人格障碍

表演型人格障碍主要是以通过过度的感情和夸张的言行吸引他人的注意力为特点。这种人的人格不成熟，情绪不稳定，暗示性、依赖性强，常故意用做作、夸张和戏剧性的行为引起别人的注意。

三、人格测量

心理学家通常以测验的方式对人格进行测量。人格测验分为自陈式测验和投射式测验两大类。

（一）自陈式测验

自陈式测验是运用自陈量表来进行人格测验的一种方法，受测者根据陈述内容与自己的适合情况选择答案。现介绍几种常用的自陈测验。

1. 卡特尔16种人格因素问卷

心理学家卡特尔根据人格特质理论编制了16种人格因素问卷（简称16PF），该问卷适用于16岁以上的人。16PF不仅可以描述受测者的6种人格特质，还可以描述4项双重因素（内向-外向、适应-焦虑、感情用事-安详机警、怯懦-果断）和4项社会成就因素（心理健康因素、专业成就因素、创造力因素和环境适应因素）。16PF是常用的较理想的人格问卷。

2. 艾森克人格问卷

心理学家艾森克将人格划分为内向-外向、神经质和精神质三个维度，并编制了艾森克人格问卷（英文缩写为EPQ）。EPQ包括成人问卷和少年问卷两种，分别适合调查16岁以上和7～15岁两个年龄段的人群。EPQ涉及的人格维度较少，容易掌握，测量方便，因此得到广泛应用。

3. 明尼苏达多项人格问卷

明尼苏达多项人格问卷（英文缩写为MMPI）是美国明尼苏达大学教授哈瑟韦（S. R. Hathaway）和麦金力（J. C. Mckinley）在1940年编制完成的著名人格测验。该量表自问世以来，广泛应用于各种领域，如企业管理、教育、司法、医疗等、但最主要的是应用在人格临床评估。MMPI测试内容包括健康、情绪、社会态度、婚姻关系、职业兴趣等。MMPI的优点是题目多，能测试人格特质的各方面，但也因题目太多，受测者回答时容易产生厌烦情绪，并且对人格特质的描述多采用病理学上的名词，既不易解释，又常产生误会。

（二）投射式测验

投射式测验是一种对行为的无意识和隐藏的内容较为敏感的工具。它允许甚至鼓励受测者回答广泛、千差万别，能在受测者对测验目的最少觉察的情况下引出他们内容丰富的反应资料。

1. 罗夏墨迹测验

罗夏墨迹测验是由瑞士精神病学家罗夏创立的。该测验包括10张内容不同的墨迹图片，其中5张是浓淡不同的黑色墨迹图，2张是红与黑的墨迹图，3张是几种颜色混合的墨迹图。罗夏用这些图片测试受测者，以了解其人格。测试时按一定顺序，每次由主试者出示一张图片，并问受测者："你看这张图像什么？""它使你想到了什么？"测试以一位主试者对一位受测者的方式进行，主试是经过专门训练的人员，根据一套标准对受测者对图形的反应进行计分和解释。

2. 主题统觉测验

主题统觉测验（英文缩写为TAT）是美国心理学家默里于1935年编制的一种投射式测验。TAT由30张具有情境但主题未确定的图片构成。测试时，要求受测者根据图片上的情境编故事，故事内容应包括：（1）图片中所描绘的是怎样一个情境？（2）是什么原因导致此情境的发生？（3）可能会有什么样的结果？（4）当事人的思想感受如何？测验设计者认为，被试者在看图编故事时，通过描述和解释不确定的社会情境，就会不知不觉地将内在的人格表露出来，这就为探索他们的人格特点提供了材料。

心理学家通过计分的方法来分析故事，如被试者描述故事中主人公生气、被忽视、冷漠、嫉妒或恐惧的次数。重点分析的内容包括：被试者讲述的故事中人物的感受，人物之间如何交往，事件的起因是什么，故事的结局如何，等等。

尽管投射式测验在临床中很流行，但也有明显的局限性。一般认为，投射式测验比其他人格测验的效度低很多。不论是罗夏墨迹测验还是主题统觉测验，不同的心理学家对测验结果进行计分时的客观性和信度也非常低。这不奇怪，因为被试者对一个模糊刺激做出的是一个模糊反应，而这种反应对于测试者来说仍是一个模糊刺激。从某种程度上来讲，一个心理学家在对一个投射式测验的结果进行解释时，就像是自己在进行一次投射式测验。

尽管投射式测验有诸多缺点，但许多心理学家依然认可它的价值，并往往将其作为成套测验的一部分。成套测验是由多个测验和访谈组成的人格评估综合工具。一个有经验的临床心理学家可以通过投射式测验诊断出病人内心的主要冲突，并以此为依据制订治疗方案。此外，正因为投射式测验是无结构的和不限答案的，所以来访者更容易主动地讲出那些使他们感到焦虑的事情，而不需要等着回答问题。

知识拓展

霍妮的学说

霍尼忠于弗洛伊德理论中的大部分思想，但是她不同意弗洛伊德的那些机械的、强调生理性本能的观点。霍妮也许是第一个对弗洛伊德思想中明显的性别偏见提出挑战的人。作为一个女人，她尤其不能接受的是弗洛伊德的"解剖学决定论"的观点，即在解剖学意义上认为男性居于支配地位，优越于女性，弗洛伊德的学说中充斥着这种偏见。

霍妮也不同意弗洛伊德关于神经官能症病因的解释。弗洛伊德坚持认为，焦虑来自人与被压抑的本我的冲动进行的抗争，那些有着隐性焦虑的神经官能症患者经常害怕自己无法控制这种冲动。霍妮则认为，人的基本焦虑产生于他们在一个没有安全感的世界中的孤独感和无助感。她相信，这些基本焦虑是在儿童期形成的，当一个人在人际交往中不切实际地试图使用某种单一的“互动方式”控制基本焦虑时，就会出现情绪问题。

什么叫“互动方式”?

霍妮提出三种互动方式：第一是接近他人（toward)，如我们每个人都可以通过相互支持、关爱或友谊的方式接近其他人；第二是远离他人（away)，如通过退缩、孤僻或独立等方式不与他人接触；第三是对抗他人（against)，如以攻击、竞争或争权夺利的方式与他人相对抗。霍妮相信，情绪健康者能够在人际关系中合理地使用这三种方式，而有情绪问题者则总是拘泥于其中的一种方式。她的这一观点至今仍极具启发性。

资料来源：（美）丹尼斯·库恩．郑钢，等译．心理学导论：思想与行为的认识之路（第13版）[M]．北京：中国轻工业出版社，2014。

经典故事

人格的较量

一位教授培养的三个得意门生事业有成：一个在官场上春风得意，一个在商场上捷报频传，一个埋头做学问如今也苦尽甘来，成了学术明星。于是有人问老教授：你认为三个人中哪个会更有出息？老教授说：人生的较量有三个层次，最低层次是技巧的较量，其次是智慧的较量，他们现在正处于这一层次，而最高层次的较量则是人格的较量。

资料来源：魏青，曾莉．大学生心理健康教育[M]．成都：西南交通大学出版社，2016。

心理测试

A型人格测试

A型人格测试

A型人格又称A型行为模式，即易患心脏病的人格类型，是指个性急躁、求成心切、善进取、好争胜的一种性格。你是不是A型性格？扫描二维码进行测试吧！

资料来源：（美）丹尼斯·库恩．郑钢，等译．心理学导论：思想与行为的认识之路（第13版）[M]．北京：中国轻工业出版社，2014。

复习巩固

测试题

单元三
大学生人格特点与健全人格的培养

金玉良言

人都看自己的前面，但我看自己的内部。对于我，只有自己是对象，我经常研究自己，检查自己，仔细探讨自己。

——蒙田

大学生在大学生活中逐渐适应其社会角色，不断扩大人际交往的范围，适应激烈的学习竞争，他们的人格发展也因此受到影响。作为当代青年的先进群体，大学生具有良好的人格品质。按照心理学界的一般看法，大学生所处的年龄阶段是一个人生理和心理日臻成熟的年龄阶段。从人格的发展来看，大学阶段是人格日益稳定，趋于基本定型的阶段。因此，了解大学生的人格特点，培养健全的人格对大学生有着至关重要的意义。本单元将围绕这两个问题展开论述。

情境导入

女大学生小王总是处理不好和宿舍同学的关系，为此感到非常苦恼。原来，当她和宿舍同学相处时，她总觉得别人都在故意和她过不去。比如：当她在宿舍睡觉时，她觉得别人总是故意弄出声音把她吵醒；当她看到宿舍同学凑在一起窃窃私语时，她会认为别人正在说她的坏话；当她心爱的布娃娃被别人无意弄脏时，她会认为别人是故意这样做让她伤心；当宿舍同学因去上课而没有喊她时，她又会觉得别人是在故意冷落她……

资料来源：齐力．大学生心理健康教育［M］．北京：知识产权出版社，2014。

思考：

小王的情况是属于大学生中的特殊情况还是普遍现象？针对这种情况该怎么办？

理论讲坛

一、大学生的人格特点和不良人格

（一）大学生的人格特点

微课：
塑造健全人格

1. 易受环境影响

伴随着生理的逐渐成熟，大学生产生了独立感和成人感，渴望摆脱成人的控制，迫切要求独立自主，喜欢自我表现和发表自己的看法，但大学生的人格仍然处在一个多变时期，一旦身边环境发生某些改变，很有可能在人格上发生很大的逆转。如一个开朗活泼的同学在某次比较重要的考试中没有及格，于是在很长时间内变得沉默寡言、独来独往。

2. 习惯性

人格对大学生的行为有指导意义，即人格经常会在心理和行为中表现出来，成为一种习惯倾向，致使其心理和行为带有某种特殊的心理状态色彩。例如：某学生性格外向，那么他的行动常带有这一色彩，喜欢与同学们一起走，路上遇到熟人会主动打招呼或说上几句话，常向别人吐露自己的想法，常喜形于色。

3. 相对稳定性

大学生的人格一经形成，就比较稳定，在一段较长的时间里很难发生改变。例如：某大学生轻视体力劳动，养成了懒惰的性格，这种人格可以延续若干年，甚至一辈子。

4. 可塑性

大学生人格的稳定性是相对的，随着社会环境因素的变化，人格也会发生某些改变，这就是人格的可塑性或相对可变性。人格就是在这两种因素的平衡中形成、维持和发展变化的。

（二）大学生常见的不良人格

拓展阅读：
人格阴影

大学生常见的不良人格包括偏激、自卑、孤僻、嫉妒、依赖等，这些不良人格会影响大学生的心理健康，严重的还会导致疾病，危害社会。

1. 偏激

偏激在认识上的表现是看问题绝对化，片面性很大，要么就全好，要么一无是处；偏激在情绪上的表现是根据个人的好恶和一时的心血来潮去论人论事，缺乏理性的态度和客观的标准；偏激在行动上的表现则是莽撞行事，不顾后果。偏激在大学低年级学生中更为常见。

2. 自卑

自卑是指由不适当的自我评价所引起的自我否定、自我拒绝的心态。自卑这种消极的自我评价或自我意识，对心理健康和个性发展危害很大。怀有自卑心理的人，对自己的能力和品格评价过低，看不到自己的长处或优势，处处觉得低人一等。有较强自卑感的人，往往悲观失望，总觉得别人瞧不起自己，丧失信心，处世消极。

3. 孤僻

孤僻多见于性格内向的大学生，其主要表现是不合群，不喜欢交往，对周围的人怀有戒备心理或厌烦情绪，平时喜欢独来独往，疑心较重，神经过敏。孤僻的大学生不喜欢向同学和朋友倾诉自己的一些不良情绪，当不良情绪不断积聚起来之后就容易引起严重的身心疾病。

4. 嫉妒

嫉妒是一种忧虑、愤怒和怨恨他人优于自己的复合体验。嫉妒者总把他人在才能、地位、境遇或相貌等方面的优越视为对自己的威胁，因而感到忧虑、愤怒和怨恨，于是往往采用贬低甚至诽谤他人的手段来维护自己的自尊心和虚荣心，以求得心理上的平衡。嫉妒心常潜藏在个体的内心，有严重的危害性。嫉妒者总是有意无意地掩盖它，结果使自己终日处在被揭露的焦灼不安、备受折磨的痛苦中。被嫉妒心支配的人，对被嫉妒者的每一次成功，都感到内心不舒服。因此，他们的内心总是处于极度的压抑状态。易嫉妒者总是把自己的心思用于窥探他人的"隐秘"，整天寻求别人的挫折和失败，使自己长时间处于紧张体验中，无谓地消耗精力，结果积愤成疾，严重损害身心健康。

5. 依赖

依赖这种不良的个性倾向，主要表现为对个人的自理能力缺乏信心，不愿意承担责任。即使是自己能够解决的事情或者是加以努力就可以克服的困难，也要乞求他人的帮助；在生活上寻求父母的保护和照顾。具有依赖倾向的大学生如果得不到及时纠正，发展下去有可能形成依赖型人格障碍。

任何人都不是十全十美的，大学生作为正在趋于成熟的优秀群体来说，其人格特质的某些方面或多或少地存在这样那样的问题。大学生只有充分地了解自己的人格特征，了解自己人格方面存在的问题，才能针对自己的不足和缺陷，用科学的方法加以改造和不断完善。

二、大学生健全人格的培养

自立、自信、自尊、自强是大学生健康人格的四大基础，也是未来创造型人才的必备素质。人格健全者应该是一个具有健康的人格，自立、自信、自尊、自强、幸福的进取者。

（一）培养自立意识

从心理学的角度来说，自立是个体从自己过去依赖的事物那里独立出来，自己行动、自己做主、自己判断、对自己的承诺和行为负起责任的过程。自立可区分为身体自立、行动自立、心理自立、经济自立和社会自立五种。对大学生来说，自立是他们的一个重要发展任务。研究表明，自立意识强的大学生在行为上表现出较多的自主行为与自控行为，他们能较好地安排自己的生活计划，对挫折与困难能主动进行自我调节与控制，他们能积极参加学校的各种社团活动和其他形式的集体活动。在遇到困难时，他们采取更成熟的应对方式，已经形成的自我意识具有动力性，能够推动个体的行动。通过一定的训练活动，如团体辅导等，还可以提高大学生的自我意识，改善大学生的社会自立意识。

（二）培养自信心

自信是一个多维度、多层次的心理系统，是个体对自己的积极肯定和认可程度，是对自身能力、价值等做出正向认知与评价的一种相对稳定的人格特征。研究表明，成败经验是影响大学生自信的重要因素，特别是成功经验对个体自信有明显影响，他人的成败经验与个体自身的成败经验是导致自信水平参差不齐的原因。坚定的自信心会带来顽强的毅力，可以使人们最大限度地发挥聪明才智，蔑视困难和失败。培养自信心的关键是要肯定自身存在的价值，学会客观地分析自己，既要看到自己的长处，也要了解自己的不足。只有具备良好的自我信念，才能充分发挥自己的潜能，从而迈向成功之路。

（三）保持自尊心

自尊是个人要求社会、集体和他人尊重自己，尊重自己的社会地位和荣誉的心理倾向，它和自我接受、自我肯定和自我赞许相联系。自尊是性格结构中的可贵品质。自尊的人渴望表现自己，进取心强，关心自我形象，对平等有强烈的要求；热爱真理，尊重客观现实；既不孤芳自赏，也不随波逐流，能接纳和信任他人。正因为如此，自尊心能使人采取积极的生活态度，成为推动人不断进取的巨大动力。缺乏自尊心会使人产生自卑心理，自轻自贱，妄自菲薄，甚至自暴自弃。缺乏自尊心的人在和他人交往时，常常出现困难，有孤独感，荣誉、成就、地位等社会要求水平降低，丧失向上的勇气和决心，意志消沉，遇到挫折有可能就此沉沦。

（四）培养乐观向上的生活态度

人格健全的大学生一般积极追求上进，有自己的目标并努力去实现它，并在此过程中追求自我价值的实现。并且，人格健全的大学生往往比较乐观，乐观是我们每一个人都应该具有的生活态度。乐观的人常常能看到生活中光明的一面，对前途充满希望和信心。因此，大学生应当积极进取，树立远大理想和志向，努力奋斗，乐观地看待未来。人格健全的人能够在积极进取中，通过自己的努力实现理想，体验到成功的快乐，享受到生活的快乐，成为一个幸福的人。

知识拓展

自我实现者有哪些特点？

自我实现者是能够充分发挥自己潜能的人，也是在生活中极有创造性的人。马斯洛选择了一批他所认为的自我实现者进行研究。研究发现，不论在政要名流还是平民百姓中，不论在富人还是穷人中，不论在才华出众的学者还是读书不多的劳动者中，都能够找到自我实现者，而这类人身上的很多品质是一致的。

以下是自我实现者的一些共同特点：

（1）正确认识现实的能力。他们能够正确判断现实情境，对虚假的和欺骗性的东西非常敏感，能够诚实地提出自己的观点。

（2）愉快地接受自我、他人和自然。他们勇于承认自己的缺点，接受现实的自我，同时，他们也用幽默和容忍的态度接受他人的缺点和人类生存的现实条件。

（3）自发性创造欲。在日常活动中他们能够非常主动和投入地进行自发性创造活动。

（4）完成工作的使命感。他们把全部注意力集中于自己正在进行的事业，而把个人情感或个人需要置于其后。例如：只身来到非洲的传教士兼医生史怀哲和献身于印度穷苦人民的特蕾莎修女就是这一类人中的典范。他们有一种使命感，因此能够将自我置之度外，为了理想和追求而努力工作。

（5）自主性。他们富有智慧和独立精神，既不屈从于强权，也不盲从于他人。

（6）好奇心不断深化的体会。他们对生活中一切基本的东西都好奇，并且每一次经验都能够使他们产生新的体会，不论是日落时的彩霞或是盛开的鲜花，都会使他们产生强烈的体验。当他们再次看到那些美景时，他们仍会产生新的美的感受。他们的目光就像艺术家或儿童，总是那么单纯。

（7）与人为善的待人方式。他们对身边的伙伴和其他人都有一种普遍的认同感。

（8）感情深厚的人际关系。他们的人际关系中充满了深厚的感情和爱。

（9）享受孤独。在与他人保持良好人际关系的同时，他们也能够愉快地享受一个人独处的时光。对于他们，这种孤独有重要的意义。

（10）幽默感。这里指的是一种拿自己开玩笑的特殊能力，一种像林肯总统那样的幽默感。林肯总统总爱拿自己开玩笑，用一种和风细雨的讽刺方式指出人的各种弱点，但从不出口伤人。

（11）高峰体验。所有的自我实现者都曾经报告过，自己在达到上述境界时会产生一种体验，即在短时间内感到无比欣喜，感到了自己生命的价值，感到一种从未有过的开阔、力量、和谐、平静、光明和美好，马斯洛把这种感觉称为高峰体验。

简而言之，自我实现者总是有安全感而没有焦虑，他们感到爱和被爱，感到自己生活在一个能够充分接受自己的世界上。

资料来源：（美）丹尼斯·库恩．郑钢，等译．心理学导论：思想与行为的认识之路（第13版）[M]．北京：中国轻工业出版社，2014。

经典故事

忘掉你的缺点

罗纳尔多是足球场上的英雄，被称为“外星人”的他是让所有的后卫最头疼的前锋。几乎每一位对手都会被他准确的射门、惊人的运球速度和无时不在的霸气震慑。但是，很少有人知道，这个在球场上纵情驰骋的英雄尽管拥有非凡的足球天赋，却并不是一开始就表现出来的。

而妨碍罗纳尔多表现的，就是他的龅牙。刚刚走上绿茵场的他，认为自己的龅牙很不好看，担心被人们嘲笑。为了能够避免露出自己的龅牙，他常常紧闭着嘴唇，即使是在上场比赛时，他也不会稍稍松懈。他一直都这样踢球，直到一个细心的教练发现了这一点。教练把他换下了场，拍拍他的肩膀说；“罗纳尔多，你在场上时应该忘掉你的龅牙，要知道，你的龅牙并不是你的错。如果你不张开嘴，你就无法自由地呼吸。而且想让人们忘记你的龅牙，最好的办法不是闭上嘴，而是发挥你精湛的球技。”

从此，罗纳尔多在踢球时不再刻意掩饰自己的龅牙，他终于张开嘴自由地呼吸了。他的球技大进，在 17 岁时，就进了巴西国家队，并同队员们一起赢得了“世界杯”。他成了世界球王级的人物，不到 20 岁就获得了“世界足球先生”的称号。

而功成名就后的罗纳尔多似乎并没有为他的龅牙烦恼过，他所有的球迷都将目光盯在了他超凡的球技上。他们不但没有嘲笑他的龅牙，反而认为他的龅牙很性感。如果当初罗纳尔多一直不敢张开嘴巴，足球史上就少了一位超级球星，反而会出现一则关于某球员宁可气喘吁吁也不肯张开嘴巴呼吸的笑料。

任何人都可能成为隐瞒自己“龅牙”的人，可是，人们不知道的是，掩饰反而更吸引他人的注意。只有自己不在意，才能够不让这些缺点成为束缚我们的罗网。

很多时候，一些羞于示人的缺点成为我们成功路上最大的牵绊。其实，所谓缺点都是在我们的心里，如果我们自身认为那是不可逾越的，自然就难以跨越。如果我们能够放下心灵的包袱，那些缺点不但不会成为我们的障碍，反而可能成就我们。

资料来源：宋保萍．大学生心理健康教育［M］．西安：西安电子科技大学出版社，2007。

心理测试

曼陀罗

曼陀罗

曼陀罗的意象处处呈现于自然与人文风土之中：宇宙星球、细胞、树木年轮、矿物结晶、水波、花朵、建筑、舞蹈、绘画……去过西藏的人一定见过那种外圆内方、一层套着一层的图案，它们色彩绚烂、曼妙多姿，带着某种神秘、无法抗拒的力量。

复习巩固

测试题

参考文献

［1］刘梅，刘静洋等．大学生心理健康教育［M］．北京：清华大学出版社，2018.

［2］李小薇，潘亚姝，朱丽芬．大学生心理健康教育［M］．北京：北京师范大学出版社，2017.

［3］魏青，曾莉．大学生心理健康教育［M］．成都：西南交通大学出版社，2016.

［4］韩克文，马晓风．心理健康教育［M］．重庆：西南师范大学出版社，2016.

［5］贾书奎．大学生心理健康教育［M］．西安：西北工业大学出版社，2016.

［6］闫颖，闫瑞．新编大学生心理健康教育［M］．长春：吉林大学出版社，2016.

［7］张大均．教育心理学［M］．北京：人民教育出版社，2015.

［8］［美］Dennis Coon. 郑钢等，译．心理学导论：思想与行为的认识之路（第13版）［M］．北京：中国轻工业出版社，2014.

［9］严玲，常雅娟．大学生心理健康教育［M］．北京：高等教育出版社，2014.

［10］黄小梅．大学生心理健康教育［M］．北京：人民邮电出版社，2014.

［11］齐力．大学生心理健康教育［M］．北京：知识产权出版社，2014.

［12］李大魁，张石革．药学综合知识与技能［M］．北京：中国医药科技出版社，2014.

［13］严文华．心理魔法壶［M］．北京：中国华侨出版社，2013.

［14］朱敏，李秋华．大学生心理健康教育［M］．济南：山东人民出版社，2013.

［15］张梅芬，金彩云．大学生心理健康教程［M］．杭州：浙江大学出版社，2013.

［16］刘文利．大学生性健康教育读本［M］．北京：清华大学出版社，2013.

［17］［美］玛莎·巴特菲德．神奇的曼陀罗［M］．北京：北京联合出版公司，2013.

［18］张玉臣，万玉环．心理健康指导［M］．北京：机械工业出版社，2013.

［19］彭聃龄．普通心理学［M］．北京：北京师范大学出版社，2012.

［20］周颖萍，尹元华．高职大学生心理健康教育［M］．济南：山东人民出版社，2012.

［21］尹忠恺，肖文学．大学生心理健康教育［M］．北京：清华大学出版社，2012.

［22］何冬梅，王丽娜．大学生心理健康教育教程［M］．北京：中国电力出版社，2010.

［23］陆琪．婚姻是女人一辈子的事情［M］．长春：北方妇女儿童出版社，2011.

［24］中国就业培训技术指导中心，中国心理卫生协会组织．国家职业资格培训教程——心理咨询师基础知识［M］．北京：民族出版社，2011.

［25］岳晓东．历史名人心理分析［M］．香港：商务印书馆（香港）有限公

司，2009.

［26］宋保萍．大学生心理健康教育［M］．西安：西安电子科技大学出版社，2007.

［27］［美］R．L，Atkinson. 车文博等，译．《心理学导论》［M］．台北：台湾晓圆出版社，1994.

［28］黄希庭．大学生心理健康教育［M］．上海：华东师范大学出版社，2004.

［29］［德］尼采．张念东，凌素心，译．权利意志［M］．北京：中央编译出版社，2000.

［30］［德］尼采．田立年，译．朝霞［M］．上海：华东师范大学出版社，2007.

［31］周家华，王金凤．大学生心理健康教育（第2版）［M］．北京：清华大学出版社出版，2007.

［32］程正方．学校管理心理学［M］．北京：中央广播电视大学出版社，2000.

［33］严肃，陈先红．大学生心理素养［M］．合肥：中国科学技术大学出版社，2008.

图书在版编目（CIP）数据

开启心灵之旅／成光琳，曹畅主编．—2版．—北京：中国人民大学出版社，2019.5
21世纪高职高专规划教材．公共课系列
ISBN 978-7-300-26949-8

Ⅰ.①开… Ⅱ.①成… ②曹… Ⅲ.①大学生-心理健康-健康教育-高等职业教育-教材 Ⅳ.①G444

中国版本图书馆CIP数据核字（2019）第082606号

21世纪高职高专规划教材·公共课系列
开启心灵之旅——大学生心理健康教育读本（第2版）
主　编　成光琳　曹　畅
Kaiqi Xinling zhi Lü——Daxuesheng Xinli Jiankang Jiaoyu Duben

出版发行	中国人民大学出版社		
社　　址	北京中关村大街31号	**邮政编码**	100080
电　　话	010－62511242（总编室）		010－62511770（质管部）
	010－82501766（邮购部）		010－62514148（门市部）
	010－62515195（发行公司）		010－62515275（盗版举报）
网　　址	http：//www.crup.com.cn		
经　　销	新华书店		
印　　刷	天津鑫丰华印务有限公司	**版　　次**	2017年1月第1版
规　　格	185 mm×260 mm　16开本		2019年5月第2版
印　　张	17.75 插页1	**印　　次**	2024年9月第6次印刷
字　　数	410 000	**定　　价**	36.00元

信息反馈表

尊敬的老师:

您好！为了更好地为您的教学、科研服务，我们希望通过这张反馈表来获取您更多的建议和意见，以进一步完善我们的工作。

请您填好下表后以电子邮件、信件或传真的形式反馈给我们，十分感谢！

一、您使用的我社教材情况

您使用的我社教材名称			
您所讲授的课程		学生人数	
您希望获得哪些相关教学资源			
您对本书有哪些建议			

二、您目前使用的教材及计划编写的教材

您目前使用的教材	书名	作者	出版社
您计划编写的教材	书名	预计交稿时间	本校开课学生数量

三、请留下您的联系方式，以便我们为您赠送样书（限1本）

您的通信地址			
您的姓名		联系电话	
电子邮箱（必填）			

我们的联系方式:

地　址：苏州工业园区仁爱路158号中国人民大学苏州校区修远楼

电　话：0512-68839320　　传　真：0512-68839316

E-mail：huadong@crup.com.cn　　邮　编：215123

网　址：www.crup.com.cn